Die besten Rezepte

aus den Kulinarischen Streifzügen

Deutschland

Die besten Rezepte

aus den Kulinarischen Streifzügen

Deutschland

mit 247 Rezepten
ausgewählt und mit einleitenden
Texten versehen von
Morena Schmitt
sowie einem Vorwort von
Werner O. Feißt

Rezeptfotografien:
Hans Joachim Döbbelin

SIGLOCH
EDITION

Inhalt

Inhalt

Deutsche Küche – Küche der Regionen

Wenn mich einer fragte, irgendwo in einem fremden Land: „Wo bist du daheim?". Und er würde auf die Antwort: „In Deutschland" weiter fragen: „Was ist das für ein Land, Deutschland?". Dann würde ich von den Dünen der Insel Sylt sprechen, von den Halligen der Nordsee, von den verwunschenen Seen, Wäldern und Heiden Brandenburgs, von der Lüneburger Heide, wenn sie blüht und die Heidschnucken sich hinter ihrem Hirt drängen. Ich würde von dem geheimnisvollen Zauber des Elbsandsteingebirges sprechen und von den Eichenwäldern des Spessart, von den wiedererstandenen Wundern der Stadt Dresden, von verträumten Dörfern am Main und den Burgen und Rebbergen am Rhein. Ich würde den Schwarzwald schildern und seine verwunschenen Täler, das weite Land am Bodensee und Oberschwaben, in dessen Kirchen der liebe Gott mit seinen Engeln alle Tage hofhält, die weltoffene Stadt München und den Königsee mit der Kirche von St. Bartholomä und dem Watzmann, an einem Herbsttag, wenn die Farben von See, Matten, Tannen, Steinen, Himmel die Augen trunken machen.
Doch dann würde er weiter fragen: „Was ißt man in diesem Land?". Und dann wäre ich in rechter Verlegenheit. Dann müßte ich gestehen, daß die deutsche Küche einen schlechten Ruf hat. Dann müßte ich gestehen, daß meine ausländischen Freunde von den fetten, mehligen Soßen sprechen, von verkochtem Gemüse, vermampften Kartoffeln und trockenem Fleisch. Ich würde mich in die Ausnahmen flüchten der vielen zugegebenermaßen ausgezeichneten Restaurants in diesem Land, die breit gestreut sind und doch eine gewisse Häufung haben im Südwesten, dort wo im Dreieck des Rheinknies, zwischen Elsaß, Nordschweiz und Baden ohnehin eine Ausnahmesituation herrscht.
Er würde weiter fragen: „Ja gibt es denn nicht so etwas wie ein Nationalgericht!". Ich würde von Sauerkraut sprechen, Bratwurst und gelbem Erbsenbrei, und dann würde ich sagen, daß es überhaupt keine deutsche Küche gibt, wohl aber die Küche der Regionen.
Ich würde ihm allerdings nicht sagen, daß die Bewohner der deutschen Regionen, als sie nach den traditionellen Gerichten gefragt wurden, nämlich von den Rechercheuren der EU in Brüssel, keine Antwort zu geben vermochten. Ganz im Gegensatz zu den Menschen in Frankreich und Italien.
Dann würde ich anfangen von deutscher Geschichte zu sprechen, daß es eigentlich bis ins 19. Jahrhundert hinein gar kein Deutschland gab, sondern nur den Fleckenteppich der Herrschaften.
Wenn man wissen wolle, was dort gegessen wurde, dann fände man sehr wohl die Kochbücher der Oberschicht: die mehr oder weniger internationale Speisekarte der Schlösser und der wohlhabenden Bürgerhäuser. Was

aber die einfachen Leute gegessen haben, die Bauern und Handwerker, was die Küche der Region ausmacht, das stünde in kaum einem der alten Kochbücher, das sei mündlich überliefert und in modernen Sammlungen wie z. B. den „Kulinarischen Streifzügen" der Sigloch Edition in letzter Minute vor dem Vergessen bewahrt worden.
Da begann der Tag mit Suppe. Kartoffeln und Getreidebrei waren die Grundlage der Ernährung – und natürlich Brot. Gemüse gab es auch, im Winter milchsauer eingemacht, Sauerkraut z. B. und Käse zu den zwei Vesperzeiten um Neun und um Vier. Fünf Mahlzeiten gab es am Tag. So wie es die Ernährungswissenschaftler heute wieder empfehlen.
Fleisch war eher selten auf dem Speisezettel. Sonntags, natürlich, und an den Festtagen. Am Freitag Fisch. Aber die Hausfrauen wußten nicht nur mit den bescheidenen Mitteln jeden Tag die Familie satt zu bekommen, sondern sie verstanden auch mit einfachen Zutaten schmackhaft zu kochen. Sie sind die genialen Schöpferinnen jener Vielfalt und jenes Reichtums, die unsere Regionalküchen auszeichnen. Manches, was in der „Küche der armen Leute" erfunden wurde, ist in die „Große Küche" eingegangen. Man denke nur z. B. an Weinbergschnecken! Viel Zeit mußten die Hausfrauen täglich für das Kochen aufbringen. Einfallsreichtum war notwendig und Wissen und Können, was die Küchentechniken betraf. Sie wurden dem jungen Mädchen von Kind an durch Mutter und Großmutter vermittelt.
Mit dem beginnenden 20. Jahrhundert veränderte sich die wirtschaftliche Situation, und damit änderten sich auch die Lebensgewohnheiten. Insbesonders nach dem Zweiten Weltkrieg wurde es für jeden möglich, täglich Fleisch zu essen. Was Wunder, daß die Menschen die Speisen der Armut vergessen haben, so wie sie die Lebensformen ihrer Eltern und Großeltern vergessen haben, weil sie sie vergessen wollten. Und im Zeitalter der berufstätigen Frauen fehlt vielfach die Zeit für zeitaufwendige Zubereitungen und leider oft auch das entsprechende Wissen und Können. Für viele berufstätige Frauen ist Convenience-Food der einzige Ausweg.
So sei es, so würde ich schließlich zu meinem Freund sagen, gar nicht so einfach, die regionale Küche der sechzehn Bundesländer zu erkunden. Umso wichtiger sei deshalb ein Unternehmen wie diese hier vorliegende Sammlung, die die Rezepte der regionalen Küchen, die in den Einzeldarstellungen der „Kulinarischen Streifzüge" vorliegen, miteinander in Verbindung bringt und eine Übersicht bietet über all den Reichtum deutscher Regionalküchen und damit letztendlich doch so etwas ist wie eine Dokumentation d e r deutschen Küche.

Werner O. Feißt

Nicht nur „Fischköppe“ hinter den Deichen

Fisch! Fisch! und nochmals Fisch! – Wer beim Hohen Norden Deutschlands immer nur an das eine denkt, der läßt sich viel Gutes entgehen. Zwar geben Nord- und Ostsee für Fischfreunde reichlich her, aber übers Meer kommt mehr geschwommen als nur Heringe – und das fruchtbare Land dazwischen sorgt für ein abwechslungsreiches Drumherum: Krabben, Aale und Muscheln gelten auch heute noch als Delikatessen, und mit den Schiffen aus Übersee kamen kostbare Gewürze, exotische Früchte, Reis, Kaffee, Tee und – nicht zu vergessen! – das bernsteinfarbene Gold, der Rum, ins Land. All das begründete zum einen den Reichtum der Handelsstädte wie Kiel, Lübeck, Flensburg oder Hamburg und trug andererseits zur Vielfalt der bürgerlichen Küche bei.

Das Meer brachte allerdings nicht nur Gutes, sondern bedeutete auch eine Gefahr für das Land, das oft mehrere Meter unter dem Meeresspiegel liegt.

Theodor Storm hat die knochenharte Arbeit beim Deichbau eindrucksvoll geschildert.

Heute verdankt Schleswig-Holstein eben diesen Deichen auch einen Teil seines Reichtums: Auf den grünen Marschweiden – jenen fruchtbaren Landstrichen, die dem Meer durch den Bau der Deiche abgetrotzt wurden – weiden die Schweine mit den schönsten Schinken und die Kühe mit der sahnigsten Milch. Das Fleisch der Schafe, die das Gras auf den Deichen kurzhalten, gilt als zarte Köstlichkeit, und auf den Feldern wird nicht nur so mancher Kohlkopf fett.

Kohl allerdings – egal ob grün, weiß oder rot – wurde zum Nationalgericht und darf bei keinem Festessen fehlen.

Besonders der Grünkohl, der nach dem ersten Frost ein bißchen süß wird und erst dann so richtig schmeckt, gehört in Begleitung von möglichst fettem Schweinefleisch, Wurst oder Geräuchertem und ausreichend eisgekühltem Korn oder Kümmel zum Runterspülen und Verdauen unbedingt dazu.

Die bäuerlichen Bewohner des fruchtbaren Hinterlandes gelten zwar als wortkarg und verschlossen, sind allerdings ausgiebigen kulinarischen Genüssen keineswegs abgeneigt. Im Gegenteil: für ein üppiges Festgelage ist kein Anlaß zu gering.

Da feiert man zum Beispiel nicht nur die Taufe, sondern auch deren Vorabend, und am Tag danach bedanken sich die Gastgeber bei allen beteiligten Helfern und Helferinnen nochmals mit einem reichen Mahl. Und so richtig schön, sagen die Nordlichter, war ein Fest erst dann, wenn der Kater danach noch mindestens den ganzen nächsten Tag lang anhält.

Um wieder einen klaren Kopf zu kriegen, setzt man sich dann zum Krabbenpulen auf die Deichkrone und läßt sich eine frische Brise um die Ohren wehen. Vielleicht an die Elbe bei Hamburg, im Hintergrund die Geräusche des allmorgendlichen Fischmarktes im Ohr: Fisch! Frischer Fisch! Immer frischer Fisch!

Büsumer Krabben-Cocktail

400 g Nordsee-Krabbenfleisch
4 Salatblätter
1/4 Liter süße Sahne
4 EL Tomatenketchup
Saft von 1/2 Zitrone
1 Messerspitze Cayennepfeffer
1 EL Weinbrand
Salz
1 EL geriebener Meerrettich
2 unbehandelte Zitronen
2 EL gehackte Petersilie

Tips:
Fruchtiger wird der Krabben-Cocktail, wenn zusätzlich das in Stücke geschnittene Fruchtfleisch einer Grapefruit oder Pampelmuse unter das Krabbenfleisch gemischt und dann mit der Sahnesauce übergossen wird.

Das abgespülte und trockengetupfte Krabbenfleisch in 4 Glasschalen auf den Salatblättern anrichten. Die Sahne steif schlagen. Anschließend den Ketchup, den Zitronensaft, den Cayennepfeffer – sparsam dosieren! –, den Weinbrand, etwas Salz und den Meerrettich vorsichtig unter die geschlagene Sahne mischen und alles pikant abschmecken. Die Sahnesauce über die Krabben geben. Die Zitronen in Achtel schneiden und die Spalten an den Glasrand plazieren. Mit der Petersilie bestreut servieren. Als Beilage Buttertoast oder Baguette reichen.

In Büsum, wo viele Krabben direkt vom Kutter an Gäste aus dem Binnenland verkauft werden, erzählen die Fischer gern ihre „Döntjes“. Eine kleine Kostprobe: Die Krabben seien deshalb so teuer, weil man sie einzeln angeln müsse. Auch das „Biegen“ der einzelnen Tiere in ihre typische Form sei sehr zeitaufwendig und daher kostspielig.

Flensburger Aal

500 g geräucherter Aal
8 Eier
6 EL süße Sahne
Salz
schwarzer Pfeffer
2 EL Butter
2 EL Schnittlauchröllchen
4 Zitronenscheiben

Tips:
Für eine komplette Mahlzeit sollten pro Person 3 Eier und etwa 200 g Aal (Rohgewicht) gerechnet werden. Etwas würziger wird das Rührei durch die Zugabe von gehackter Petersilie. Soll es besonders leicht und locker werden, etwas Mineralwasser (mit Kohlensäure) mit der Eimasse verquirlen.

Den Aal enthäuten und entgräten. Das Fleisch in Stücke schneiden. Die Eier in einer Schüssel mit der Sahne verquirlen und mit Salz und Pfeffer würzen. Die Butter in einer Pfanne erhitzen und das Eiergemisch darin bei geringer Hitze unter leichtem Rühren stocken lassen. Das Rührei auf Tellern anrichten, die Aalstücke darauf verteilen und mit dem Schnittlauch bestreuen. Mit den Zitronenscheiben garniert servieren. Als Beilage paßt frisches Vollkornbrot mit Butter.

In ganz Schleswig-Holstein findet man Aal auf den Speisekarten oder frisch geräuchert zum Mitnehmen. Meist unterscheiden sie sich im Geschmack wegen der unterschiedlichen Zusammensetzung der glimmenden Holzspäne, über deren Rauch sie so herrlich goldgelb werden. In Flensburg werden für Aal wie für Schinken häufig Buchenspäne verwendet. Fast jede Räucherei hat ein eigenes, gut gehütetes Geheimrezept für den „ganz besonderen Rauch“.

Fischsuppe Sylt

250 g Heilbuttfilet
250 g Rotbarschfilet
Saft von 1/2 Zitrone
1 1/4 Liter Fleischbrühe, Fischbrühe oder -fond
Salz
4 Zwiebeln
1 Lorbeerblatt
2 Petersilienwurzeln
3 Gewürzgurken
1/2 Sellerieknolle
6 kleine Tomaten
1/8 Liter Weißwein
1 TL geriebener Meerrettich
2 EL gehackter Dill

Tips:
Für die Suppe können auch andere Fischarten verwendet werden. Durch die Zugabe von etwa 100 g Nordsee-Krabbenfleisch wird die Suppe noch feiner.
Die Variante mit der gleichen Menge Fischbrühe oder Fischfond statt Fleischbrühe sollte man nur wählen, wenn einem verstärkter Fischgeschmack nichts ausmacht.

Die Fischfilets mit dem Zitronensaft beträufeln und etwa 5 Minuten ziehen lassen.
Die Brühe in einem großen Topf erhitzen. Etwas Salz, die geschälten, in Scheiben geschnittenen Zwiebeln und das Lorbeerblatt dazugeben. Aufkochen und den Fisch hineingeben. Bei geringer Hitze etwa 10 Minuten ziehen lassen, dann die Filets herausnehmen und warm stellen.
Die Petersilienwurzeln schälen und reiben, die Gewürzgurken in Scheiben schneiden. Den Sellerie schälen und in dünne Streifen schneiden. Die Tomaten mit kochendem Wasser überbrühen, häuten und halbieren. Alles in die Suppe geben. Etwa 5 Minuten ziehen, aber nicht kochen lassen. Dann den Weißwein angießen und den geriebenen Meerrettich einrühren.
Die Fischfilets vorsichtig zerpflücken und in die Suppe geben. Nochmals kurz erhitzen. Mit dem Dill bestreut servieren.

Das Leben auf der Insel war früher hart, entbehrungsreich und eintönig. Fisch in jeglicher Form mußte als Ersatz für das teure Fleisch die Grundlage vieler Speisen sein. So entstanden im Laufe der Jahrzehnte zahlreiche Rezepte, die wir heute als Besonderheiten ansehen, weil sie so schmackhaft sind.

Hamburger Aalsuppe

einige Knochen vom rohen Schinken
„mit noch etwas dran"
1 Bund Suppengrün, klein geschnitten
1 grob gehackte Zwiebel, 100 g Dörrpflaumen
200 g kleine Birnen, Mehl zum Binden
250 g abgezogener und entgräteter grüner Aal
(oder Räucheraal)
frische Kräuter wie Petersilie, Majoran, Salbei,
Rosmarin, Basilikum und Thymian
1 Prise Salz, 1 Prise Zucker, 1 Schuß Weinessig
kleine Fleischklößchen

Zunächst die Schinkenknochen (es können auch Markknochen, Rindfleisch oder Lammreste sein) mit 1 1/2 Liter Wasser aufsetzen und 3 Stunden sanft kochen lassen. Dann die Brühe durchseihen. Das klein geschnittene Suppengrün und die grob gehackten Zwiebeln in der Brühe garziehen lassen. Die Dörrpflaumen und Birnen in einem anderen Topf weich kochen und dazugeben. Das Ganze mit etwas Mehl binden. Dann den Aal und die Kräuter hinzufügen, noch 10 Minuten kochen lassen, die Fleischklößchen hineingeben und die Suppe mit Salz, Zucker und Essig abschmecken. Die Hamburger Aalsuppe sollte sehr heiß serviert und gegessen werden.

Daß in der echten Hamburger Aalsuppe auch Aal drin sein muß, ist ein Irrtum. Das plattdeutsche Wort „aal" bedeutet schlicht „alles". „Aalsuppe" war ursprünglich eine Restesuppe, in der alles mögliche schwamm – nur eben kein Aal. Weil die Hamburger Gastwirte es aber irgendwann leid waren, daß sich die Touristen ständig über den fehlenden Aal beschwerten, ist heutzutage in dem köstlichen Gemenge aus süß und sauer doch (meistens) Aal drin. Da die Zubereitung etwas aufwendig ist, empfiehlt sich ein Essen im Freundeskreis.

Kerbelsuppe Angelner Schnüsch

KERBELSUPPE
1 Liter Fleischbrühe
1 EL Mehl
1/8 Liter kalte Milch
1/8 Liter süße Sahne
2 Eigelb
6 EL gehackter Kerbel
weißer Pfeffer
Salz

ANGELNER SCHNÜSCH
250 g Erbsen
250 g Karotten
Salz
1 Messerspitze Zucker
250 g Brechbohnen
250 g Kartoffeln
1/2 Liter Milch
3 EL gehackte Petersilie
60 g Butter
weißer Pfeffer

KERBELSUPPE
Die Brühe aufkochen, das Mehl in der Milch verquirlen und langsam in die Brühe rühren. Bei geringer Hitze etwa 10 Minuten ziehen lassen. Dann die Hitze abschalten und die mit der Sahne verquirlten Eigelbe einrühren. Danach 5 Eßlöffel Kerbel in die Suppe rühren und mit Pfeffer und Salz würzen. Mit dem restlichen Kerbel bestreut heiß servieren.

Die Kerbelsuppe, manchmal auch Eckernförder Kerbelsuppe genannt, gibt es in zahlreichen Variationen quer durch das Land. Auch sie war eher eine einfache Mahlzeit aus den meist sowieso vorhandenen Zutaten und mit etwas frischem Würzkraut verfeinert. Kerbel und andere Würzkräuter wurden, zumindest in früheren Zeiten, in fast allen Bauerngärten gezogen, um auf das noch kostspielige Salz teilweise verzichten zu können.

ANGELNER SCHNÜSCH
Die Erbsen und die in Scheiben geschnittenen Karotten zusammen in wenig Wasser mit etwas Salz und Zucker garen.
Die Brechbohnen mit Salz in wenig Wasser garen. Die Kartoffeln in der Schale kochen, etwas abkühlen lassen, dann abpellen und in Scheiben schneiden. Die Milch mit der Petersilie und der Butter aufkochen, das Gemüse und die Kartoffelscheiben mit jeweils etwa 2 Eßlöffeln Kochbrühe hineingeben und mit Salz, Pfeffer und Zucker süß-pikant abschmecken, dann heiß servieren. Als Beilage wird Katenschinken in Scheiben oder Matjesfilet gereicht.

Milch gab das Vieh, Gemüse hatte man im Garten, Kartoffeln sowieso. Und so waren die Zutaten für einen Eintopf beisammen. Was einst als „Spargericht" gedacht war, ist auch heute noch eine sättigende, wohlschmeckende Mahlzeit.

Lammtopf mit grünen Bohnen

600 g Lammfleisch vom Nacken
2 große Zwiebeln
1 kg grüne Bohnen
1 Zweig Bohnenkraut
750 g Kartoffeln
Salz
schwarzer Pfeffer
2 EL gehackte Petersilie

Tip:
Für den Lammtopf können auch andere Fleischteile, die nicht zu fett sein sollten, verwendet werden.

Das Fleisch in mundgerechte Würfel schneiden. Die Zwiebeln schälen und in grobe Würfel schneiden. Fleisch und Zwiebeln in reichlich Wasser aufkochen und etwa 30 Minuten gut durchkochen lassen. Dann die geputzten und gebrochenen grünen Bohnen zum Fleisch geben. Das Bohnenkraut auf die Brühe legen. Nach weiteren 25 Minuten die geschälten und in nicht zu kleine Würfel geschnittenen Kartoffeln dazugeben. Weiterkochen lassen, bis die Kartoffeln gut gar sind und dem Lammtopf etwas Bindung geben. Danach das Bohnenkraut entfernen. Den Eintopf mit Salz und Pfeffer abschmecken und mit der Petersilie bestreut servieren.

Nicht nur in den Elbmarschen, in Dithmarschen und Nordfriesland grasen unzählige Schafe an den grünen Deichen. Wenn die Bohnen in den Bauerngärten erntereif sind, haben die Lämmer auch gerade die richtige Schlachtgröße. Aus dem delikaten Fleisch, kombiniert mit dem Geschmack der frischen Bohnen, entsteht dieser herzhafte Eintopf, zu dem Sauerteig-Landbrot sehr gut paßt.

Schleswiger Groten Heini

500 g junge kleine Kartoffeln
Salz
500 g Brechbohnen
500 g durchwachsener Räucherspeck, in Scheiben geschnitten
500 g kleine Kochbirnen
schwarzer Pfeffer
2 EL gehackte Petersilie

Die ganzen Kartoffeln in Salzwasser garen, etwas abkühlen lassen, dann abpellen. Die Brechbohnen putzen, mit den Räucherspeckscheiben in wenig Salzwasser aufkochen und etwa 10 Minuten garen. Dann herausnehmen und warm stellen. Die geschälten, halbierten und entkernten Birnen in den Kochsud geben und gar ziehen lassen. Den Kochfond mit Salz und Pfeffer abschmecken.
Die Bohnen in die Mitte einer großen, flachen und vorgewärmten Schüssel legen. Die Kartoffeln drumherum setzen und die Speckscheiben und Birnen darüber anrichten. Die Brühe darübergießen und mit der Petersilie bestreut servieren.

Wenn die Birnenzeit im Lande einkehrt, gibt es Birnen, Bohnen und Speck, auch als „Groten Heini“ bekannt: ein Eintopf mit der im Norden bevorzugten leicht süß-sauren Geschmacksnote. In früheren Zeiten war er eine hochwillkommene Abwechslung der ansonsten eher eintönigen Alltagsgerichte. Manche vorausschauende Bäuerin ließ extra spät reifende Birnensorten anpflanzen, um die eingelagerten Früchte auch im Winter für Groten Heini als Festessen parat zu haben.

Muscheln Sylter Art

1 kg Miesmuscheln
1/4 Liter trockener Weißwein
4 Lorbeerblätter
20 weiße Pfefferkörner
1/2 TL Senfkörner
4 Gewürznelken
1 TL Salz
1 Messerspitze schwarzer Pfeffer
1 Messerspitze Zucker
1 große Zwiebel
1 Bund Suppengrün
1 Eigelb
1/8 Liter süße Sahne
3 EL gehackter Dill

Die Muscheln gut säubern und den Bart entfernen. Gut 1 Liter Wasser in einem hohen Topf mit dem Wein und den Gewürzen, der geschälten, grob zerkleinerten Zwiebel und dem geputzten, gehackten Suppengrün zu einem Sud kochen.
Die Muscheln hineingeben und zugedeckt bei starker Hitze etwa 15 Minuten kochen. Den Topf zwischendurch hin und wieder schütteln, damit alle Muscheln gleichzeitig gar werden. Wenn sich alle geöffnet haben, die Muscheln aus dem Topf nehmen und warm stellen. Nicht geöffnete Muscheln wegwerfen.
Den Sud durch ein Sieb in einen Topf passieren, aufkochen und mit dem Eigelb und der Sahne binden. Den Dill unterrühren. Die Sauce mit Salz und Pfeffer abschmecken, die Muscheln hineingeben und in der Sauce servieren.
Frisches Roggenbrot mit Butter oder geröstetes Weißbrot passen als Beilage ideal.

Die Miesmuscheln, die überwiegend vor der Nordseeküste in Kulturen herangezogen und im Herbst geerntet werden, sind nur in den Monaten mit „r“ im Handel, also von September bis Ende April. Ihr schmackhaftes Fleisch ist dann eine willkommene Speise für jeden Liebhaber von Meeresfrüchten. Unter den zahlreichen Rezepten für die Zubereitung sind die Muscheln Sylter Art ein absoluter Klassiker.

Schellfisch auf Porree

800 g küchenfertiger Schellfisch
Salz
schwarzer Pfeffer
3 EL Zitronensaft
3 EL Butter
100 g Zwiebeln
1 Knoblauchzehe
300 g Porree (Lauch)
1 gelbe Paprikaschote
400 g Kartoffeln
1/8 Liter trockener Weißwein
2 EL Butter zum Belegen
1 EL gehackte Petersilie

Tip:
Auf gleiche Art können auch frische Makrelen zubereitet werden. Dazu paßt ein trockener Riesling oder ein herbes Pils.

Den gesäuberten Fisch innen und außen mit Salz und Pfeffer einreiben, die Bauchhöhle zusätzlich mit etwas Zitronensaft beträufeln und zugedeckt etwa 30 Minuten ziehen lassen.
Eine feuerfeste Form mit der Butter ausstreichen. Die geschälten Zwiebeln würfeln, den Knoblauch durch die Presse drücken oder ganz fein zerkleinern. Beides auf dem Boden der Form verteilen.
Den geputzten Lauch in Ringe, die gewaschene Paprikaschote in Streifen und die geschälten Kartoffeln in Scheiben schneiden. Das Gemüse in die Form legen, mit Salz und Pfeffer bestreuen und im Backofen bei mittlerer Hitze in etwa 30 Minuten halb gar backen. Dann den Fisch auf das Gemüse legen, den Wein angießen und den Fisch mit Butterflöckchen belegen. Im Backofen etwa 30 Minuten fertiggaren. Mit der Petersilie bestreut servieren.

Hin und wieder findet man den in der Ostsee verbreiteten Schellfisch auch als Angelschellfisch im Angebot. Und tatsächlich, die Fische werden von den Fischern des Ortes Maasholm, direkt an der Schlei-Mündung, geangelt und nicht per Netz an Land gezogen. Dazu folgen sie mit ihren Booten den Fischschwärmen und werfen die Angeln aus. So kann es nicht verwundern, daß in dieser Region Schellfisch auch geräuchert angeboten wird.

FLENSBURGER
PILSENER

Husumer Krabbenragout

12 kleine Tomaten, 1 große Zwiebel, 1 TL Butter
1 Stück Sellerie, 1 Knoblauchzehe
1/2 TL getrockneter Thymian
4 EL gehackte Petersilie, 1 Lorbeerblatt
Salz, schwarzer Pfeffer
etwa 1 Messerspitze Cayennepfeffer
500 g Nordsee-Krabbenfleisch

Die Stielansätze der Tomaten herausschneiden. Die Tomaten mit kochendem Wasser überbrühen, enthäuten und im eigenen Saft in einer Pfanne andünsten. Die geschälte Zwiebel fein hacken und in einer zweiten Pfanne in der Butter goldgelb andünsten, die Tomaten dazugeben und schmoren lassen. Den fein gehackten Sellerie, die zerdrückte Knoblauchzehe, den Thymian, die Petersilie und das zerbröselte Lorbeerblatt dazugeben. Mit Salz, Pfeffer und einer Prise Cayennepfeffer – vorsichtig dosieren! – abschmecken. Die Krabben dazugeben und alles etwa 10 Minuten bei geringer Hitze gar ziehen lassen.
Als Beilage Butterreis und ein kühles Pils servieren.

Die Krabbenflotte des Husumer Hafens brachte in guten Jahren reiche Ernte an Land. Es gab so viele „Krabben", daß einfach neue Rezepte für die Verwendung kreiert werden mußten. Zerhackt als Krabbenfrikadelle, gekocht, geschmort, gebraten – alles wurde mit den heute so geschätzten Krabben „angestellt". Aus der Zeit der üppigen Fänge stammt das Rezept für dieses Ragout: das Gemüse aus den Gärten mit dem Segen des Meeres kombiniert.

Helgoländer Fischgulasch

500 g Fischfilet
(z.B. Kabeljau, Schellfisch, Rotbarsch oder Seelachs)
Salz, weißer Pfeffer, Saft von 1 Zitrone
500 g Kartoffeln, 1 Bund Frühlingszwiebeln, 2 EL Butter
1/8 Liter trockener Weißwein, 1/8 Liter Fischfond
1 Lorbeerblatt, 5 weiße Pfefferkörner, 3 Wacholderbeeren
1 Salatgurke, 1 Bund Dill, 100 g Crème fraîche

Das Fischfilet in mundgerechte Würfel schneiden, mit Salz und Pfeffer bestreuen und mit Zitronensaft beträufelt etwa 10 Minuten ziehen lassen.
In der Zwischenzeit die Kartoffeln schälen und in Würfel schneiden. Die Frühlingszwiebeln in Ringe schneiden und in einem großen Topf in der erhitzten Butter andünsten. Die Kartoffeln dazugeben und mitdünsten. Danach den Weißwein und den Fischfond angießen, das Lorbeerblatt, die Pfefferkörner und die Wacholderbeeren hinzufügen. Alles zugedeckt bei geringer Hitze etwa 10 Minuten köcheln lassen.
Die Gurke längs halbieren, die Kerne entfernen, das Fruchtfleisch in Stücke schneiden und mit dem Fisch zu den Kartoffeln geben. Etwa 10 Minuten bei geringer Hitze ziehen lassen. Einige Zweige Dill zum Garnieren beiseite legen, den Rest fein hacken. Zum Schluß die Crème fraîche unterrühren, das Fischgulasch mit Salz, Pfeffer und gehacktem Dill abschmecken und mit einigen Dillzweigen garniert servieren.

Da der Boden des roten Felsens sich für die Landwirtschaft nicht eignet, mußten die Bewohner seit Urzeiten das essen, was das Meer hergab. Sie entwickelten zahlreiche Gerichte, die wir heute als Klassiker bezeichnen, obwohl sie einst nur Alltagskost waren und erst durch Gewürze, die sich die Bewohner früher nicht leisten konnten, richtig schmackhaft wurden.

Grünkohl und süße Röstkartoffeln

Für 6 Personen
2 kg frischer Grünkohl, 1 große Gemüsezwiebel
100 g Schmalz, 5 EL Haferflocken, Salz
3/4 Liter Fleischbrühe, 800 g kleine runde Kartoffeln
500 g geräucherte Kochwurst im Naturdarm
500 g frische Mettwurst im Naturdarm
1 EL Puderzucker, 2 EL Pflanzenöl, schwarzer Pfeffer
1 EL Zucker, 1 Messerspitze geriebene Muskatnuß

Tip:
Zu diesem deftigen Essen, das mit Schweineschmalz am schmackhaftesten wird, paßt Bier – und für den, der ihn mag, ein oder mehrere Korn. Außer den Würsten kann man auch Kasseler Koteletts, geräucherte Schweinebacke und einige Kochbirnen als Beilagen mitkochen.

Den Grünkohl von Stielen und Strünken befreien und grob hacken. Die Gemüsezwiebel schälen und fein hacken. Das Schmalz in einem großen Topf erhitzen, die Zwiebelwürfel unter Rühren bei mittlerer Hitze glasig dünsten, dann den Grünkohl dazugeben. Die Haferflocken, Salz und die Brühe dazugeben und 1 Stunde zugedeckt bei geringer Hitze unter gelegentlichem Rühren dünsten.
In der Zwischenzeit die Kartoffeln in der Schale in Salzwasser garen, abpellen und abkühlen lassen. Die Würste auf den Grünkohl legen und noch 30 Minuten auf kleiner Flamme unter gelegentlichem Umrühren köcheln lassen. Etwa 15 Minuten vor Ende der Garzeit eine Pfanne erhitzen, den Puderzucker einstreuen und karamelisieren lassen. Das Öl dazugießen, umrühren und die Kartoffeln darin anbraten. Mit Salz, Pfeffer, Zucker und Muskatnuß abschmecken. Den Kohl ebenfalls mit Salz, Pfeffer, Zucker und Muskatnuß abschmecken und mit den Kartoffeln und Würsten umlegt auf einer Platte anrichten.

FLENSBURGER BRAUEREIEN

Labskaus

500 g gepökeltes Rindfleisch
500 g geschälte, in Salzwasser gegarte Kartoffelschnitze
2 Zwiebeln, 1 bis 2 EL Schweineschmalz
1 Bismarckhering, 4 Eier

Das Fleisch ohne Salz in Wasser legen und garkochen. Herausnehmen und durch die große Scheibe des Fleischwolfs drehen. Die Kartoffeln mit dem Fleisch vermischen. Die feingehackten Zwiebeln im Schmalz glasig dünsten, die Fleisch-Kartoffel-Masse zugeben und den zerkleinerten Bismarckhering unterrühren. Das Ganze unter ständigem Rühren heiß halten. In Portionen aufteilen und jede Portion mit einem Spiegelei krönen. Mit Scheiben von eingelegter roter Bete und Gewürzgurken servieren.

Labskaus ist ein typisches Seemannsgericht, das aus der großen Zeit der Windjammer stammt. Diese stolzen Schiffe hatten keinerlei Kühlanlagen an Bord. Daher konnten sie nur Pökelfleisch als Proviant aufnehmen. Es geht die Sage, daß auf einer der manchmal drei Monate und länger dauernden Reisen der Proviant eines Schoners äußerst knapp wurde. Da wußte sich der Koch nicht anders zu helfen, als alles irgendwie Verwertbare in einen Topf zu werfen. Diesem seltsamen Gericht gab er den Namen „lobscourse“, was soviel wie „Speise für Tölpel“ bedeutet. Aus diesem „seemännischen Allerlei“ wurde dann das vielgerühmte Labskaus.

Gans auf Senatorenart

Für die Füllung:
500 g Boskopäpfel, 200 g Rosinen
1 Gläschen Rum, 50 g Zucker
etwas abgeriebene Schale einer unbehandelten Zitrone
1 Prise Zimt, 4 feingestoßene Zwiebackscheiben
1 junge Gans, 2–3 Schalotten, gewürfelt
Salz, etwas Mehl zum Binden

Für die Füllung: Die Äpfel schälen, entkernen und in Würfel schneiden. Die Rosinen in den Rum legen und aufquellen lassen. Dazu den Zucker, die Zitronenschale, den Zimt und den Zwieback geben. Zusammen mit den gewürfelten Äpfeln zu einer festen Masse vermischen. Die Gans mit dieser Füllung stopfen und am Hals und Schwanz zunähen. Nicht von außen salzen! Vor dem Braten in die Fettfangschale etwa 3 Tassen Wasser geben. Dann die Gans hineinlegen und in den vorgeheizten Backofen schieben. Bei 200° C 2 1/2 bis 3 Stunden langsam braten und gelegentlich mit dem Bratfond begießen. Nach der Hälfte der Bratzeit einige Male unterhalb der Keulen in die Haut stechen, damit das Fett besser ausbraten kann. In der letzten halben Stunde die Schalotten zugeben. 10 Minuten vor Ende der Garzeit die Gans mit etwas kaltem Salzwasser übergießen und bei 250° C knusprig braten. Den Bratfond in einen Topf geben, entfetten, mit dem Mehl binden, abschmecken und zur Gans reichen.

Da sich die Hansestädter schon immer für etwas Besonderes hielten, haben sie auch ihren Ministern einen besonderen Namen gegeben: Senatoren heißen diese hohen Repräsentanten des Staates im rauhen Norden. „Gans auf Senatorenart“ ist aber nicht nur etwas für die Herren von der Politik.

Kupp
Kabinett
TROCKEN
KONVIKT · TRIER

Katenschinken, Spargel und Backkartoffeln

750 g neue Kartoffeln
2 EL Pflanzenöl
Salz
1 unbehandelte Zitrone
1,25 kg frischer Spargel
120 g Butter
1 EL Zucker
12 dünne Scheiben Holsteiner Katenschinken (ca. 500 g)
2 EL gehackter Dill
2 EL gehackte Petersilie
1 Packung Kresse

Tip:
Schafs- oder Ziegenbutter anstatt der normalen Butter, leicht erhitzt und zerlassen, ist eine delikate Ergänzung.

Die Kartoffeln waschen, längs halbieren, die Schnittfläche mit Öl bepinseln und gleichmäßig mit Salz bestreuen. Ein Backblech dünn mit Öl bestreichen, die Kartoffeln mit der Schnittfläche nach oben darauf setzen und im Backofen bei mittlerer Hitze je nach Größe etwa 35 bis 40 Minuten backen.
In der Zwischenzeit die Zitrone waschen, abtrocknen und in Scheiben schneiden. Den geputzten Spargel in etwa 2 Liter leicht gesalzenem Wasser mit 2 Eßlöffeln Butter, den Zitronenscheiben und dem Zucker zum Kochen bringen. Bei geringer Hitze etwa 15 bis 18 Minuten garen.
Danach aus dem Wasser nehmen und gut abtropfen lassen. Etwa 3 Eßlöffel Butter schmelzen, den Spargel darin schwenken und warm stellen. Die restliche Butter – oder gegebenenfalls Schafs- oder Ziegenbutter – in einem kleinen Topf schmelzen, aber nicht bräunen. Die Kartoffeln, den Spargel und den Schinken auf vorgewärmten Tellern mit Dill, Petersilie und Kresse bestreut sowie der flüssigen Butter als Sauce servieren.

Zu Recht wurde er berühmt und wird stets viel gepriesen, der Holsteiner Katenschinken: mild geräuchert, herrlich duftend, kräftig rot – einfach delikat. Im Holsteinischen findet man heute zahlreiche Räuchereien, die in alten Katen Hunderte von Schinken in aller Ruhe nach dem Pökeln im Rauch reifen lassen. Der Duft läßt einem schon vor der Tür das Wasser im Munde zusammenlaufen.

Buchweizenpfannkuchen
Speckpfannkuchen

BUCHWEIZEN-PFANNKUCHEN
500 g Buchweizenmehl
1/2 Liter kalter schwarzer Tee
3 Eier
Salz
1 EL Zucker
200 g Räucherspeck
2 EL Butterschmalz

SPECKPFANNKUCHEN
3 Eier
50 g Mehl
1/4 Liter Milch
Salz
40 g Butterschmalz
150 g Räucherspeck in dünnen Scheiben

BUCHWEIZENPFANNKUCHEN (oben)
Das Buchweizenmehl mit dem Tee, den Eiern, einer Prise Salz und dem Zucker zu einem glatten Teig rühren. Diesen bei Zimmertemperatur mehrere Stunden zugedeckt ausquellen lassen. Den Speck kleinwürfeln.
Das Butterschmalz in kleinen Portionen in einer Pfanne erhitzen. Jeweils etwa 1 Eßlöffel Speckwürfel dazugeben, kurz anbraten, dann etwas Teig darüber gießen und von beiden Seiten knusprig backen. Besonders lecker schmecken die Buchweizenpfannkuchen mit Bickbeermus (Heidelbeermus).

In Ostfriesland heißen die köstlichen Pfannkuchen „Bookweetenschubber". Früher kamen sie aber auch in Nordfriesland und anderen Teilen Schleswig-Holsteins sonnabends nach getaner Wochenarbeit auf den Tisch. Wichtig für den guten Geschmack und Duft des „Pannkokens" ist kerniger Speck oder Schinken in ausreichender Menge. Das macht den Schubber zwar nicht unbedingt leichter verdaulich, aber geschmacklich einmalig.

SPECKPFANNKUCHEN (unten)
Die Eier trennen. Das Mehl mit der Milch, dem Eigelb und etwas Salz zu einem glatten Teig verrühren. Diesen zugedeckt etwa 15 Minuten quellen lassen. Das Eiweiß zu steifem Schnee schlagen und portionsweise unter den Teig heben.
Das Butterschmalz portionsweise in einer Pfanne erhitzen und darin nach und nach einige Speckscheiben von beiden Seiten anbraten, dann etwas Teig darüber gießen und von beiden Seiten goldgelb backen.
Knackig frischer grüner Salat schmeckt besonders gut zu den Speckpfannkuchen.
Aber auch etwas Sauerrahm, mit Salz und Pfeffer gewürzt, paßt dazu.

TEE

Rode Grütt
Errötende Jungfrau

Rode Grütt
500 g entstielte rote Johannisbeeren
250 g Himbeeren
1/4 Vanillestange
200 g Zucker
150 g Speisestärke

Tip:
Das Aroma von Himbeeren verträgt nur ganz kurzes Waschen. Besser ist es, man verliest die Früchte sehr sorgfältig – ohne Wasser.

Errötende Jungfrau
1/2 Liter Buttermilch
1/2 Liter süße Sahne
Saft von 1/2 Zitrone
125 g Zucker
1 Tütchen Vanillezucker
50 g geriebene Mandeln
8 Blatt rote Gelatine

RODE GRÜTT
Die gewaschenen und verlesenen Früchte in etwa 1 1/2 Liter Wasser knapp weich kochen, dann durch ein feines Sieb streichen. Die Fruchtmasse mit der Vanillestange und dem Zucker nochmals einige Minuten unter Rühren kochen, dann mit der in etwas kaltem Wasser angerührten Speisestärke binden. In eine mit kaltem Wasser angefeuchtete Form füllen und kalt stellen.
Am besten schmeckt dazu ungeschlagene süße Sahne oder kalte Vanillesauce.

Die Rote Grütze aus frisch geernteten Früchten – ein Gericht zum „Hineinlegen“! Je nach Jahreszeit und Landschaft wurden die jeweils reifen Früchte dafür genommen und mit Buttermilch, süßer Sahne oder – in wohlhabenderen Haushalten – mit Vanillesauce verzehrt.
So gut schmeckt die Rode Grütt, daß sie einen Siegeszug nach Skandinavien und quer durch Deutschland antrat: neben Aal und Krabben wohl die populärste Speise der nordischen Vorväter.

ERRÖTENDE JUNGFRAU
Die Buttermilch und die Sahne mit dem Zitronensaft, dem Zucker, dem Vanillezucker und den Mandeln vermischen. Die Gelatine nach Packungsvorschrift in 100 ml Wasser auflösen und zur Milch geben. Gut umrühren, in eine Glasschale füllen und erstarren lassen. Schlagsahne, leicht oder gar nicht gesüßt, verziert auch diese Buttermilchspeise ideal.

Die rote Gelatine, früher öfters durch etwas Saft ersetzt, läßt das Gericht ganz zart „erröten“. Und so erhielt es seinen Namen.

Dicke Gerstengrütze

1 Liter Wasser, 1 EL Salz
150 bis 200 g Gerstengrütze
100 g Rosinen oder 250 g geschälte Apfelstücke
Zimt und Zucker zum Bestreuen

Das Wasser zum Kochen bringen und alle Zutaten mit Ausnahme der Rosinen langsam darin garen lassen. Der Brei wird warm, mit Zimt und Zucker bestreut, gegessen. Dazu kalte Milch reichen. Wenn man die Apfelstücke anstatt der Rosinen wählt, sollte man sie von Anfang an mit ins Wasser geben.

Die Gerste ist bereits seit über 8000 Jahren eine wichtige Getreideart und war als Brotgetreide neben dem Weizen bei den Ägyptern und in Vorderasien sehr beliebt. Die Gerste diente vor allem der ärmeren Bevölkerung als Grundnahrungsmittel, weil sie in Massen angebaut wurde und daher billig war. Dieses Rezept stellt aber beileibe kein Armengericht dar – man sollte es ruhig öfter auf den Tisch bringen, denn es ist leicht und erfrischend.

Quetschmadam

500 g Birnen
1 unbehandelte Zitrone
3 EL Zucker
1/2 Liter Milch
1 Stange Zimt
150 g Milchreis
200 ml Erdbeersaft
1 EL Puddingpulver

Die Birnen schälen, entkernen und in Stücke schneiden. Von der gewaschenen, abgetrockneten Zitrone die Schale dünn abschälen und beiseite legen. Dann den Saft auspressen. Die Birnenstücke in wenig Wasser mit 1 Eßlöffel Zucker und etwas Zitronensaft dünsten.
Die Milch mit dem restlichen Zucker, der Zimtstange und der Zitronenschale aufkochen, den Reis einstreuen und bei geringer Hitze etwa 20 Minuten quellen lassen. Den Erdbeersaft aufkochen und mit dem Puddingpulver binden. Die Birnen und den Reis heiß oder kalt servieren. Den Erdbeersaft getrennt dazu reichen.

Für dieses Gericht wurden nicht etwa die Köchinnen drangsaliert, der Name ist vielmehr eine Verballhornung der im 18. Jahrhundert eingeführten Birnensorte „Quisse Madam“. Sehr schnell erfreute sich die Quetschmadam weit über die Grenzen des Landes hinaus großer Beliebtheit, insbesondere auch bei den Hamburgern.

Pharisäer
Pellwormer Teepunsch

PHARISÄER
Für 1 Tasse:
50 ml starker Kaffee
3 Stück Würfelzucker
3 cl Rum
2 EL steif geschlagene süße Sahne

PELLWORMER

Für eine gesellige Runde:
Kandiszucker
1 Liter nicht zu starker schwarzer Tee
1 Flasche Kümmel (0,7 oder 1 Liter, z.B. De geele Köm)

PHARISÄER
Eine hohe Tasse zur Hälfte mit frischem heißem Kaffee füllen, den Zucker und den angewärmten Rum dazugeben und kurz umrühren. Eine Sahnehaube darauf setzen. Nicht mehr umrühren, durch die Sahnehaube trinken.

Die Flensburger Handelsherren führten den Rum im ganzen Land ein. Das löste „Gastereyen" aus, die den Argwohn der Obrigkeit erregten. So besann sich jede Region auf Getränke, denen man den geliebten Alkohol nicht gleich ansah. Die Büsumer erfanden ihren Eierpunsch, die Nordfriesen den Pharisäer: Der Erzählung nach entstand der Name des Getränkes auf der Halbinsel Nordstrand. Dort predigte einst ein Pfarrer vehement gegen den Alkoholkonsum seiner Schäfchen. Um ihn zu täuschen, wurde der Rum in Kaffeetassen getan, heißer Kaffee darübergegossen, mit etwas Zucker gesüßt und mit einer gewaltigen Sahnehaube gekrönt, die das Ausströmen des Duftes verhindern sollte. Erst per Zufall entdeckte der Pfaffe die List und rief aus: „Oh, ihr Pharisäer...!"

PELLWORMER TEEPUNSCH
Etwas Kandiszucker in kleine Teetassen geben, dann zur Hälfte mit dem heißen Tee auffüllen. Einen guten Schluck Kümmel in jede Tasse geben, umrühren und heiß trinken.

Harmlos sieht der Punsch, das „Nationalgetränk" der Nordfriesen, in den kleinen Tassen aus, süffig schmeckt er ... Doch bei zu reichlichem Genuß kann er wahre „Erdbeben" bei zu fröhlichen Zechern auslösen.

geele
Köm
Herm. G.D.
FLENSBURG

Rumgrog

Pro Person:
2 Stück Würfelzucker, 4 cl Rum

Wasser zum Kochen bringen und Groggläser zu 2/3 damit füllen. Den Würfelzucker hinzugeben und verrühren. Mit dem zuvor heiß gemachten Rum auffüllen. Achtung: Vor dem Eingießen des Grogs einen silbernen Löffel in die Gläser stellen, um die Hitze abzuleiten. Und noch eine goldene Regel: „Zucker kann, Wasser darf, Rum muß."

Grog, ein Getränk aus Rum oder Arrak, Cognac oder Genever, immer aber mit heißem Wasser und Zucker, kam im 18. Jahrhundert in Marinekreisen in England auf. Das Getränk soll von Admiral Vernon seinen Namen haben, weil man ihm wegen seiner Anzüge aus grobem „Grogrammstoff" den Spitznamen „Old Grog" gegeben hatte. Zum Leidwesen seiner Mannschaften ließ der gute Admiral die Rumrationen immer mit Zuckerwasser verdünnen.
Das wärmende und die Sinne aktivierende Getränk breitete sich rasch in allen Küstenländern Nordeuropas aus. In Schleswig-Holstein und Dänemark wurde es besonders durch den Flensburger Rumimport von den Westindischen Inseln gefördert. Noch heute spielt diese Stadt darin ein führende Rolle.

Die Lieblingsgerichte von Till Eulenspiegel und Wilhelm Busch

Man sagt ihnen nach, daß sie gerne Eintopf essen.
Aber in einen Topf werfen lassen sich die Einwohner des zweitgrößten Bundeslandes deswegen noch lange nicht. Zwischen Nordsee und Harz, zwischen Ems und Elbe sind Töpfe und Pfannen, Vorlieben und Geschmäcker sehr vielfältig.
Was der Rattenfänger von Hameln am liebsten gegessen hat, ist nicht überliefert.
Till Eulenspiegel aber, der mit seinen Späßen auch in der Nähe von Braunschweig den Menschen einen Spiegel vorhielt, machte mit seinen selbstgebackenen Eulen und Meerkatzen Geschichte(n).
Heinrich Heine freute sich auf seiner „Harzreise“ über den köstlichen „veilchenblauen Kohl“, und der Heidedichter Hermann Löns pries den Heidschnuckenbraten, dessen Aroma eher an Wild als an Lamm oder Hammel erinnert.
Außer diesen Woll- und Fleischlieferanten bringt die Lüneburger Heide auch einen köstlichen Honig hervor. Und: sie ist der Kräutergarten des Landes. Nicht nur Thymian und Koriander, Pfefferminze und Wacholder gedeihen hier und werden von den Heidebewohnern kunstvoll eingesetzt.
Überraschend ist die Vorliebe für Fisch aller Art in ganz Niedersachsen: Heringe gab es schon lange vor Erfindung des Kühlschranks nicht nur an der Küste, sondern entlang der Salzstraße bis weit ins Landesinnere. Aber nicht nur das Salz der Lüneburger Heide diente zum Konservieren. Heringe wurden auch geräuchert. Das, was wir heute „Bückling“ (oder „Bücking“) nennen, ist hier entstanden. Vielleicht eine der ältesten Spezialitäten Niedersachsens: sein Erfinder, Wilhelm Bücking, starb bereits im Jahre 1447.
Frischen Fisch dagegen holte man nicht aus dem Rauch, sondern aus einem der zahlreichen Binnengewässer.
Kulinarische Spuren hinterließ auch das königliche Welfenhaus: in seinen Traditionsfarben gelb und weiß zum Beispiel die Welfencreme – ein Dessert, das bei keiner Festtafel fehlen durfte.
An den eingangs erwähnten niedersächsischen Eintöpfen kommt man aber natürlich nicht vorbei – und die sind keineswegs so langweilig, wie das Wort vermuten läßt!
„Lederne Jungs“ sind Dicke Bohnen, denen man noch lange hinterherpfeift, und im Oldenburger Land hat man nichts unversucht gelassen, den Geschmack von Echten Schildkröten auch ohne diese hinzukriegen.
Auch Grünkohl mit Pinkel und Grützwurst sind mittlerweile zur Delikatesse geworden und brauchen sich nicht hinter dem zarten Ammerländer Schinken verstecken, der so wunderbar zu Spargel oder Blumenkohl paßt.
Überzeugter Eintopfesser war übrigens auch der aus Wiedensahl bei Hannover stammende Karikaturist und Dichter Wilhelm Busch, und das galt nicht nur für das sicherlich mit Heidewacholder gewürzte Sauerkraut der Witwe Bolte – wofür er besonders schwärmt', wenn es wieder aufgewärmt ...

APOTHEKE

Matjes

MATJESFILETS MIT PELLKARTOFFELN
2 Zwiebeln, 1 Apfel, 8 Matjesfilets
knapp 1/4 Liter Sahne, je 1 Prise Zucker und Pfeffer
Kartoffeln nach Bedarf

MATJESRÖLLCHEN AUF APFELRINGEN
2 große Äpfel, 1 TL Zitronensaft
1/4 Liter Schlagsahne
1 bis 2 EL Meerrettich (möglichst frisch geriebenen)
1 gute Prise Zucker, 8 Matjesfilets
1 EL Preiselbeeren, 1 TL feingehackter Dill

MATJESFILETS MIT PELLKARTOFFELN
Die Zwiebeln in Ringe und den Apfel in Scheiben schneiden, zusammen mit den Filets auf einer tiefen Glasplatte anrichten. Die Sahne mit Zucker und Pfeffer verrühren und darübergeben. Die Kartoffeln in der Schale kochen und heiß dazu reichen.

MATJESRÖLLCHEN AUF APFELRINGEN
Die Äpfel schälen, das Kerngehäuse ausstechen und die Äpfel in je 4 Scheiben schneiden, die mit Zitronensaft beträufelt werden. Die Sahne mit dem Meerrettich und Zucker verrühren. Ein Filet zusammengerollt auf je einen Apfelring setzen und mit der Meerrettichsahne füllen. Mit den Preiselbeeren und dem Dill zum Schluß garnieren.

Als Matjes bezeichnen wir im strengen Sinne eigentlich nur den jungen Hering, der von Mitte Mai bis Anfang Juni an der Ostküste Schottlands und der Nordküste Irlands gefangen wird. Der Matjes sollte stets besonders zart und milde gesalzen sein. Probieren Sie ihn vor der Verarbeitung und wässern Sie ihn, wenn nötig, für ein paar Stunden.

Ammerländer Mockturtle

100 g Butter, 150 g Mehl, 2 Liter Fleischbrühe

Für die Klößchen:
1 kleines altbackenes Brötchen
200 g gemischtes Rinderhackfleisch
Salz, weißer Pfeffer

je 200 g gekochtes Schweinefleisch (Schinken),
Rindfleisch (Keule) und gegartes Rinderherz
100 g Champignons oder Pfifferlinge
Salz, weißer Pfeffer aus der Mühle
1 Schuß trockener Sherry oder Rotwein

Butter zerlassen, Mehl hineingeben und unter Rühren braun rösten. Mit heißer Brühe auffüllen und aufkochen lassen. Für die Klößchen das Brötchen in etwas Wasser einweichen, dann ausdrücken und mit dem Hackfleisch verkneten. Mit Salz und Pfeffer würzen, kleine Klößchen formen und in Salzwasser garziehen lassen. Herausnehmen, abtropfen lassen und zusammen mit dem in kleine Stückchen geschnittenen Fleisch, den Herzstreifen und den Pilzen in die Suppe geben. Etwas durchziehen lassen, mit Gewürzen und Sherry oder Rotwein abschmecken.

Früher konnte man es häufig an ländlichen Saalbetrieben geschrieben lesen: „Tanz, Stimmung, Mockturtle". Diese Oldenburger Spezialität ist eine Nachahmung der städtisch-feinen Schildkrötensuppe, aus feinem und festem Fleisch nach gut gehüteten Familienrezepten zubereitet. Als besondere Variante gibt es diese Suppe in der Osnabrücker Gegend aus einem Kalbskopf gekocht.

Hagebuttensuppe

750 g Hagebutten
Schale einer ungespritzten Zitrone
Mark von 1 Vanillestange
4 zerbröselte Scheiben Zwieback
1 Prise Salz, 3 EL Zucker
2 Eigelb, 2 Eiweiß

Hagebutten putzen und entkernen. Zusammen mit der Zitronenschale und dem Vanillemark in 1 1/4 Liter kaltem Wasser aufsetzen und zugedeckt 1 1/2 Stunden köcheln lassen. Alles durch ein feines Sieb streichen. Zerbröselte Zwiebackscheiben hinzufügen und noch einige Minuten kochen lassen. Mit Salz und Zucker abschmecken und mit Eigelb legieren. Wasser in einem Topf erhitzen. Das Eiweiß steif schlagen, mit zwei Teelöffeln kleine Nocken abstechen und auf das heiße Wasser setzen. Zugedeckt etwa 5 Minuten ziehen lassen. Zum Servieren auf die Suppe setzen.
Falls keine frischen Hagebutten zu bekommen sind: 100 g getrocknete Hagebutten mit 100 ml heißem Wasser übergießen, 20 Minuten ziehen, dann 5 Minuten kochen lassen, passieren und mit dem Zwieback und dem Eigelb binden.

Die Früchte wildwachsender Rosen haben bisweilen auch andere Namen, wie Hambutten, Hahnebutten, Apfelrosen oder Hiften. Sie enthalten viel Vitamin C, und ihr fruchtig-herzhafter Geschmack ist sehr erfrischend. Diese Suppe eignet sich als Vorspeise ebenso wie als Zwischengang.

Sietländer Hochzeitssuppe

2 kg Rindfleisch (Rinderbrust oder Beinrolle)
2 Lorbeerblätter, 3 Stangen Lauch, 3 Karotten
1/2 Sellerieknolle, 4 Zwiebeln, Salz

Für die Fleischklößchen:
1 kg gemischtes Rinderhackfleisch
2 eingeweichte, gut ausgedrückte Brötchen, 2 Eier
Salz, weißer Pfeffer, geriebene Muskatnuß

Für den Rosinenreis:
250 g Langkornreis, Salz
40 g Butter, 125 g eingeweichte Rosinen

Fleisch mit dem Lorbeer und dem geputzten Gemüse in 3 Liter Salzwasser aufsetzen und 2 bis 2 1/2 Stunden garen.
Für die Klößchen das Hackfleisch mit allen Zutaten mischen. Haselnußgroße Klößchen formen, in gesalzenem Wasser ziehen lassen, dann herausnehmen und warm stellen. Reis in 1 Liter Wasser ausquellen lassen, Salz, Butter und Rosinen untermischen.
Und so wird die Suppe serviert: Die Brühe mit Fleischklößchen wird in einer Terrine, der Reis in einer Schüssel auf den Tisch gegeben, dazu gesellt sich auf einer Platte das aufgeschnittene Fleisch. Als Beilage werden Weißbrot mit Butter und Zimtpflaumen gereicht. Zimtpflaumen sind eingeweichte, mit Stangenzimt und Zitronenschale gekochte Kurpflaumen, die mit etwas Vanillepudding vermischt und mit Rum abgeschmeckt werden.

Im Sietland, wörtlich: niedriges Land, zwischen Bederkesa und Otterndorf ist es noch heute Tradition, bei großen Bauernhochzeiten diese Suppe als Hauptgericht zu reichen.

Lederne Jungs

100 g durchwachsener Speck
1 mittelgroße Zwiebel
400 g ausgepahlte dicke Bohnen, 500 g Karotten
3/4 Liter heiße Fleischbrühe
1 Bund frisches Bohnenkraut, Salz, weißer Pfeffer

Speck und Zwiebeln würfeln und zusammen in einem Topf glasig werden lassen. Dicke Bohnen und geputzte, in Stücke geschnittene Karotten zugeben. Mit der Brühe aufgießen. Bohnenkraut obenauf legen. Zugedeckt 25 bis 30 Minuten bei mittlerer Hitze garen. Mit Salz und Pfeffer abschmecken.

So heißen in Niedersachsen die großen dicken Bohnen, und ihren lustigen Namen haben sie von ihrem Aussehen, wenn sie gekocht sind. Sie ergeben hier ein deftiges Gericht, das so richtig zum „Vollessen" einlädt und anschließend einen Verdauungsschnaps fordert.

Steinhuder Meeraal

1 kg küchenfertiger Aal

Für den Sud:
1/4 Liter trockener Weißwein, 1/2 Liter Wasser
2 Schalotten, 1 Bund Petersilie, etwas Dill
einige Kerbelzweige, 2 Lorbeerblätter
8 Gewürzkörner (Piment), 8 weiße Pfefferkörner
1/2 TL Salz, 1 TL Butter

100 g Butter, 4 mittelgroße Petersilienwurzeln
1/8 Liter Sahne, 2–3 Eigelb
2 EL gehackte Petersilie, einige Kerbelblätter

Aal in Stücke schneiden. Wein und Wasser mit allen Zutaten für den Sud 10 Minuten aufkochen. Die Aalstücke hineingeben und 10 bis 15 Minuten garziehen lassen. Die Fischstücke herausnehmen und warm stellen. Den Sud durchseihen und zur Hälfte einkochen. 50 g Butter zerlassen. Die geputzten, kleingeschnittenen Petersilienwurzeln darin andünsten. Etwas Sud zugeben und garziehen lassen, bis die Flüssigkeit verdampft ist. Dann heiß pürieren, restlichen Sud zufügen. Die übrige Butter in Flöckchen einschlagen, Sahne und Eigelb unterheben, aufkochen lassen. Petersilie und Kerbelblätter einstreuen. Die Aalstücke auf einem Teller anrichten und die Sauce dazugeben.
Dazu empfehlen sich neue Kartoffeln und grüner Salat mit Avocadostückchen und Kerbelblättern in einer Essig-Öl-Marinade.

Die Binnenseen, Zwischenahner Meer, Steinhuder Meer und der Dümmer waren einst fischreiche Gewässer und Erwerbsgrundlage für viele ihrer Anwohner. Einige der Delikatessen dieser Gegend sind berühmt geworden. So auch der Aal aus dem Steinhuder Meer.

Heringe mit Speckstippe

4–6 mittelgroße küchenfertige Salzheringe

Für die Marinade:
2–3 mittelgroße Zwiebeln
6 Wacholderbeeren, 1/2 TL Senfkörner, 2 Pimentkörner
1/4 Liter Essig, 1/8 Liter Wasser

200 g durchwachsener Speck

Ausgenommene und von Kopf und Schwanz befreite Heringe abspülen. Für die Marinade die geschälten Zwiebeln in Ringe schneiden und mit allen Zutaten (außer dem Speck) in einem Topf aufkochen und abkühlen lassen. Dann schichtweise die Heringe und die Zwiebeln in einen Steinguttopf geben. Die Marinade darüber gießen. Zugedeckt 2 bis 3 Tage ziehen lassen. Speck in Würfel schneiden und auslassen. Zusammen mit den Heringen, frisch gekochten Pellkartoffeln und Butterbohnen anrichten.

Dieses Gericht empfiehlt sich für die Zeit von Juli bis Dezember, denn dann werden Heringe frisch angelandet und schmecken am besten. Aus dem früheren „Armeleuteessen" ist mittlerweile schon fast eine Delikatesse geworden.

Lachs im Blätterteig

300 g Lachsfilet, Saft von 1 Zitrone
1 Packung tiefgefrorener Blätterteig
Mehl zum Überstäuben, 250 g blanchierte Spinatblätter
weißer Pfeffer, Salz, 4 gewürfelte Schalotten
200 g gehackte Champignons, 1 Eigelb
Für die Zitronensauce:
40 g Butter, 4 Schalotten, gehackt
200 ml Fischfond, 1/2 Glas Weißwein
1 Becher Crème fraîche (200 g)
abgeriebene Schale von 2 ungespritzten Zitronen
2 EL Butterflöckchen

Lachsfilets mit Zitronensaft beträufeln. Aufgetaute Blätterteigplatten mit den Kanten leicht überlappend zu einem Rechteck aneinanderlegen. Mit wenig Mehl bestäuben und leicht ausrollen. Die Hälfte der Spinatblätter in der Mitte des Teiges anordnen, mit Salz und Pfeffer würzen, darauf die Hälfte der Schalotten und der Champignons geben und nochmals würzen. Das Lachsfilet auf die Champignons legen, mit den restlichen Schalotten und Pilzen belegen. Blätterteig wie ein Paket einschlagen. Auf ein mit kaltem Wasser abgespültes Blech legen. Im vorgeheizten Backofen, untere Schiene, bei 200 °C etwa 25 bis 30 Minuten backen. Nach halber Backzeit obenauf mit Eigelb bestreichen.
Für die Sauce Butter zerlassen, darin die gehackten Schalotten andünsten. Mit Fischfond und Weißwein auffüllen und Crème fraîche einrühren. Zur Hälfte einkochen. Abgeriebene Zitronenschale zugeben und zum Schluß kalte Butter in Flöckchen einschlagen.

Im frühen Mittelalter galt Lachs als mehr oder weniger beliebte Fastenspeise, und im 16. Jahrhundert wollten ihn die Dienstboten nicht öfter als zweimal in der Woche auf ihrem Tisch sehen.

Braunschweiger Steek

1 kg durchwachsener Schweinebauch
Salz, 1 Lorbeerblatt, 6 Gewürzkörner (Piment)
1 Zwiebel

Für das Sauerkraut:
40 g Schweineschmalz
750 g Sauerkraut, 1 Zwiebel

Schweinebauch in einem Topf mit Wasser bedeckt aufsetzen. Salz, Lorbeerblatt, Gewürzkörner und die geviertelte Zwiebel dazugeben, zum Kochen bringen. Zugedeckt bei mittlerer Hitze etwa 1 1/2 Stunden garen. Dann herausnehmen.
Für das Sauerkraut das Schmalz erhitzen, Sauerkraut mit der kleingehackten Zwiebel und 1/4 Liter Wasser hinzufügen. Bei mittlerer Hitze etwa 45 Minuten garen. Das Fleisch in 1 1/2 cm dicke Scheiben schneiden und auf dem Sauerkraut heiß werden lassen. Als Beilage empfehlen wir frisches Gerstenbrot, Senf und als Getränk eine „Lütje Lage“.

Hierbei handelt es sich nicht um ein Steak vom Rind, sondern um gut durchwachsenes Schweinefleisch, auch Well- oder Kesselfleisch genannt. Bei winterlichen Schlachtfesten in der Braunschweiger Gegend durfte es nie fehlen.

DER MILDE
Hannoversche Traditions-
Schank-Bier

Hackus und Kniste

Etwa 12 mittelgroße Kartoffeln, Öl
Salz, 2–3 TL Kümmel
500 g Schweinemett

Kartoffeln gründlich waschen, abbürsten, trockentupfen und halbieren. Mit der Schnittseite nach unten auf ein gut geöltes Backblech setzen, mit Salz und Kümmel bestreuen. Im vorgeheizten Backofen bei 220 °C 40 Minuten backen.
Schweinemett scharf abschmecken, mit Gewürzgurken, Bier und „Kniste" zu Tisch bringen.

Dieses Gericht ist zur Zeit der Schlachtfeste ein beliebtes Essen im Harz. Dann sind auch die neugeernteten Kartoffeln besonders schmackhaft. Zu den halbierten Kartoffeln, die man im Harz Kniste oder auch Knüste nennt, gibt es dann das Hackus: gehacktes, stark gewürztes Schweinemett.

Grünkohl mit Schweinebacke

750 g Schweinebacke oder Zungenwurst
2 kg geputzter Grünkohl
125 g feine Haferflocken
Zucker, Salz

Die Schweinebacke oder Zungenwurst in 3/4 Liter Wasser 45 Minuten lang kochen. Den geputzten Grünkohl in die Brühe geben und das Ganze weitere 1 1/2 Stunden kochen. Den Kohl aus dem Topf nehmen und ihn entweder hacken oder fein schneiden. Zuerst mit den feinen Haferflocken die Brühe binden, dann den Kohl hinzufügen und 10 Minuten kochen lassen. Mit Zucker und Salz abschmecken. Das Fleisch aus dem Topf nehmen und in Scheiben schneiden. Dazu süße, runde Bratkartoffeln reichen.

Wenn der erste Frost über das Land an der Küste zieht, beginnt die Grünkohl- oder, wie die Bremer und Oldenburger sagen, die Braunkohlzeit. Dann nämlich werden die krausen Blätter dieses nicht überall geschätzten Kohls tüchtig gezwackt, was ihm einen leicht süßen Geschmack verleiht. Gerade richtig für die Friesen, die ja das Süße lieben. Gewaltige Grünkohlessen finden dann statt, auf denen nach dem Motto „Solang de Buuk (Bauch) in de West noch paßt“ gegessen wird. Bier und Korn dürfen bei einem solchen Essen auf keinen Fall fehlen.

Bremer Knipp

1 kg Graupen, 4 Liter Fleischbrühe
800 g Rinderleber, Fett zum Anbraten
300 g mageres Schweinefleisch
500 g geräucherte Speckschwarten
Salz, weißer Pfeffer, 1 Prise Nelkenpfeffer

Graupen in 2 Litern heißer Brühe bei kleiner Hitze zugedeckt ausquellen lassen. Rinderleber in grobe Stücke schneiden und in wenig Fett anbraten. Das in Würfel geschnittene Schweinefleisch und die Schwarten hinzufügen. Wasser hinzufügen und zugedeckt garen. Dann abgetropft durch die feine Scheibe des Fleischwolfs drehen. Unter die Graupen rühren. Gut würzen. Diese Masse in einen Leinenbeutel füllen, zubinden und in der restlichen heißen Brühe etwa 2 Stunden ziehen lassen. Dann wird der Beutel entfernt und die Grützwurstmasse in der Pfanne gebraten. Dabei muß die Masse kleine Krüstchen bilden, sie darf nicht breiig sein. Mit Bratkartoffeln zu Tisch geben.

Knipp ist eine weiche Grützwurst, die in Naturdärme gefüllt und dann leicht geräuchert wird. Also eine handfeste Angelegenheit, die besonders in der kalten Jahreszeit gerne gegessen wird.

Heidschnuckenlende „Lüneburger Art“

1 ausgelöster Heidschnuckenrücken mit Dünnung (800 g)
Salz, weißer Pfeffer
1 gewürfelte Zwiebel, 20 g Butter
1 altbackenes Brötchen, 350 g Pfifferlinge
1 Ei, 40 g Butterschmalz, 1 Zwiebel
1/2 Liter heiße Fleischbrühe
1 EL Tomatenmark, 1 Wacholderbeere
1/8 Liter saure Sahne

Fleisch mit Salz und Pfeffer einreiben. Zwiebelwürfel in zerlassener Butter mit dem in Wasser eingeweichten und gut ausgedrückten Brötchen und den Pilzen andünsten. Ei unterheben. Die Füllung zwischen Lende und Fleischlappen geben, einschlagen und zunähen. Das Fleisch in erhitztem Butterschmalz anbraten. Zwiebel würfeln und zugeben, mit Fleischbrühe auffüllen. Tomatenmark und Wacholderbeere zugeben. Im vorgeheizten Backofen bei 200 °C etwa 2 Stunden zugedeckt schmoren. Fleisch herausnehmen und warm stellen. Bratfond loskratzen, saure Sahne hinzufügen und auf der Herdplatte einkochen. Fleisch aufschneiden und mit der Sauce, grünen Bohnen, Grilltomaten und Salzkartoffeln anrichten.

Heidschnucken sind die typischen Bewohner der Lüneburger Heide: klein und genügsam nehmen sie mit dem kargen Futter der Heide vorlieb. Die vielen so unbedeutend aussehenden Pflänzchen und Kräuter der Heide machen ihr Fleisch besonders aromatisch.

Wildschweinkeule mit Hagebuttensauce

1 Wildschweinkeule von etwa 1,5 kg
Salz, schwarzer Pfeffer
5 EL Öl, 1 Zwiebel
1 Bund Suppengrün, 1 Lorbeerblatt
1 Messerspitze Cayennepfeffer, 1 Wacholderbeere
1 Glas Rotwein, 3/4 Liter heiße Fleischbrühe
125 g Hagebuttenmarmelade
Salz, frisch gemahlener weißer Pfeffer
1 Becher saure Sahne (100 g), etwas Zitronensaft

Fleisch abspülen, trockentupfen und mit Salz und Pfeffer einreiben. In Öl anbraten, gehackte Zwiebel, zerkleinertes Suppengrün und die Gewürze hinzugeben. 10 Minuten braten. Mit Rotwein auffüllen. Im vorgeheizten Backofen bei 220° C 1 Stunde braten. 30 Minuten vor Ende der Garzeit die Brühe zugießen, die Keule häufig mit Bratfond begießen. Fleisch herausnehmen und warm stellen. Den Bratfond loskratzen, Hagebuttenmarmelade, Gewürze und Sahne einrühren. Noch etwa 8 Minuten kochen, dann durch ein Sieb streichen und mit Zitronensaft abschmecken. Fleisch aufschneiden, die Sauce separat dazu reichen.
Gut passen dazu Rosenkohl und Kartoffelpüree.

Altländer Ente

1 junge Flugente von 2 kg
Salz, weißer Pfeffer, 1 Sträußchen Majoran
6 säuerliche Äpfel, 2 dünne Scheiben fetter Speck
1 Zwiebel, 1/4 Liter heißes Wasser
1 EL Rosinen, 1/4 Liter Geflügelbrühe
2 cl Weizenkorn, 1 Becher Crème fraîche (150 g)

Ente innen und außen abspülen, trockentupfen und mit Salz und Pfeffer würzen. Majoran und vier geviertelte Äpfel in den Bauch stecken und zunähen. Die Brust mit dem Speck belegen und mit Baumwollgarn umwickeln. Mit der Brust nach oben in einen Bräter legen und die geschälte Zwiebel dazugeben. Im vorgeheizten Backofen bei 200 °C 1 1/4 Stunden braten. Nach und nach heißes Wasser zugießen. Nach einer Stunde den Speck entfernen. Zwei Äpfel halbieren, entkernen und mit den Rosinen gefüllt zur Ente geben. Weitere 10 Minuten braten. Dann die Ente herausnehmen und mit der Geflügelbrühe den Fond lösen und eventuell entfetten. Weizenkorn zufügen und die Sauce mit Crème fraîche binden. Mit Rosenkohl oder Sauerkraut und Salzkartoffeln oder Kartoffelklößen servieren.

Bei einer Altländer Ente gilt nicht das geflügelte Wort: „Für einen zu viel, für zwei zu wenig." Im Gegenteil, so eine Ente aus dem Alten Land südwestlich von Hamburg wiegt mit etwa 9 Wochen schon 2 kg und sollte für 3 bis 4 Portionen gut sein.

Bremer Kükenragout

1 küchenfertige Poularde, 1 Kalbszunge (500 g)
Salz, 1 Bund Suppengrün
600 g Kalbsbries, 500 g Hähnchenbrustfilet, 30 g Butter

Für die Sauce:
40 g Butter, 20 g Krebsbutter, 60 g Mehl
3/4 Liter Hühner-Zungenbrühe, Salz
Saft von 1 Zitrone, 3 EL Weißwein
1 Prise Zucker, 1-2 Eigelb , 3 EL Crème fraîche

250 g Kalbfleisch (Keule), 1 Becher süße Sahne (250 g)
1 Ei, Salz, weißer Pfeffer, 125 g Champignons
125 g Spargelspitzen, 200 g Krebsschwänze

Poularde und Kalbszunge in 3 Liter Salzwasser mit Suppengrün garen. Nach 80 Minuten herausnehmen und die Poularde anderweitig verwenden. Die gehäutete Zunge würfeln, mit etwas Brühe warm stellen. Kalbsbries mit kochendem Wasser übergießen, Äderchen und Haut entfernen, 10 Minuten in der restlichen kochenden Brühe garen, herausnehmen und in Stücke schneiden. Warm stellen. Hähnchenbrustfilets in Butter garbraten. Warm stellen.
Aus den Zutaten eine helle Sauce bereiten, würzen, mit Eigelb und Crème fraîche legieren. Kalbfleisch durchdrehen, Sahne und Ei zugeben, würzen und kalt stellen. Dann daraus Klößchen formen; Klößchen, Pilze und Spargelspitzen in der Zungen-Geflügel-Brühe garziehen lassen. Alle Zutaten gut abgetropft mit den Krebsschwänzen und den in Streifen geschnittenen Hähnchenfilets in die Sauce geben. Mit Reis zusammen reichen.

Seit 200 Jahren wird in und um Bremen herum Kükenragout zubereitet. Statt Küken werden heutzutage allerdings Brustfilets von Hähnchen verwendet.

Papenburger Blumenkohl

2 Blumenkohlköpfe, Salz
1 Messerspitze geriebene Muskatnuß
4 cl Weißwein, 250 g Butter, 3 Eigelb
2 EL Wasser, 1 EL Weißwein
Salz, weißer Pfeffer
eventuell etwas Zitronensaft

Geputzten Blumenkohl für 20 Minuten in Salzwasser legen. Frisches Wasser, Salz, Muskatnuß und Wein aufkochen. Blumenkohl mit dem Strunk nach unten hineingeben. Zugedeckt 20 bis 25 Minuten kochen lassen.
Für die Sauce Butter in einem Topf zerlassen (nicht erhitzen), den entstandenen Schaum abschöpfen. Eigelb, Wasser und Wein verrühren. In eine Schüssel geben, auf ein Wasserbad setzen und mit dem Schneebesen hellgelbschaumig schlagen. Die flüssige Butter erst tropfenweise, dann eßlöffelweise einschlagen. Mit Salz und Pfeffer abschmecken. Eventuell mit Zitronensaft würzen. Sofort über den Blumenkohl geben.
Mit Ammerländer Schinken und Butterkartoffeln zu Tisch geben.

Papenburg ist das Zentrum eines großen Gemüseanbaugebietes. Hier gedeiht ein hervorragender Blumenkohl, mittelgroß und schneeweiß. Als Beilage dazu paßt besonders gut der milde Ammerländer Schinken – eine Spezialität dieser Gegend, weder salzig noch rauchig und von unübertroffenem Aroma.

Welfencreme

1/2 Liter Milch, 40 g Zucker
1 Päckchen Vanillezucker, 45 g Speisestärke
3 Eiweiß, 3 Eigelb
1/4 Liter Weißwein, 1 EL Zitronensaft
1 gestrichener EL Speisestärke
etwas abgeriebene Schale von 1 unbehandelten Zitrone

Dreiviertel der Milch mit Zucker und Vanillezucker in einem Topf aufkochen. Speisestärke mit der restlichen Milch verquirlen und in die heiße Milch rühren. Kurz aufkochen lassen. Eiweiß steif schlagen und unterheben. Kleine Schälchen zur Hälfte damit füllen. Abkühlen lassen. Für die Weinschaumsauce die restlichen Zutaten miteinander verrühren und bei kleiner Hitze in einem hohen Topf so lange schlagen, bis die Masse aufsteigt und schaumig-dicklich wird. Den warmen Weinschaum löffelweise auf die abgekühlte Speise geben.

Die Welfen gehörten zu den ältesten Herrschergeschlechtern Deutschlands. Seit Heinrich dem Löwen ist der welfische Löwe Wappentier zwischen Elbe und Weser. Die Hausfarben der Welfen sind gelb und weiß, und so bekam diese Nationalspeise wegen der weißen Creme und der gelben Sauce ihren Namen.

Parfait von Heideblütenhonig

3 Eigelb, 2 Eier, 100 g Heideblütenhonig
1/2 Liter geschlagene Sahne
4 Scheiben getrocknetes, feingeriebenes Schwarzbrot
10 cl Pomeranzenlikör
1 Becher Sahne (150 g), 1 Päckchen Vanillezucker
einige in Zuckersirup mit Nelken- und Zimtpulver pochierte Birnenspalten

Eigelb, Eier und Heideblütenhonig verrühren und im heißen Wasserbad zu einer dicken Creme rühren. Herausnehmen und kalt weiterschlagen. Sahne, Schwarzbrotkrümel und die Hälfte des Pomeranzenlikörs hinzufügen. Die Masse in eine Kastenform füllen und etwa 12 Stunden gefrieren lassen. Zum Anrichten Sahne, Vanillezucker und den restlichen Pomeranzenlikör verrühren und auf einem Dessert-Teller einen Spiegel gießen, jeweils eine Scheibe Parfait (mit angewärmtem Messer schneiden) darauf legen. Mit den Birnenspalten garnieren.

Diese Art der Dessertzubereitung gab es schon vor hundert Jahren; ein Beweis, daß es die Rezepte aus Großmutters Zeiten durchaus mit der „Nouvelle Cuisine“ von heute aufnehmen können.

Prilleken

500 g Mehl, 30 g Hefe, 100 g Zucker
1/4 Liter lauwarme Milch, 80 g Butter
1 kräftige Prise Salz
1/2 TL abgeriebene unbehandelte Zitronenschale
Ausbackfett, Puderzucker

Das Mehl in eine Schüssel sieben, in die Mitte eine Vertiefung drücken. Die zerbröckelte Hefe und 1 Teelöffel Zucker in der lauwarmen Milch verrühren und in die Vertiefung gießen. Mit wenig Mehl zu einem Hefevorteig verarbeiten. Mit einem Tuch abdecken und 15 Minuten an einem warmen Ort gehen lassen.
Butterflöckchen, Salz und die abgeriebene Zitronenschale auf dem Mehlrand verteilen. Alles zu einem geschmeidigen Teig verarbeiten und gut durchkneten. Kleine Bällchen formen, etwas flachdrücken und auf ein Holzbrett setzen. Zugedeckt erneut 1 Stunde gehen lassen. Die Bällchen schwimmend in siedendem Fett goldbraun ausbacken. Mit einem Schaumlöffel herausnehmen, abtropfen lassen und mit Puderzucker besieben.

Ein Fastnachtsgebäck, das besonders in der Braunschweiger Gegend gebacken wird, aber auch im Harz sehr beliebt ist. Auf dem Lande backte man früher dieses Gebäck bergeweise, und das hatte seinen guten Grund: Am Fastnachtsabend gingen die Dorfkinder, in der Hand Tannenreiser, von Haus zu Haus und sangen: „Fasselnacht, wat willst je geben? Appel oder Beeren? Geld nehmt wi gern. Lat ösch nicht tau lange stahn, de willt noch wider gahn.“ Die Besuchten gaben Pfennige und Prilleken gern freiwillig, um nicht mit den Tannenreisern gekitzelt zu werden.

Heißer Bischof

4 kleine bittere Pomeranzen
2 Flaschen Rotwein, 1 Stange Zimt
1 geröstete Schwarzbrotrinde
Zucker nach Geschmack

Die Pomeranzen mit einem Tuch abreiben, etwas einkerben und für 30 Minuten in den heißen Backofen legen. Anschließend wieder herausnehmen, noch einmal einkerben, in eine Terrine legen und mit dem Rotwein übergießen. Den Zimt und die Brotrinde hinzufügen, das Ganze noch für ein paar Stunden in den warmen Ofen stellen, dann knapp zum Kochen bringen, durch ein Sieb seihen und nach Geschmack zuckern.
Wenn keine bitteren Pomeranzen zu bekommen sind, kann man statt dessen auch einen guten Schuß Pomeranzenlikör hinzufügen.

In Bremen wird regelmäßig an jedem zweiten Freitag im Februar die Schaffermahlzeit gefeiert, die seit 1581 den Schiffern von ihren Reedern gegeben wird. Wenn die geladenen Gäste tüchtig gegessen – geschafft – haben, wird hinterher bei einer Tonpfeife und einem guten Rotwein gemütlich geplaudert. Ob auch heute noch ein „Heißer Bischof“ bereitsteht, ist aus dem erlauchten Kreis nicht zu erfahren.

Branntwein mit Rosinen

250 g Rosinen
1 Liter Branntwein (Weinbrand oder Cognac)
125 g Kandis

Die Rosinen warm waschen und mit dem Branntwein in eine Terrine geben. Den Kandis mit sehr wenig Wasser auflösen und erkaltet ebenfalls dazugeben.
Nach drei Tagen kann nun die sogenannte „Bohnsopp" in den typischen „Branntwienskopje", das sind Teetassen ohne Henkel, serviert werden.

Zu besonderen Anlässen muß auch stets ein besonderes Getränk gereicht werden. In diesem Fall wird mit den Gästen nach der Geburt eines Kindes auf das Wohl von Mutter und Kind getrunken, und in Ostfriesland gab man dieser speziellen Mischung den Spitznamen „Bohnsopp". Doch der harmlose Name trügt, denn nach reichlichem Genuß verspürt man eine tiefergehende Wirkung.

Köstlichkeiten aus Seen, Meer und mehr

Heidesand im Süden, Strand im Norden und dazwischen fruchtbares Hügelland, wo sich dunkle Wälder und flachere Gegenden mit weitem Himmel abwechseln – und wo man hinter jeder Wegbiegung unvermutet auf ein neues Gewässer stoßen kann.
„Als hätte Gott einen Spiegel fallen lassen", heißt es über die Mecklenburgische Seenplatte. Die mehr als achthundert großen und kleineren Seen haben nicht nur poetische Gemüter wie Theodor Fontane verzaubert.
Aber damit nicht genug der zauberhaften Landschaften wie aus dem Märchenbuch: Im Norden ist es die Ostsee mit ihrem rauhen Charme, die auch das Wesen der Menschen bestimmt. Und im Nordwesten bietet Vorpommern mit seinen Bodden, Haffs und den Inseln Usedom, Rügen und Hiddensee so manch schönen Platz am Wasser: mehr als tausend Kilometer mißt die Küstenlinie!
Dementsprechend spielen Fischgerichte eine große Rolle in den Küchen Mecklenburgs und Vorpommerns. Vom Fisch allein aber können höchstens die vielen Möwen leben, und so halten die Kochtöpfe und Bratentiegel noch einiges an Überraschungen bereit.
Einfach und deftig muß, und ein bißchen süß darf es sein, denn die Mecklenburger wissen: „Ein ganz klein wenig Süßes kann viel Bitternis verschwinden machen".
Also kombiniert man munter die allgegenwärtigen „Plummen" – Pflaumen – mit Ente, Fleisch oder Speck, ißt Bohnen zu Äpfeln und kreiert zum Sonntagsbraten gar eine Sauce aus sauren Kirschen!
Wer hätte das erwartet in einem Land, wo es heißt „Watt de Buer nich kennt, dat itt hei nich", und von dem spitze Zungen behaupten, hier geschähe alles hundert Jahre später als anderswo?
Aber genau das macht auch den Reiz dieses kontrastreichen Landes aus: die Städte Schwerin, Wismar, Rostock, und Stralsund mit ihren roten Backsteinbauten, Rügens weiße Kreidefelsen, die altmodischen Seebäder auf der Halbinsel Usedom und die Stille an den Seen haben nicht wenige Liebhaber.
Caspar David Friedrich, geboren im vorpommerschen Greifswald, hat mit seinen romantischen Bildern der norddeutschen Landschaft ein Denkmal gesetzt.
Auch der Bildhauer Ernst Barlach liebte seine mecklenburgische Heimat und deren herzhafte Hausmannskost über alles. Er kehrte immer wieder hierher zurück: „Güstrow ist ein Ort, wo man immer leben kann, trotz Italien", hat er einmal geschrieben – gibt es ein schöneres Kompliment?

Kartoffelsuppe mit Speck und Pflaumen

200 g Backpflaumen ohne Stein
750 g Kartoffeln (mehlig kochende Sorte)
1 Stück Sellerieknolle oder 1 Petersilienwurzel
1 Karotte
1 Zwiebel
1 EL Butterschmalz
3/4 Liter heiße Fleischbrühe
frisch gemahlener weißer Pfeffer
500 g durchwachsener Speck
1 Bund Petersilie

Backpflaumen abspülen und in 1/4 Liter heißem Wasser einweichen. Kartoffeln und Sellerieknolle schälen, Karotten schaben. Alle drei Gemüse in Würfel schneiden. Die Zwiebeln schälen und achteln. Butterschmalz in einem großen Topf erhitzen. Kartoffeln, Sellerie, Karotten und Zwiebel hineingeben und unter Wenden anbraten. Mit der Fleischbrühe ablöschen und mit Pfeffer würzen. Den Speck zufügen. 35 Minuten zugedeckt bei kleiner Hitze kochen lassen. Den Speck herausnehmen und würfeln. Die Suppe pürieren. Den Speck und die Pflaumen je nach Geschmack mit einem Teil der Einweichflüssigkeit, zufügen. Noch einmal 10 Minuten kochen lassen. Feingehackte Petersilie über die Suppe geben. Dazu schmeckt als Beilage Graubrot.

Die Liebe zu den „Plummen" ist in Mecklenburg und Vorpommern sehr groß. Überall kommen sie hinein, in süße und in salzige Gerichte. Da früher bekanntlich reichlich Fett gegessen wurde, trug die Pflaume durch ihre Säure auch zu einer besseren Bekömmlichkeit der Speisen bei. Außerdem sorgt sie für gute Verdauung.

Kliebensuppe

Für die Einlage:
100 g Mehl
2 kleine Eier
1 Prise Salz
1 Prise Zucker

1 Liter Milch
Schale von
1/2 unbehandelten Zitrone
oder ein Stück Zimtstange
1 Prise Salz
1 Prise Zucker und
Vanillezucker
Butter nach Belieben

Tip:
Die Einlage für diese Suppe wird hin und wieder auch aus Roggenmehl und ohne Ei zubereitet.

Für die Einlage: Aus 3/8 Liter Wasser, Mehl, Eiern, Salz und Zucker einen Teig rühren. Die Zutaten für die Einlage müssen gut miteinander verrührt sein, sonst kann es passieren, daß man Klumpen bekommt. Danach den Teig zugedeckt 20 Minuten ruhen lassen.
Milch, Zitronenschale oder Zimtstange, Salz und Zucker aufkochen. Sobald die Flüssigkeit kocht, den Teig durch ein Lochsieb oder über einen Schneebesen, der ständig gedreht wird, in die Suppe laufen lassen. Bei kleiner Hitze weiterkochen, bis die Klieben oben schwimmen. Dabei umrühren, damit sie nicht aneinanderkleben. Die Zitronenschale oder Zimtstange herausnehmen. Die Suppe sehr heiß servieren. Nach Geschmack noch etwas Zucker, dem man etwas Vanillezucker beimischt, darüber streuen. Wer's ganz gut meint, läßt noch einen Klacks Butter in der Suppe schmelzen.

Diese Suppe wurde früher zum ersten Frühstück gegessen. Das war so gegen 8 Uhr morgens, nachdem schon ein gutes Stück Arbeit in Haus und Stall getan war. Besonders im Winter bedeutete sie eine warme Wohltat. Danach gab es dann Roggenbrot mit Schmalz und Rübensirup. Am Abend wurde entweder ein Rest Suppe von morgens oder eine neue Kliebensuppe auf den Tisch gestellt. Danach gab es Bratkartoffeln.

Geräucherte Flundern mit Kraut

750 g Weißkraut
125 g durchwachsener Speck
120 g Zwiebeln
1/2 Liter Fleischbrühe
1 TL Kümmel
1 TL Speisestärke
Salz
weißer Pfeffer
Butter für die Form
4 geräucherte Flundern

Tip:
Die flachen Flundern gehen den Fischern außer im Mittelmeer auch an den west- und nordeuropäischen Küsten ins Netz. Sie sind fettarm und besonders eiweißreich.

Weißkohl vierteln, den Strunk herausschneiden, die Viertel grob zerkleinern. Speck fein würfeln und in einem Topf ausbraten. Die Zwiebeln schälen, ebenfalls fein würfeln. In das Speckfett geben und glasig werden lassen. Kraut portionsweise zufügen, kurz andünsten und mit der Brühe aufgießen. Kümmel darüberstreuen. Zugedeckt bei mittlerer Hitze 20 Minuten schmoren lassen. Speisestärke mit wenig kaltem Wasser verrühren und die Kohlflüssigkeit damit binden. Mit Salz und Pfeffer würzen. Kohl in einer mit wenig Butter ausgestrichenen feuerfesten Auflaufform verteilen, die Flundern darauflegen. Form mit einem Deckel verschließen oder mit Alufolie abdecken. Im vorgeheizten Backofen bei 200 °C (Gas Stufe 3/170 °C Umluft) etwa 12 bis 15 Minuten garen. Als Beilage gibt es dazu Salzkartoffeln und grünen Salat.

Heringe lassen sich sehr vielseitig zubereiten. Dieses „Heringswohlwollen“ stößt natürlich in „Fisch-Kreisen“ auf Neid und Mißgunst. Fritz Reuter erzählt davon in seinem Flundermärchen „Läuschen un Rimels“: Als bei einem Wettschwimmen der Fische ausgerechnet der Hering leichtflossig davonschwamm, rief die Flunder verbittert: „Ist der Hering auch ein Fisch?“ Da diese Frage eine vorsätzliche Beleidigung war, blieb der Flunder das Maul schief stehen. Diesen hämischen Gesichtsausdruck hat sie bis heute.

0,7 l

Heringsklopse
Heringe mit Sahnestipp

HERINGSKLOPSE
4 fette Salzheringsfilets (Milcher)
Mineralwasser
1 Zwiebel
1 altbackenes Brötchen
375 g Hackfleisch (halb Rind, halb Schwein)
1 Ei, Salz, weißer Pfeffer

Für die Sauce:
40 g Butter, 40 g Mehl
1 EL Kapern
1 Eigelb
1 EL saure Sahne
Salz, weißer Pfeffer

Tip:
Wer möchte, kann die Klopse auch in der Sauce garziehen lassen, anstatt sie separat zu kochen.

HERINGE MIT SAHNESTIPP
4 Salzheringe (Milcher) von je 200 g
1/4 Liter süße Sahne
150 g Crème fraîche
2-3 EL Öl, 2 EL Essig
1-2 kleine saure Gurken

Zum Garnieren:
1 Bund Dill

HERINGSKLOPSE (unten)
Heringsfilets in Mineralwasser 3 bis 4 Stunden wässern. Dann abtropfen lassen, fein hacken oder im Mixer pürieren. Zwiebel schälen und fein würfeln. Brötchen in 1/4 Liter Wasser einweichen. Zwiebel und gut ausgedrücktes Brötchen mit dem Hackfleisch und dem Ei verkneten. Mit Salz und Pfeffer abschmecken. Feingehackten Hering in die Hackfleischmischung kneten. Mit angefeuchteten Händen 8 bis 10 Klopse daraus formen. Gut 2 Liter Wasser in einem großen Topf aufkochen, die Klopse darin etwa 10 Minuten garziehen lassen. Klopse herausnehmen und in einer Schüssel warm stellen.
Für die Sauce: Von der Kochbrühe der Klopse 1/2 Liter abmessen. Butter in einem Topf erhitzen, das Mehl einrühren, mit der heißen Brühe aufgießen. 5 Minuten kochen lassen. Die abgetropften Kapern einrühren. Etwas Sauce mit dem Eigelb und der sauren Sahne verrühren und in die Sauce geben. Mit Salz und Pfeffer abschmecken. Die Klopse in die Sauce geben.
Dazu schmecken Salzkartoffeln und ein grüner Salat.

HERINGE MIT SAHNESTIPP (oben)
Die Salzheringe (Milcher) vom Fischhändler ausnehmen und filetieren lassen. Die vorbereiteten Filets und die Milch 60 Minuten wässern. Dann abtropfen lassen und trockentupfen, in eine flache Schüssel legen. Die Heringsmilch fein hacken und mit der Sahne, der Crème fraîche, Öl und Essig verrühren und durch ein Sieb streichen. Die Gurke in dünne Scheibchen schneiden. Einen Teil über die Fischfilets geben, darüber die Sahnesauce gießen und die restlichen Gurken darauf verteilen. Mit feingehacktem Dill anrichten. Dazu gibt es Schwarzbrot.

Gebratene Salzheringe mit Schmorkohl

Für die Salzheringe:
8 küchenfertige kleine Salzheringe (800 g)
1/2 Liter Milch zum Einlegen
2 Eigelb
4 EL Mehl
1/8 Liter Weißwein
Butterschmalz zum Braten

Für den Schmorkohl:
1 kg Weißkohl
1 1/2 EL Schweineschmalz
3-4 Äpfel
Salz
weißer Pfeffer
1 TL Speisestärke
1 Bund Petersilie

Tip:
Aus diesem Schmorkohl läßt sich auch ein Sauerkohl machen. Dann das Ganze mit 2 Eßlöffel Essig und 2 bis 3 Eßlöffel Sirup oder Zucker abschmecken.

Für die Salzheringe: Die Flossen abschneiden, Kopf und Gräten entfernen, dabei die Heringsfilets voneinander trennen, waschen und trockentupfen. Heringsfilets über Nacht in Milch einlegen. Dann aus der Milch nehmen, abtropfen lassen und trockentupfen.
Eigelb, 1 Eßlöffel Mehl und den Wein verrühren.
Heringshälften zuerst in dieser Mischung, dann in dem restlichen Mehl wenden.
Butterschmalz in einer Pfanne erhitzen und die Heringe darin von beiden Seiten goldgelb braten. Mit dem durchgesiebten Bratfett und dem Schmorkohl anrichten.
Für den Schmorkohl: Den Kohlkopf in Achtel schneiden, den Strunk entfernen. Den Kohl waschen, in feine Streifen hobeln oder fein schneiden. In heißem Schmalz portionsweise andünsten. Die Äpfel schälen und kleinschneiden, zufügen und alles wenden. Mit 1/8 Liter Wasser auffüllen. Salz und Pfeffer zugeben. Zugedeckt 20 Minuten schmoren lassen. Speisestärke mit 1 Eßlöffel Wasser verrühren und in den Kohl rühren, damit die Flüssigkeit binden. Kurz durchkochen lassen. Eventuell noch einmal abschmecken. Vor dem Servieren mit feingehackter Petersilie bestreuen.
Als Beilage schmecken dazu mehlig kochende Salzkartoffeln.

Der Lieblingsfisch der Deutschen tummelt sich in kilometerlangen Schwärmen im Nordatlantik, einschließlich Nord- und Ostsee, sowie im Nordpazifik. Fangfrisch und ungesalzen nennt man ihn „grün". Heringe haben viele dünne Gräten, die man mitessen kann. Entfernen muß man aber auf alle Fälle die Mittelgräte. Sehr delikat und kräftig im Geschmack sind die 2 bis 3jährigen, 20 bis 30 Zentimeter langen Jungheringe. Die älteren, geschlechtsreifen, sogenannten „Vollheringe" tragen Milch und Rogen, die man auch mitessen kann.

Gespickter Hecht in Sahnesauce

1 küchenfertiger Hecht von etwa 1,5 kg
2–3 EL Zitronensaft
1 TL Salz
125 g fetter Speck
80 g Butter
2 große Kartoffeln oder 2 große Zwiebeln
1 mittelgroße Zwiebel
1 Karotte
125 g saure Sahne
1 EL Mehl
1 Schuß Weißwein oder Zitronensaft
Salz
weißer Pfeffer

Den Hecht gründlich abspülen. Trockentupfen, innen mit Zitronensaft beträufeln und mit Salz bestreuen. Den Speck in 1/2 cm breite und 10 cm lange Streifen schneiden. Damit den Hecht seitlich quer zum Rücken spicken. Eine feuerfeste Porzellanform mit kleinem Rand mit wenig Butter einfetten. Den Hecht auf zwei große, durchgeschnittene Kartoffeln oder Zwiebeln (letztere geben gleich etwas Geschmack ab) mit der offenen Bauchseite nach unten setzen. Restliche Butter erhitzen und über den Hecht gießen. Die geschälte und in Viertel geschnittene Zwiebel sowie die geputzte halbierte Karotte neben den Hecht legen. Die Form in den auf 220 °C (Gas Stufe 4/ 180 °C Umluft) vorgeheizten Backofen auf die untere Schiene setzen und etwa 40 Minuten braten. Zwischendurch hin und wieder mit dem Bratfond begießen. 3 Eßlöffel saure Sahne mit dem Mehl verrühren. Etwa 15 Minuten vor Ende der Bratzeit den Hecht mit dieser Mischung bestreichen und weitergaren. Den Bratfond aus der Form schöpfen, in einem Topf mit der restlichen sauren Sahne verrühren, mit Wein oder Zitronensaft, Salz und Pfeffer abschmecken. Den Hecht am Tisch zerteilen und mit der Sauce anrichten.
Als Beilage schmecken dazu Salzkartoffeln und Gurkensalat.

Hechte sind neben vielen anderen Fischen sowohl in den vielen Mecklenburger Binnenseen als auch in den Vorpommerschen Boddengewässern anzutreffen, und genauso zahlreich wie die Fanggründe für diesen Raubfisch sind auch die Zubereitungsarten. Früher war das Spicken von Fisch- und Fleischstücken Mode, heute macht man es nicht mehr so oft, statt dessen wird mit Speckscheiben belegt. Das ist auch küchentechnisch einfacher. Wir wollen jedoch das alte Rezept erhalten.

Pannfisch

750 g Kartoffeln
(mehlig kochende Sorte)
Salz

Für das Fleisch:
1 großes Bund Suppengrün
2 Zwiebeln, Salz
500 g gepökeltes Rindfleisch
(Brust)
3 Pimentkörner
1 Lorbeerblatt

Für den Fisch:
2 Zwiebeln
1 Bund Suppengrün, Salz
1 Lorbeerblatt
3–4 Pimentkörner
2 EL Essig
600 g Fischfilet
(Kabeljau, Schellfisch usw.)

50 g Butter
Salz, weißer Pfeffer

Für die Garnierung:
4 kleine Salatblätter
2 Salzgurken, Petersilie

Tip:
Sollten Sie die Rinderbrust nicht fertig gepökelt bei Ihrem Schlachter erhalten, bitten Sie ihn 2 bis 3 Tage vorher, ein schönes Stück für Sie einzulegen.

Kartoffeln schälen, waschen, in Stücke schneiden. In Salzwasser aufsetzen und in etwa 15 Minuten weich kochen. Für das Fleisch: Das Suppengrün putzen, waschen und in grobe Stücke schneiden. Die Zwiebeln schälen und achteln. 1 1/2 Liter Salzwasser aufkochen, Fleisch, zerkleinertes Suppengrün, die Zwiebeln, die Pimentkörner und das Lorbeerblatt zufügen. Das Ganze etwa 90 Minuten zugedeckt garen. Für den Fisch: Zwiebeln schälen und halbieren. Suppengrün putzen und waschen. 1/2 Liter Salzwasser mit den Zwiebeln, dem Suppengrün, dem Lorbeerblatt, den Pimentkörnern und dem Essig zum Kochen bringen. Den Fisch darin bei kleiner Hitze 10 bis 15 Minuten ziehen und im Sud erkalten lassen. Dann den Fisch herausnehmen, in Stücke pflücken, dabei auch die kleinen Gräten entfernen. Die Kartoffeln abgießen, trockendämpfen und sofort mit etwas Fischsud zu Stampfkartoffeln zerdrücken. Den zerpflückten Fisch und die Butter unterrühren. Mit Salz und Pfeffer abschmecken. Das Fleisch aus der Brühe nehmen und in Scheiben schneiden. Das Pannfischpüree auf Tellern anrichten, die Fleischscheiben an den Rand legen. Mit den Salatblättern, den Gurkenscheiben und der Petersilie garnieren. Wer möchte, kann für die Vorratshaltung die Brühe durch ein Sieb gießen, abkühlen lassen und portionsweise in Behältern einfrieren.

In Mecklenburg-Vorpommern war Fisch an der Küste das Hauptnahrungsmittel. Und da man nie etwas verkommen ließ, wurde dann ein Rest mit einem anderen Produkt „aufgefrischt". „Pannfisch" war auch ein willkommenes Rezept kurz vor Ultimo. Es stellt keine hohen Ansprüche an den Geldbeutel, aber es schmeckt wundervoll.

Tuckeraal
Spickaal

TUCKERAAL
800–1000 g küchenfertige frische Aale
Saft von 1/2 Zitrone
Salz
200 g Lauch
100 g Karotten
80 g Petersilienwurzel
250 g Kartoffeln
120 g Zwiebeln
40 g Butter
1 EL Mehl
1/4 Liter Fleischbrühe
1 Lorbeerblatt
1 Schuß Weißwein
3 EL gehackte Petersilie

Spickaal
1-2 geräucherte, nicht zu dicke Aale (etwa 750 g)
3 EL Mehl
1 Ei
3 EL Semmelbrösel
Butterschmalz zum Braten
1 Zitrone

Tip:
Dünnere Aale schmecken besser als dicke.

TUCKERAAL (unten)
Die Aale abspülen, mit Zitronensaft säuern, salzen und in fingerlange Stücke schneiden. Lauch, Karotten, Petersilienwurzel und Kartoffeln putzen und waschen. Lauch längs halbieren, in Streifen schneiden, Karotten, Petersilienwurzel, Kartoffeln und Zwiebeln schälen und in Scheiben schneiden. Butter in einem Topf erhitzen, Mehl einrühren, mit der Brühe ablöschen. Lauch, Karotten, Petersilienwurzel, Kartoffeln und Zwiebeln dazugeben und zugedeckt bei kleiner Hitze in 10 Minuten halbgar dünsten. Die Aalstücke, Salz und das Lorbeerblatt zugeben und alles zusammen zugedeckt etwa 15 Minuten kochen. Das Lorbeerblatt herausnehmen, die Sauce mit Weißwein abschmecken. Den Tuckeraal mit Petersilie bestreut anrichten. Salzkartoffeln schmecken dazu wunderbar.

Die Müritz, so nennen die Mecklenburger liebevoll den 120 Quadratkilometer großen Müritzsee, in dem es einmal 30 verschiedene Fischsorten gab, ist Deutschlands zweitgrößter Binnensee. Die Aale aus der Müritz schmecken als „Tuckeraal" besonders gut.

SPICKAAL (oben)
Die Aale häuten, seitlich aufschlitzen, die Filets von der Gräte heben. In etwa 10 bis 15 cm lange Stücke teilen. Erst in Mehl, dann in verquirltem Ei und zum Schluß in Semmelbröseln wenden. In einer Pfanne das Butterschmalz erhitzen und die Aalstücke darin goldgelb braten. Auf eine vorgewärmte Platte legen, mit Zitronenschnitzen anrichten. Als Beilage schmecken dazu in Butter und Dill geschwenkte Salzkartoffeln.

Der Spickaal hat seinen Namen daher, weil er zum Räuchern auf einen S-förmigen Haken aufgespickt wird. Den geräucherten Aal findet man recht häufig auf kleinen und großen Buffets

Klopfschinken und Specksalat

Für den Klopfschinken:
250 g roher Schinken (in 5 mm dicke Scheiben geschnitten)
1/4 Liter Milch
125 g Mehl
1 Ei
1/8 Liter helles Bier
1 TL Öl
Muskatnuß, Salz
Butterschmalz zum Braten

Für den Specksalat:
1 großer Kopfsalat
125 g durchwachsener Räucherspeck
2 EL Essig oder Zitronensaft
3 EL Zucker
3 EL gehackte Salatkräuter

Für den Klopfschinken: Die Schinkenscheiben mit dem Daumenballen flachdrücken, so daß sich die Scheibe vergrößert. 2 Stunden in Milch legen. Aus dem Mehl, Ei, Bier, Öl, Muskat und Salz einen glatten Teig rühren. 15 Minuten ruhen lassen. Die Schinkenscheiben durch den Teig ziehen und in reichlich heißem Butterschmalz in einer Pfanne von beiden Seiten jeweils 2 bis 3 Minuten goldgelb braten. Als Beilage schmeckt Specksalat sehr gut dazu.
Für den Specksalat: Den Kopfsalat putzen, waschen, gut abtropfen lassen. Für die Salatsauce den Speck würfeln und in einer Pfanne auslassen. 1/8 Liter Wasser angießen, Essig oder Zitronensaft und Zucker zufügen. So lange rühren, bis sich der Zucker aufgelöst hat. Süßsauer abschmecken. Kurz vor dem Servieren die Salatblätter auf einen Teller geben und mit der Sauce übergießen. Die gehackten Kräuter darüberstreuen.

Ursprünglich kam in Mecklenburg-Vorpommern zu besonderen Gelegenheiten ein in Brotteig gebackener geräucherter Schinken auf den Tisch. Um an das Fleisch heranzukommen, mußte auf die Umhüllung „geklopft“ werden. Dieser „Kloppschinken“, wie er auch heißt, ist eine vereinfachte Abwandlung dieser alten Zubereitung und läßt sich im Alltag leichter praktizieren.

Rindfleisch mit Pflaumen

250 g Backpflaumen ohne Stein
3 Zwiebeln
1 Stange Lauch
3 Karotten
130 g Sellerieknolle
Salz
3 Pimentkörner
1 Lorbeerblatt
1 kg durchwachsenes Rindfleisch ohne Knochen
2 EL Zucker
30 g Butter
30 g Mehl
Salz
frisch gemahlener weißer Pfeffer

Tip:
Für diesen leckeren Braten eignet sich die Schwanzrolle oder das Bürgermeisterstück, das manchmal auch Pastorenstück genannt wird. Es liegt oberhalb der Kugel. Wer mag, kann auch ein Stück Fleisch aus der Hüfte kaufen (daraus wird auch der Tafelspitz geschnitten) und sich dieses pökeln lassen. Das ist dann aber schon wieder eine Verfeinerung.

Backpflaumen in lauwarmem Wasser 20 Minuten einweichen. Zwiebeln schälen, Lauch, Karotten und Sellerie putzen, waschen und kleinschneiden, dabei 2 Zwiebeln vorerst ganz lassen. 2 Liter Salzwasser in einen großen Topf geben. Pimentkörner, Lorbeerblatt, die kleingeschnittene Zwiebel und das Gemüse mit dem Fleisch in das Wasser geben und zum Kochen bringen. Aufkochen lassen, abschäumen und zugedeckt bei kleiner Hitze etwa 90 Minuten kochen lassen. Das Fleisch herausnehmen und warm stellen. Die Brühe durch ein Sieb gießen und auffangen. 1/2 Liter Brühe abmessen und beiseite stellen. In der restlichen Brühe die Backpflaumen mit dem Zucker erhitzen. Die restlichen Zwiebeln in Ringe schneiden. Butter in einem Topf erhitzen, die Zwiebelringe darin glasig werden lassen, mit Mehl bestäuben und unter Wenden anschwitzen. Mit dem 1/2 Liter von der heißen Brühe aufgießen, umrühren und aufkochen lassen. Mit Salz und Pfeffer abschmecken.

Fleisch in fingerdicke Scheiben schneiden. Die Pflaumen aus der Brühe nehmen. Alles zusammen mit der Zwiebelsauce anrichten. Als Beilage schmecken Kartoffelbrei oder Salzkartoffeln und ein grüner Salat mit einer Essig-Öl-Marinade.

Rindfleisch mit „Plummen“, eine typisch mecklenburgische Spezialität, wurde schon von Fritz Reuter besungen. Der Lehrling Jochen Brümmer beklagt sich beim Bürgermeister über das schlechte Essen bei seinem Lehrherren. Der Bürgermeister meint aber: „Ick holl min Lüd' so slicht? Antwurten's blot up dese Frag: Rindfleisch un Plummen? Is't en slicht Gericht?“
Das Gedicht endet mit des Lehrlings entwaffnender Antwort: „Rindfleisch un Plummen is en schön Gericht, doch, mine Herrn, ick krig't man nicht.“

Schweineschinken mit Kirschsauce

Für den Schinken:
1,5 kg Schweineschinken ohne Schwarte (Oberschal oder Keule)
frisch gemahlener weißer Pfeffer
2 EL Butterschmalz
Salz
1 kleines Bund Suppengrün
3 EL Semmelbrösel
1 EL Mehl
2 EL Zucker

Für die Sauce:
350 g Kirschen
60 g Zucker
Saft von 1/2 Zitrone
1 TL Speisestärke

Tip:
In manchen Rezepten wird dem Zucker für die Kruste noch Zimtpulver beigemischt.

Für den Schinken: Den Schinken mit etwas Pfeffer einreiben. 1 Eßlöffel Butterschmalz in einem Bräter erhitzen und den Schinken darin auf allen Seiten anbraten. Rundherum salzen.
1 Tasse Wasser angießen.
Den Bräter in den auf 220 °C (Gas Stufe 4/180 °C Umluft) vorgeheizten Backofen auf die untere Schiene stellen und 90 Minuten braten. Das Suppengrün putzen und kleinschneiden, nach 90 Minuten Bratzeit zu dem Fleisch in den Bräter geben. Dann die Temperatur auf 200 °C (Gas Stufe 3/ 170 °C Umluft) herunterschalten und noch 40 Minuten braten. Zwischendurch mit dem Bratfond begießen. Eventuell verdampftes Wasser ergänzen.
Inzwischen restliches Butterschmalz erhitzen und darin die Semmelbrösel unter Rühren goldgelb werden lassen. Herausnehmen und mit dem Mehl und dem Zucker mischen. 30 Minuten vor Ende der Garzeit des Schinkens diese Masse auf dem Schinken verteilen und bei 240 °C (Gas Stufe 5/190 °C Umluft) braten, bis die Kruste fest ist. Bratensatz lösen und durchseihen. Für die Sauce: Die Kirschen waschen, entstielen, entsteinen und abtropfen lassen. In einem Topf mit Zucker, Zitronensaft und 4 Eßlöffel Bratenfond kochen lassen. Einige Kirschen für die Garnitur zurückbehalten, alle anderen im Mixer pürieren. Speisestärke mit 2 Eßlöffel Wasser verrühren und in die Kirschsauce geben, so daß sie etwas sämig wird.
Vor dem Servieren den Schinken in Scheiben schneiden. Sollte die Kruste zu hart zum Schneiden sein, diese vorher abnehmen und dann zu den Schinkenscheiben legen. Die Sauce separat dazureichen. Als Beilage eignen sich Salzkartoffeln oder Bohnen mit Äpfeln.

Dieser Schweinebraten mit Kirschsauce dürfte ebenso pikant wie ungewöhnlich sein, und er hat sogar schon die Bezeichnung „Delikatesse" für sich beansprucht.

Wildente mit Backpflaumen

Für 2 Personen
1 küchenfertige Wildente von etwa 800 g
Salz
weißer Pfeffer
6–8 Zweige Beifuß
200 g Backpflaumen ohne Stein
150 g saure Sahne
1 EL Zucker

Ente abspülen, trockentupfen und innen mit Salz und Pfeffer einreiben. Ente mit Beifuß und den Backpflaumen füllen. Die Öffnungen zunähen. Mit der Brust nach unten in einen Bräter legen. Im vorgeheizten Backofen bei 180 °C (Gas Stufe 2/ 160 °C Umluft) 1 1/2 Stunden braten. Zwischendurch etwa 2 Tassen Wasser angießen und die Ente hin und wieder mit Bratfond bestreichen. 30 Minuten vor Ende der Bratzeit die Ente wenden.

Den Bratensatz lösen, durch ein Sieb passieren, mit Sahne verrühren, aufkochen lassen und mit Salz, Pfeffer und Zucker abschmecken. Die Ente auf einer Platte anrichten und die Sauce separat servieren.

Dazu schmecken Kartoffelbrei, Rotkohl und Apfelkompott.

Wer diese Wildente auf den Tisch bringt, braucht die Gäste nicht lange raten zu lassen. Die fruchtige Füllung läßt die Herkunft des Gerichts gleich erkennen. Und wie bei all diesen süß-sauren Gerichten schmeckt es einfach wunderbar.

Hammelfleisch mit Kümmelsauce und Stampfkartoffeln

Für das Fleisch:
800 g Hammelfleisch
(Schulter, Brust, Kamm)
Salz
300 g Sellerieknolle
1 Stange Lauch
130 g Karotten
3 mittelgroße Zwiebeln
1 Knoblauchzehe
1 Lorbeerblatt
6 weiße Pfefferkörner
3 Pimentkörner
1 EL gehackter Kümmel
50 g Butter
40 g Mehl
1/8 Liter süße Sahne

Für die Stampfkartoffeln:
1 kg mehlig kochende Kartoffeln
Salz
50 g Butter
120 g Zwiebeln
150 g durchwachsener Räucherspeck
1 gehäufter EL Mehl
etwa 1/2 Liter Buttermilch
Salz
weißer Pfeffer
Muskatnuß

Für das Fleisch: Das Fleisch in so viel Salzwasser geben, daß es bedeckt ist. Zum Kochen bringen und abschäumen. Die Sellerieknolle schälen und in Streifen oder Würfel schneiden, Lauch waschen und in Streifen schneiden. Die Karotten schaben und in Scheiben schneiden. Zwiebeln schälen und vierteln, die geschälte Knoblauchzehe zerdrücken. Das kleingeschnittene Gemüse, den Knoblauch und die Zwiebeln mit dem Lorbeerblatt, den Pfefferkörnern, den Pimentkörnern und dem Kümmel zum Fleisch geben. Zugedeckt bei mittlerer Hitze 1 1/2 bis 2 Stunden garen lassen. Dann 3/8 Liter Brühe abnehmen, durch ein Sieb gießen und beiseite stellen. Das Fleisch aus der Brühe nehmen und warm stellen. Butter in einem Topf erhitzen, das Mehl einrühren und mit der heißen Brühe aufgießen. Unter Rühren 5 Minuten kochen lassen. Sahne einrühren. Zum Servieren das Fleisch in Scheiben schneiden. Mit etwas Kümmelsauce begießen. Restliche Sauce separat reichen. Dazu gibt es Stampfkartoffeln mit Buttermilch.

Für die Stampfkartoffeln: Die Kartoffeln schälen, vierteln, in Salzwasser in etwa 20 Minuten garkochen, abgießen, kurz trockendämpfen und ohne Flüssigkeitszugabe zerstampfen. Die Butter unterrühren und Kartoffeln warm stellen. Zwiebeln schälen und würfeln, Speck ebenfalls würfeln und in einer Pfanne auslassen. Die Zwiebeln darin goldgelb braten, das Mehl einrühren. Mit Buttermilch aufgießen und aufkochen lassen. Buttermilchmischung unter die Kartoffeln rühren. Mit Salz, Pfeffer und Muskatnuß abschmecken. Zusammen mit dem Fleisch und der Sauce anrichten und servieren.

Wenn die Stampfkartoffeln als Hauptgericht serviert wurden, gab man die Kartoffeln auf einen Teller und goß sich die Buttermilch selbst darüber. In manchen Haushalten wurde aber auch die Buttermilch mit den Kartoffeln verrührt.

Hasenragout

Für die Marinade:
1 Karotte
2 Schalotten
1/4 Sellerieknolle
1 Flasche Rotspohn (Rotwein)
1 Lorbeerblatt
1 EL Pimentkörner
2 Nelken
1 Zweig Thymian
1 Knoblauchzehe

Für den Hasen:
1 Hase (küchenfertig und zerlegt)
Salz
weißer Pfeffer
50 g Butterschmalz
2 EL Tomatenmark
Essig
Zucker
125 g Crème fraîche

Tip:
Wenn der Hase noch Herz und Leber hat, können die Innereien zum Schluß gewürfelt und in Butterschmalz gebraten dazugegeben werden.

Für die Marinade: Karotte, Schalotten und Sellerie putzen, waschen und kleinschneiden. Rotwein mit dem kleingeschnittenen Gemüse, dem Lorbeerblatt, den Pimentkörnern, den Nelken, dem Thymian und der feingehackten Knoblauchzehe aufkochen und abkühlen lassen.
Für den Hasen: Die Hasenteile abspülen, trockentupfen. Über Nacht marinieren. Fleisch herausnehmen und abtupfen, mit Salz und Pfeffer würzen. In 1 1/2 Eßlöffel erhitztem Butterschmalz rundherum anbraten, herausnehmen und beiseite stellen. Das Gemüse aus der Marinade nehmen, abtropfen lassen und trockentupfen. Im restlichen Butterschmalz anschmoren. Tomatenmark einrühren und kurz mitdünsten. Mit der Marinade ablöschen, aufkochen lassen und abschäumen. Fleisch zugeben und darin abgedeckt etwa 1 1/2 Stunden im vorgeheizten Backofen bei 200 °C (Gas Stufe 3/170 °C) Umluft garen. Fleisch herausnehmen, warm stellen. Schmorflüssigkeit durch ein Sieb passieren und mit Salz, Pfeffer, Essig und Zucker abschmecken. Schmorflüssigkeit erhitzen, etwas einkochen lassen, die Crème fraîche hineinrühren. Das Fleisch in der Sauce erwärmen und mit Kartoffeln servieren.

Es leben alle, die das Weidwerk treiben, das immer frischen Mut gewährt. Oh, könnt es Herbst im ganzen Jahre bleiben – das wäre, was mein Herz begehrt. – Wer solche Lieder singt, muß von der Jagd begeistert sein, und das waren die Menschen in Mecklenburg-Vorpommern auch. Aber noch mehr als das Wildbret in Wald und Flur begeisterte sie das Wildbret auf dem Teller.

Bohnen mit Äpfeln
Kürbis mit Speck

BOHNEN MIT ÄPFELN
300 g weiße Bohnenkerne
1 Bund Suppengrün
500 g Äpfel
Zucker, Zimt
Salz
125 g durchwachsener Räucherspeck
50 g Butter oder Margarine

KÜRBIS MIT SPECK
750 g durchwachsener Räucherspeck
1 Lorbeerblatt
4 Pimentkörner
1 Zwiebel
1 kleine Stange Lauch
200 g Äpfel
1 kg Kürbis
50 g Schweineschmalz
3 mittelgroße gehäutete Tomaten
1/8 Liter Buttermilch
30 g Mehl
Salz
weißer Pfeffer
Zucker

BOHNEN MIT ÄPFELN (oben)
Die Bohnen über Nacht in 3/4 Liter Wasser einweichen. Am nächsten Tag das Suppengrün putzen, kleinschneiden und in das Einweichwasser zu den Bohnen geben. Zum Kochen bringen und 1 1/2 Stunden köcheln lassen. Dann die Äpfel schälen, vierteln, das Kerngehäuse entfernen und zu den Bohnen geben. Noch 15 Minuten bei mittlerer Hitze köcheln lassen. Mit Zucker, Zimt und Salz abschmecken. Speck würfeln, glasig braten und Butter zufügen. Dann die Bohnen-Apfel-Mischung in einer Schüssel anrichten. Ausgelassenen Speck separat servieren. Jeder gibt so viel Speck über die Bohnen, wie er mag. Und wer es ganz deftig liebt, kann auch noch etwas ausgelassenes Speckfett dazutun.

KÜRBIS MIT SPECK (unten)
Den Speck mit dem Lorbeerblatt und den Pimentkörnern in kochendes Wasser geben und zugedeckt etwa 1 Stunde köcheln lassen. Zwiebeln schälen und würfeln. Lauch putzen, waschen, abtropfen lassen und in Ringe schneiden. Äpfel abspülen, achteln, Kerngehäuse entfernen. Die Achtel halbieren. Kürbis schälen, die Kerne entfernen, das Kürbisfleisch kleinschneiden. Schweineschmalz in einem Topf erhitzen, die Zwiebelwürfel darin glasig werden lassen. Kürbisstücke zufügen, wenden. Mit 1/2 Liter Speckbrühe auffüllen. Zugedeckt bei mittlerer Hitze 15 Minuten garen. 10 Minuten vor Ende der Garzeit die Lauchringe und die Apfelschnitze zugeben, 5 Minuten später die Tomaten. Buttermilch und Mehl verrühren und das Kürbisgemüse damit binden. Mit Salz, Pfeffer und Zucker abschmecken. Den Speck in Scheiben schneiden und mit Salzkartoffeln zum Kürbisgemüse anrichten. Wer etwas ganz Besonderes vorzeigen möchte, serviert den Eintopf in einer ausgehöhlten Kürbishälfte.

Handklöße
Klöße mit Birnen

HANDKLÖSSE
1 kg mehlig kochende Kartoffeln
150 g geschnittenes Weißbrot oder 6 Scheiben Toastbrot von je 25 g
100 ml Milch
2 Eier, 150 g Mehl
geriebene Muskatnuß
1 TL frischer oder 1/2 TL getrockneter Thymian
Salz, 1 EL Zucker
2 Zwiebeln
150 g durchwachsener Räucherspeck

KLÖSSE MIT BIRNEN
1 kg reife, aber nicht zu weiche Birnen
1 Zimtstange
Schale von 1 unbehandelten Zitrone
2 EL Zucker
1 EL Speisestärke, Salz
200 g Butter
2 EL Sahne
2 Eier
etwas geriebene Muskatnuß
6 EL Semmelbrösel

Tip:
Wer mag, kann die Birnen mit einem Schuß Essig oder Zitronensaft säuerlich machen.

HANDKLÖSSE (oben)
Die Kartoffeln abbürsten und weichkochen. Schälen, pürieren und warm stellen. Das Weißbrot in Milch einweichen und mit dem Handrührgerät fein zerkleinern. Eier zugeben und einrühren. Dann das Mehl nach und nach unterheben. Das warme Kartoffelpüree, Muskat, Thymian und Salz zufügen und mit der Weißbrot-Eimasse mischen.
1 Liter Wasser mit Salz und dem Zucker aufkochen. Nacheinander 12 Klöße formen und in dem Wasser 15 bis 18 Minuten garziehen lassen. Dann herausnehmen, abtropfen lassen und in einer Schüssel, in die eine umgedrehte Untertasse gelegt wurde, setzen. Zwiebeln schälen und würfeln, den Speck ebenfalls würfeln und in einer Pfanne auslassen. Die Zwiebeln darin goldgelb braten. Vor dem Servieren auf die Klöße geben.

KLÖSSE MIT BIRNEN (unten)
Die Birnen schälen, vierteln, Kerngehäuse entfernen und in 3/8 Liter Wasser mit Zimtstange, Zitronenschale und Zucker in 8 bis 10 Minuten nicht zu weich kochen. Die Flüssigkeit mit in wenig Wasser angerührter Speisestärke binden. Warm stellen. Einen großen Topf mit Salzwasser erhitzen. Die Butter, die Sahne und die Eier schaumig rühren. Unter ständigem Schlagen Salz, Muskat sowie die Semmelbrösel zufügen. Daraus mit Hilfe von zwei Eßlöffeln Klöße abstechen. Klöße in das siedende Salzwasser geben und 6 bis 8 Minuten ziehen lassen. Mit einer Schaumkelle herausnehmen, abtropfen lassen und mit dem Birnenkompott anrichten.

Essigkürbis Viermus

Essigkürbis
Für etwa 3 Gläser à 450 g
1,5 kg Kürbis
1 Liter Weinessig
300 g Zucker
3 Nelken
1 Zimtstange
Schale von
1/2 unbehandelten Zitrone
30 g frischer Ingwer

Viermus
Für etwa 6 Gläser à 450 g
500 g Preiselbeeren
500 g Zucker
500 g Äpfel
500 g Birnen
500 g Zwetschgen
1 Stückchen Zimtstange
2 Nelken
abgeriebene Schale von
1/2 unbehandelten Zitrone

Tip:
Ein Schuß Madeira oder Rum, aber auch Portwein oder Sherry gibt dem Viermus einen gewissen pikanten Akzent.

ESSIGKÜRBIS (oben)
Kürbis schälen, die Kerne entfernen. Das Kürbisfleisch in mundgerechte Stücke schneiden. Weinessig mit dem Zucker, den Nelken und dem Zimt aufkochen, bis sich der Zucker gelöst hat. Die Zitronenschale und den geschälten Ingwer zufügen. Die Kürbisstücke portionsweise hineingeben und jeweils 10 Minuten kochen. In ein vorbereitetes Glas oder einen Steintopf geben. Den Sud kochendheiß über die Kürbisse gießen. Das Gefäß abdecken. Den Sud am nächsten Tag wieder abgießen, noch einmal aufkochen und abgekühlt über den Kürbis füllen. Das Gefäß verschließen. Kühl und dunkel aufbewahren.

VIERMUS (unten)
Preiselbeeren verlesen und abbrausen. Mit 125 g Zucker und 1/8 Liter Wasser in einem Topf bei kleiner Hitze 10 Minuten dünsten lassen. Inzwischen Äpfel und Birnen schälen, achteln und die Kerngehäuse entfernen. Die Achtel in dünne Scheiben schneiden. Die Zwetschgen abbrausen, trockentupfen, halbieren, entsteinen und vierteln. Zuerst die Zwetschgen zu den Preiselbeeren geben und 5 bis 6 Minuten kochen lassen. Dann die restlichen Früchte mit der Zimtstange, den Nelken, der Zitronenschale und dem restlichen Zucker zugeben. Eventuell noch 60 ml Wasser zugießen. Noch ungefähr 10 bis 15 Minuten kochen lassen. Das Viermus ist gut, wenn die Masse sämig, die Apfel- und Birnenstücke aber noch erkennbar sind. In vorbereitete Gläser füllen und sofort verschließen.

Viermus ist eine leckere Beilage zu Wild und zu geschmortem Braten. Es schmeckt auch sehr fein zu kalt aufgeschnittenem gekochtem Schinken und Roastbeef.

Gemüse hinter Glas

ZUCKERGURKEN
Für etwa 4 Gläser à 450 g
1,5 kg Schmorgurken
1 Liter Weinessig
750 g Zucker
20 Gewürznelken
2 Zimtstangen
30 g frischer Ingwer

QUIETSCHBOHNEN
Für etwa 2 Gläser à 450 g
500 g ganz junge Brechbohnen
Salz
1/2 Liter Essig
375 g Zucker
4-5 Gewürznelken
Schale von 1/2 unbehandelten Zitrone

ZUCKERGURKEN (links)
Gurken schälen, längs halbieren, mit einem Löffel die Kerne entfernen. Das Gurkenfleisch in mundgerechte Stücke schneiden. 1 Liter Wasser und 3/8 Liter Weinessig aufkochen. Gurkenstücke hineingeben und einmal aufkochen. Die Gurkenstücke herausnehmen, abtropfen lassen. Das Essigwasser weggießen. Restlichen Essig mit dem Zucker aufkochen und so lange kochen, bis sich der Zucker gelöst hat. Gewürznelken, Zimtstangen und geschälten Ingwer hineingeben. Die Gurken in dem Sud 5 Minuten glasig kochen. Die Gurkenstücke in ein großes Glas oder einen Steintopf geben. Die Flüssigkeit noch 15 Minuten kochen lassen. Dann heiß darübergießen und zudecken. Am nächsten Tag die Flüssigkeit abgießen, noch einmal aufkochen und abgekühlt über die Gurken geben. Dann das Glas oder den Topf ganz fest verschließen und 4 bis 6 Wochen ruhen lassen, bis die Gurken die nötige Würze haben.

Eingemacht wurde schon zu allen Zeiten. Und was in die Gläser kam, ist eigentlich keine Frage: Alles, was im Garten, in Feld und Flur reifte.

QUIETSCHBOHNEN (rechts)
Die Bohnen waschen, abtropfen lassen, abfädeln, die Enden abschneiden. Die Bohnen in 1/2 Liter kochendem Salzwasser etwa 5 Minuten blanchieren, dann in kaltem Wasser abschrecken und gut abtropfen lassen. Inzwischen Essig, Zucker, Gewürznelken und Zitronenschale in einem Topf aufkochen lassen, bis sich der Zucker gelöst hat. Dann durch ein Sieb auf die Bohnen gießen. Abgedeckt über Nacht stehen lassen. Am nächsten Tag die Bohnen mit der Flüssigkeit aufkochen, herausnehmen und in ein Glas geben. Die Flüssigkeit noch 10 Minuten kochen lassen. Dann kochendheiß auf die Bohnen gießen, so daß sie bedeckt sind. Das Glas luftdicht mit Twist-off-Deckeln verschließen.

Arme Ritter

8 altbackene Brötchen
1/2 Liter Milch
2 Eier
1 EL Zucker
1 Prise Salz
abgeriebenen Schale von
1/2 unbehandelten Zitrone
4 EL Semmelbrösel
3 EL Butterschmalz

Zum Bestreuen:
Zimt und Zucker

Tip:
Wer mag, rührt zusätzlich etwas Vanillezucker in den Teig.

Die Brötchen in Scheiben schneiden. Milch, Eier, Zucker, Salz und Zitronenschale verrühren. Brötchenscheiben hineinlegen und kurz darin ziehen lassen. Herausnehmen, abtropfen lassen und in Semmelbröseln wenden. Butterschmalz erhitzen und die Brötchenscheiben nacheinander darin von beiden Seiten schön goldgelb braten. Zum Servieren nach Belieben mit Zucker und Zimt bestreuen. Als Beilage schmeckt dazu Himbeersaft, Pfirsichkompott mit Rosinen oder Apfelkompott.

Arme Ritter wurden aus Zeitnot erfunden, denn die Zutaten hatte jede Hausfrau in ihrem Vorrat. Besonders zur Himbeerzeit wurde diese kalorienreiche Nachspeise, die oft auch als Hauptgericht mit einer Suppe vorweg gereicht wurde, serviert. Die Wälder in Mecklenburg-Vorpommern waren voll von Himbeersträuchern. Mit Leiterwagen fuhren die Frauen und Kinder der Tagelöhner zur Ernte in den Wald. Milchkannen, die sie bei sich trugen, wurden schnell gefüllt. Zu Hause wurden die Himbeeren mit Stumpf und Stiel zu Saft verarbeitet – das Aroma war traumhaft.

Zitronencreme

6 Blatt weiße Gelatine
4 Eigelb
125 g Zucker
30 g Speisestärke
1 Messerspitze unbehandelte geriebene Zitronenschale
3/8 Liter trockener Weißwein
1-2 EL Zitronensaft
4 Eiweiß

Tip:
Statt Wasser und Weißwein kann auch 1/2 Liter Apfelsaft verwendet werden. Mit je 1 Messerspitze Zimt und Kardamom gewürzt schmeckt die Zitronencreme auch sehr gut.

Gelatine in Wasser einweichen. Eigelbe und Zucker in einem Kochtopf bei kleiner Hitze schaumig schlagen. Speisestärke, Zitronenschale, 1/8 Liter Wasser, Weißwein und Zitronensaft hinzufügen. Die Masse durchrühren, abschmecken und unter ständigem Schlagen mit dem Schneebesen des Handrührgerätes zum Kochen bringen, die Masse darf aber nur hochstoßen. Dann vom Herd nehmen. Die Gelatine gut ausdrücken, hinzufügen und weiterschlagen, bis sich die Creme etwas abgekühlt hat. Die Eiweiße steif schlagen und unter die Masse heben.

Die Liebe zu dieser Speise – früher schrieb man sie auch „Citronencreem“ – war so groß, daß es kaum eine Feier ohne dieses fruchtige Dessert gab. Ja, schüsselweise wurde sie aufgetragen. Heute soll beim Dessert nicht nur die Menge ausschlaggebend sein, sondern die gelungene geschmackliche Ergänzung zum übrigen Essen.

Semmelpudding mit Weinschaumsauce

125 g Butter
2 EL Zucker
6 Eigelb
250 g Semmelbrösel
1/4 Liter Milch
125 g Rosinen
125 g Korinthen
125 g geriebene Mandeln
200 ml Rum
6 Eiweiß

Für die Form:
Butter zum Einfetten
Semmelbrösel zum Ausstreuen

Für die Sauce:
4 Eier
2 EL Speisestärke
200 g Zucker
1/2 Liter Weißwein
Saft von 1 Zitrone

Tip:
Sie können für die Sauce statt Weißwein auch Apfelsüßmost verwenden.

Butter, Zucker und Eigelbe weißcremig schlagen. Nach und nach die Semmelbrösel und die Milch unterschlagen. Die Rosinen, die Korinthen, die Mandeln und den Rum unterheben. Das Eiweiß schnittfest schlagen und unter die Eigelb-Semmelbrösel-Masse heben. Eine gut ausgefettete und mit Semmelbröseln ausgestreute Puddingform (2 Liter Inhalt) zu Dreiviertel füllen. Die Form in einen hohen Topf stellen, Wasser einfüllen, so daß sie zur Hälfte darin steht. Die Form gut verschließen. Den Topf zudecken und bei kleiner Hitze ungefähr 60 Minuten köcheln lassen. 15 Minuten auf ausgeschalteter Herdplatte zu Ende garen.
Für die Sauce: Alle Zutaten in einem Topf verrühren. Dann den Topf auf die Herdplatte stellen und die Sauce unter ständigem Schlagen bei kleiner Hitze zum Kochen bringen. Den Topf vom Herd nehmen und weiterschlagen, bis die Sauce etwas abgekühlt ist.

Dieser Pudding ist übrigens alles andere als ein Wackelpeter! Er wird in einer eigens dafür vorgesehenen, fest verschließbaren Form im Wasserbad gegart. Die Zubereitung eines Puddings war genau das richtige, wenn viel Arbeit auf dem Hof anfiel. Nur der Teig mußte zubereitet werden, garen durfte der Pudding dann von allein. Und inzwischen konnte das Vieh versorgt werden.

Und bei steifer Brise

ROTWEINPUNSCH
3/4 Liter Rotwein
1/4 Liter Rum (40 Vol.-%)
1 unbehandelte Zitrone
Saft von 2 Orangen
8 Nelken
1 Zimtstange (etwa 4 cm)
4 EL Zucker

ARRAKPUNSCH
15 Stück Würfelzucker
4 unbehandelte Zitronen
300 g Zucker
1 Liter heißer starker Tee
1/2 Liter Arrak

EIERBIER
1/2 Liter Milch
1/2 Liter helles Bier
100 g Zucker
4 Gewürznelken
1/2 Stange Zimt
4 Eier

EIERGROG
Für 1 Person
4 cl Rum (40 Vol.-%)
1 Eigelb
2 gestrichene TL Zucker
heißes Wasser

ROTWEINPUNSCH (hinten)
Rotwein und Rum in einen Topf geben. Zitrone unter heißem Wasser abspülen, dann trockentupfen. Die Schale dünn abschälen. Dann den Zitronensaft auspressen. Mit dem Orangensaft, den Nelken, der Zimtstange und dem Zucker in den Topf geben. Flüssigkeit bis kurz vor dem Siedepunkt erhitzen, nicht kochen lassen. Durch ein Sieb in eine Kanne gießen. Auf einem Rechaud warm stellen und heiß servieren.

ARRAKPUNSCH (vorne rechts)
Mit dem Würfelzucker die Schale der Zitronen abreiben. Zitronen auspressen. Abgeseihten Zitronensaft mit Zucker und Würfelzucker in den Tee geben und den Zucker unter Rühren auflösen. Arrak dazugeben und den Punsch erhitzen, aber nicht kochen lassen. Heiß servieren.

Arrak, dieser starke Branntwein mit etwa 60 Vol.-%, wird aus Zuckerrohrmelasse, Reis oder dem Pflanzensaft der Kokos- oder Dattelpalme gebrannt.

EIERBIER (vorne links)
Milch, Bier, Zucker, Nelken, Zimtstange und die Eier in einem Gefäß verrühren. Bei mäßiger Hitze schlagen, bis die Masse schaumig ist und beginnt, leicht steif zu werden. In feuerfeste Gläser füllen und sofort servieren. Nelken und Zimtstange können vorher herausgenommen oder auch drinnengelassen werden. Das intensiviert das Aroma.

EIERGROG (Mitte)
Den Rum vorsichtig erhitzen. Eigelb mit Zucker schaumig rühren, bis sich der Zucker aufgelöst hat. In ein Grogglas füllen. Dann den Rum dazugießen, umrühren und mit heißem Wasser aufgießen, bis der Eierschaum fast den Rand erreicht hat.

Schlicht und pfiffig – süß und sauer

Sachsen-Anhalt? Da kriegt manch einer leuchtende Augen, denn dieses Land verwöhnt jeden:
Den Wanderer mit schier endlosen Wegen im Harz, Romantiker mit seinen vielen Fachwerkhäusern, Schlössern und Burgen, Naturliebhaber unter anderem mit dem Biosphärenreservat an der Elbe, Kunstbeflissene mit dem Bauhaus – und nicht zuletzt Schleckermäuler mit weltberühmten Köstlichkeiten wie Salzwedeler Baumkuchen.
Aber damit der möglichen Entdeckungen in Sachsen-Anhalt noch lange nicht genug:
Der Dichter Novalis entdeckte hier die Blaue Blume der Romantik – in Form des blau blühenden Eisenhuts.
Der Apotheker Geßner entdeckte in den braunen Rüben des Bördelandes den Zucker – und verkaufte ihn anfangs in kleinen Mengen als homöopathisches Mittel.
Zar Peter der III. entdeckte in Anhalt-Zerbst die Prinzessin Sophie-Auguste-Friederike, die als spätere Zarin Katharina II. drei Jahrzehnte lang über die Geschicke des russischen Reiches bestimmte.
Den Menschen selbst wird nachgesagt, sie seien besonders vorsichtig, was sie aber keineswegs daran hindert, mit ihren Lebensmitteln besonders phantasievoll umzugehen.
Und „Lebensmittel" aller Art finden sich ausreichend und in großer Vielfalt:
Der schwere, fruchtbare Boden des Bördelandes um Magdeburg ist wie geschaffen für den Anbau von Getreide, Obst und Kartoffeln. Auf fetten Elbauen und in der Letzlinger Heide weidet das Vieh, die Reben an Saale und Unstrut liefern eigenen Wein. Aus dem Harz rollt nicht nur der – je nach persönlicher Vorliebe – „duftende" Harzer Stinker. Hier gibt es Wild, Wildfrüchte und fast vergessene Wildgemüse wie den würzigen Bärlauch, auch Nonnenzwiebeln oder Ramsen genannt. Frische Fische und mehr schließlich holt man sich aus den vielen Flüssen und Seen wie zum Beispiel aus dem sagenumwobenen Arendsee nahe der niedersächsischen Grenze.
Die Sachsen-Anhaltiner kombinieren gern Süßes mit Deftigem, wie etwa die Havelberger ihren Honigkuchen mit Fisch und Bier.
Eigentliches Nationalgericht aber ist der Klump: ursprünglich eine Art Teigkloß oder Hefekuchen in Kombination mit „Bratschen" (Dörrobst) und gepökeltem Fleisch, hat er im Laufe der Zeit viele Wandlungen erfahren und darf heute auch schon einmal aus Kartoffeln oder mit Kalbfleisch sein.
Einer der berühmtesten Exportartikel aus Halle, der Stadt der Hallenser (Eingeborenen), Halloren (Salzwirker) und Halunken (Zugereisten ...) ist die Hallorenkugel: eine süße Leckerei im silbernen Einwickelpapier, die an die riesigen silbernen Jackenknöpfe der reichen Salzgrafen erinnern soll.
Diese Kostbar- und Köstlichkeit ist inzwischen wieder bundesweit käuflich zu erwerben und mit etwas Glück sogar im Supermarkt um die Ecke erhältlich.

Viererlei-Törtchen
Rübensalat mit Nüssen

VIERERLEI-TÖRTCHEN
Für den Teig:
125 g Mehl, 2 Eigelb
1 kräftige Prise Salz
1 EL Butter in Flocken
Butter für die Förmchen
Für den Belag:
300 g Gemüse
(Spargel, Grünkohl, Karotten, rote Bete)
Für den Guß:
125 g saure Sahne
1 Ei, 2 Eiweiß
Salz, Pfeffer
geriebene Muskatnuß

RÜBENSALAT MIT NÜSSEN
300 g rote Bete, Salz
1/2 Salatgurke
10 frische Minzeblätter
2 EL Weinessig
frisch gemahlener schwarzer Pfeffer
2 EL Öl
125 g Walnußkerne

VIERERLEI-TÖRTCHEN
Für den Teig: Das Mehl in eine Schüssel sieben. Eigelbe, Salz und Butterflocken zufügen und alles zu einem geschmeidigen Brei verarbeiten. Kühl stellen. Den Backofen auf 220 °C vorheizen.
Für den Belag: Das Gemüse putzen, kleinschneiden und in Salzwasser 2 Minuten blanchieren. Danach in kaltem Wasser abschrecken, damit die Leuchtkraft der Farben erhalten bleibt.
Den Teig dünn ausrollen. Kleine Tortenförmchen ausbuttern und mit Teig belegen. Im vorgeheizten Backofen 5 Minuten backen und herausnehmen. Jetzt das abgetropfte Gemüse darauf anordnen.
Für den Guß: Die saure Sahne mit Ei, Eiweißen und den Gewürzen verschlagen und über dem Gemüse verteilen. Die Förmchen wieder in den Ofen schieben und weitere 15 Minuten bei 180 °C backen.

Fleisch war knapp in der Altmark. Aber in herrlich gepflegten Bauerngärten, vom 18. Jahrhundert an auch in Feldgärten, wuchs üppig Gemüse, die „Unterfrucht", aus der man mit wenig Aufwand so herrlich gesunde Farbenpracht auf die Teller bringen konnte.

RÜBENSALAT MIT NÜSSEN
Die Rüben vom Blattansatz befreien, in Salzwasser etwa 30 Minuten kochen und sofort abschrecken. Die Gurke schälen und in feine Scheiben schneiden. Die Minzeblätter waschen und abtropfen lassen. Aus Essig, Salz Pfeffer und Öl eine Marinade bereiten und über die Gurkenscheiben gießen. Die garen Rüben schälen, in feine Scheiben, dann in Streifen schneiden und zur Marinade geben. Alles gut vermischen und zugedeckt einige Minuten ziehen lassen. Mit Minzeblättern und Walnußkernen garnieren und sofort auftragen.

Ilsenburger Bärlauchkuchen

Für eine Springform
von 28 cm Durchmesser
Für den Teig:
250 g Mehl, 2 Eier, Salz, 4 EL Sonnenblumenöl
2 EL Mineralwasser (kohlensäurehaltig)
Für den Belag:
75 g Schinkenspeck, 150–200 g frische Bärlauchblätter
50 g Butter, 4 Eier, 150–200 g saure Sahne
2 EL Reibekäse, Salz, frisch gemahlener schwarzer Pfeffer
1/2 TL Kümmel, 150 g gare Kasselerbratenwürfel
Crème fraîche zum Garnieren

Für den Teig: Das Mehl auf ein Backbrett sieben und in die Mitte eine Vertiefung drücken. In die Mitte Eier, Salz, Öl und Mineralwasser geben. Mit einem Messer die Teigzutaten durchhacken. Die Brösel rasch zu einem glatten Teig verarbeiten und abgedeckt 1 Stunde an einem kühlen Ort ruhen lassen.
Für den Belag: Den Speck in Würfel schneiden und anbraten. Bärlauchblätter waschen, mindestens 12 Blätter zum Garnieren beiseite legen, die restlichen kleinschneiden und mit der Butter zu den Speckwürfeln geben. 5 Minuten dünsten und danach etwas auskühlen lassen.
Den Backofen auf 180 °C vorheizen. Die Eier verquirlen, den gedünsteten Bärlauch, Speckwürfel, Sahne, Käse, Gewürze, Fleischwürfel zufügen und verrühren.
Den Teig ausrollen, in eine gefettete Form legen und mehrmals mit einer Gabel einstechen. Die Bärlauchmasse auf dem Teig verteilen. Im vorgeheizten Backofen etwa 45 Minuten backen. Heiß servieren. Neben jedes Stückchen Bärlauchkuchen ein Häufchen Crème fraîche mit Bärlauchblättchen setzen.

Harzer Tatar

400 g Harzer Käse, 2 Zwiebeln
150 g weiche Butter, 2 EL Senf
2 TL Paprikapulver edelsüß, 3 Eigelb
5 EL saure Sahne
4 Scheiben Bauernbrot
4 knackige Salatblätter
2 Tomaten, Crème fraîche
Schnittlauchröllchen oder feingehackter Bärlauch

Den Käse fein hacken. Die Zwiebeln schälen, ebenfalls fein hacken und zum Käse geben. Butter, Senf, Paprika, Eigelb und Sahne verrühren und untermengen. Alles einige Minuten durchziehen lassen.
Inzwischen die Brotscheiben auf Tellern oder Küchenbrettchen anrichten und mit den gewaschenen, abgetropften Salatblättern belegen. Den Käsesalat darauf verteilen und mit Tomatenscheiben bedecken. Zuletzt mit Crème fraîche und Schnittlauchröllchen oder gehacktem Bärlauch garnieren.

Ihren goldgelben Käse mögen die Harzer (aber längst nicht mehr nur sie!), am Morgen, am Mittag und am Abend – zu später Stunde am liebsten als Salat. Wenn der Stinker dann auf der Zunge zergeht, verzeiht man ihm sogar seinen durchdringenden Geruch. Dieser nahrhafte Kraftspender bevorzugt die Gesellschaft von Bauernbrot und Gänsefett. Und wenn sich dann noch „Ramsen“, der heißbegehrte Bärlauch, dazugesellt, ist das Eßvergnügen komplett. Dieses unscheinbare Waldkraut ist ein wildwachsender Verwandter des Knoblauch und nicht minder heilkräftig. „Ramsen, genossen im Mai, ist besser als das ganze Jahr Arznei.“ Darauf schwören die Harzer. Von ihrem Käse erwarten sie, daß er reif, also „durch“ ist. „Laufen muß er, aber bewegen darf er sich nicht!“

Zerbster Spargelsuppe

500 g Suppenspargel
1/2 TL Zucker
Salz
50 g Butter
1 EL Mehl
geriebene Muskatnuß
4 EL süße Sahne
2 hartgekochte Eier
2 EL gehackte Petersilie

Den geputzten Spargel in kleine Stücke schneiden, mit dem Zucker in 1 Liter Salzwasser zum Kochen bringen und etwa 12 Minuten garen. Die Hälfte des garen Spargels herausnehmen und warm stellen. Den anderen Spargel pürieren. Die Butter erhitzen, das Mehl darin anschwitzen und mit etwas Spargelsuppe löschen. Nach und nach die restliche Suppe auffüllen, dabei gut rühren. Mit Salz und Muskat abschmecken, die Sahne unterziehen und die garen Spargelstückchen einlegen. Kurz erhitzen. Die Eier hacken und mit der Petersilie vermengen. Die Suppe auf vorgewärmte Teller verteilen und mit dem Ei-Petersilie-Gemisch garnieren.

Es ist noch gar nicht so lange her, da erinnerte eine Säule vor dem Zerbster Rathaus an eine tapfere „Butterjungfer". Dieses Mamsellchen hatte es satt, immer eine halbe Stunde von der Stadt entfernt, auf dem sogenannten Butterdamm, ihre Ware feilzubieten. „Butter gehört in die Stadt, auf den Markt, zum Spargel." Sprach's und machte sich mit ihrer Kiepe auf den Weg. Dabei ließ sie hier und dort ein paar Taler fallen. Nicht zu viele, versteht sich.
Als die Stadtwache ihr den Zugang ins Städtchen verweigern wollte, zeigte sie kühn und herausfordernd – so sind die Zerbster! – auf die Münzen. Hatte sie sich damit nicht das Marktrecht erkauft?! Von da an saßen die Butterweiber in der Stadt.

Siedemeistertopf Weihnachtssuppe

SIEDEMEISTERTOPF
700 g Weißkraut
200 g durchwachsener Speck
1 Zwiebel
400 g Kartoffeln
2 Tomaten
1 EL Butterschmalz
Salz
frisch gemahlener schwarzer Pfeffer
1 TL Kümmel
2 EL gehackter Kerbel
1 Liter Fleischbrühe

WEIHNACHTSSUPPE
1 Flasche trockener Rotwein
Zucker nach Geschmack
je 1 kräftige Prise Zimt und Kardamom
2 Gewürznelken
1 TL abgeriebene unbehandelte Zitronenschale
1 EL feingeschnittenes Zitronat
2 EL Sultaninen
2 EL Stärkemehl
Pfeffer- oder Honigkuchen
8 EL süße Sahne

SIEDEMEISTERTOPF
Das Weißkraut putzen und grob hobeln. Den Speck in kleine Würfel schneiden. Die Zwiebel und Kartoffeln schälen. Zwiebel in kleine Würfel, Kartoffeln und Tomaten in Scheiben schneiden. Speckwürfel in Butterschmalz anrösten. Weißkraut, Zwiebel, Salz, Pfeffer, Kümmel und Kerbel zufügen und die Brühe angießen. Alles zum Kochen bringen und auf kleiner Flamme 50 Minuten köcheln lassen. Dann die Kartoffeln- und Tomatenscheiben hineingeben und weitere 20 Minuten garen. Mit Salz und Pfeffer abschmecken. Bauernbrot dazu reichen.

WEIHNACHTSSUPPE
Den Rotwein mit 1/8 Liter Wasser, den Gewürzen, dem Zitronat und den Sultaninen zum Kochen bringen. Das Stärkemehl in wenig kaltem Wasser verquirlen und in den Rotwein einrühren. Kurz aufkochen lassen. Die Gewürznelken entfernen. Kleine Pfefferkuchen oder Pfefferkuchenstücke auf vorgewärmten Tellern verteilen, die Suppe darübergießen und in die Mitte je 2 Eßlöffel ungeschlagene Sahne rühren.

Am Heiligabend vor dem Kirchgang stärkten sich die Hallorenfamilien (Salzwirker) mit einer roten Weihnachtssuppe. Kamen Sie zurück, gab es ein Fischgericht – meist Karpfen. Die modernen Hallenser halten sich nicht mehr an diese Regel; sie bevorzugen heute Kartoffelsalat mit heißen Würstchen, viel Senf und vor allem Salzgürkchen dazu – selwer jemacht, janz klar! Beliebter Weihnachtsschmuck bei den Hallorenfamilien war ein Kunstwerk besonderer Art: eine aus Weidenzweigen geflochtene Krone, die zartweiß und kristallen glitzerte und funkelte, denn sie war ringsum von Sole, also Salzlösung, überkrustet.

Havelberger Bierfisch

750 g Fischfilet
2 EL Zitronensaft
Salz
frisch gemahlener schwarzer Pfeffer
2 Zwiebeln
2 Kartoffeln
1 Bund Suppengrün
100 g durchwachsener Speck
1 1/2 Liter Braunbier
100 g Honigkuchen
2 EL gehackte Petersilie

Den Fisch in kleine Würfel schneiden, mit Zitronensaft beträufeln und mit Salz und Pfeffer bestreuen. Die Zwiebeln und die Kartoffeln schälen, das Suppengrün putzen. Alles kleinschneiden, den Speck in Würfel schneiden. Speck und Zwiebeln ausbraten, Suppengrün und Kartoffeln zufügen und das Bier angießen. Alles 10 Minuten köcheln lassen. Fischwürfel zufügen und weitere 10 Minuten bei kleiner Hitze garen. Zuletzt den in wenig Wasser eingeweichten und verrührten Honigkuchen einquirlen. Mit Salz und Pfeffer abschmecken und die Petersilie darüberstreuen.

Hei, auf geht's zum Pferdemarkt, eine Braut suchen! Denn beim Pferdemarkt gibt's dreierlei: Rummel, Reitvorführungen und schöne Mädchen. Vor gar nicht langer Zeit (so soll's wirklich gewesen sein!) konnte man nur ein Gespann abkaufen, wenn man die älteste Tochter dazunahm. Pferdemarkt war auch Hochzeitsmarkt! Die jungen Frauen, die sich heute unter die Pferdeliebhaber und -käufer mengen, sehen nicht so aus, als ob sie sich verhökern ließen. Im Gegenteil: Sie sind auf der Suche – nach einem Helden, mit dem sie Pferde stehlen können – am ersten Samstag im September, wenn in Havelberg der Pferdemarkt beginnt ... wo es zur Stärkung Bierfisch gibt.

Maräne Arendsee

8 Maränen
(oder kleine Forellen)
4 EL Zitronensaft
Salz
frisch gemahlener
weißer Pfeffer
2 EL Mehl
4 EL Butterschmalz
1/8 Liter Weißwein
4 EL gehackte Mandeln
1 EL Öl
130 g Butter
4 EL süße Sahne

Die Maränen oder Forellen möglichst erst kurz vor der Zubereitung vom Fischhändler schlachten und ausnehmen lassen. Fische mit Zitronensaft beträufeln, mit Salz und Pfeffer würzen und 5 Minuten ziehen lassen.
Den Backofen auf 180 °C vorheizen. Die Fische in Mehl wälzen und in erhitztem Butterschmalz im vorgeheizten Backofen etwa 10 Minuten backen. Dabei etwas Weißwein angießen. Inzwischen die Mandeln in Öl goldgelb rösten. 100 g Butter zerlassen und die gerösteten Mandeln zugeben. Die Mandelbutter im Wasserbad heiß halten. Die garen Fische herausnehmen und warm stellen.
Den Bratfond mit dem restlichen Weißwein loskochen, durch ein Sieb geben. Sahne zufügen und etwas einkochen lassen. Die restliche kalte Butter einschlagen und mit Salz und Pfeffer abschmecken. Die Maränen auf vorgewärmte Teller legen, heiße Mandelbutter darübergießen und Petersilienkartoffeln dazu reichen.

Im klaren Wasser des Arendsees gedeihen Maränen. Diese kleinen, zarten, würzigen und zudem grätenarmen Fische gehören zur Familie der Renken. Auch geräuchert sind sie eine Delikatesse. Vor gut 100 Jahren wurden sie von den Masurischen Seen geholt und in den Arendsee „verpflanzt".
Den See gibt es viel länger. Aber nie war er so verteufelt wie am 3. Dezember 1685. Urplötzlich wurde es still über dem See. Dann brach ein Sturm los wie nie zuvor. Die Erde bebte und öffnete sich. Dabei verschlang sie Weiden, Bauerngärten und Windmühlen. Brausend schlugen die Wellen darüber zusammen. Wie durch ein Wunder war kein Mensch ums Leben gekommen. Am Tag darauf sah man, daß der See um 40 Hektar größer geworden war. Seitdem ist er schöner denn je und ruhig obendrein. Ein zwei Tonnen schwerer Mühlstein konnte geborgen werden. Im Klosterhof kann man ihn besichtigen.

UM DEN ARENDSEE
amstag:

Hecht in Sahnesauce
Wickelaal Arendsee

HECHT IN SAHNESAUCE
1 Hecht von etwa 1,5 kg
Salz
frisch gemahlener weißer Pfeffer
60 g Butter
1 Lorbeerblatt
6 Pfefferkörner
1 Zwiebel
250 g saure Sahne
3 EL Reibekäse
4 EL Zitronensaft
4 EL feingehackter Dill

WICKELAAL ARENDSEE
1 kg mittelstarke Aale
Salz
frisch gemahlener weißer Pfeffer
4 EL Zitronensaft
16 frische Salbeiblätter
40 g Butter
1/4 Liter trockener Unstrutwein (Ruländer)
6 EL süße Sahne
1 unbehandelte Zitrone

HECHT IN SAHNESAUCE

Den Hecht schuppen, sauber ausnehmen, die Kiemen und den Kopf entfernen, abspülen und in Portionsstücke schneiden. Innen und außen mit Salz und Pfeffer einreiben. Die Hechtstücke und den Kopf in eine gebutterte feuerfeste Form legen. Den Backofen auf 200 °C vorheizen. Lorbeerblatt, Pfefferkörner, die geschälte, in Scheiben geschnittene Zwiebel und den größten Teil der sauren Sahne zugeben. Auf die Fischstücke Butterflöckchen setzen. In der vorgeheizten Backröhre 30 Minuten backen.
Den Fisch ab und zu mit saurer Sahne begießen. Reibekäse aufstreuen und weitere 5 Minuten backen. Vor dem Servieren das Lorbeerblatt entfernen. Mit Zitronensaft abschmecken und mit Dill bestreuen.

WICKELAAL ARENDSEE

Den Aal vom Fischhändler abziehen und in 5 cm große Stück schneiden lassen. Die Aalstücke mit Salz, Pfeffer und Zitronensaft würzen und mit Salbeiblättern umwickeln. Mit Rouladennadeln oder Baumwollfaden zusammenhalten. Die Butter erhitzen, den Wickelaal hineingeben und 5 Minuten ringsum anbraten. Weißwein angießen und bei kleiner Hitze weitere 5 Minuten leise kochen lassen. Sahne zufügen und noch 3 Minuten bei kleiner Hitze garen. Den Fisch herausnehmen, auf einer vorgewärmten Platte anrichten und warm stellen. Die Sauce bei starker Hitze um die Hälfte einkochen und mit dem Wickelaal, Zitronenstückchen und Salzkartoffeln zu Tisch bringen.

TROCKEN
TROCKEN
SEKT

Däg'lbraod

1 kg Rindfleisch
500 g Lammkeule (ausgelöst)
6 Zwiebeln
2 EL gehackte Kräuter (Petersilie, Salbei, Thymian)
Salz
frisch gemahlener schwarzer Pfeffer
Piment
1 Lorbeerblatt
2 EL Butter
1 Bund Schnittlauch

Das Fleisch wie für Gulasch in Würfel schneiden und mit Wasser bedeckt zum Kochen bringen. Dabei öfter abschäumen, bis die Brühe klar ist. Zwiebeln schälen, 2 Zwiebeln kleinhacken, die anderen in Scheiben schneiden. Kleingehackte Zwiebeln, Kräuter und Gewürze zum Fleisch geben und etwa 70 Minuten köcheln lassen. Fleisch und Brühe in einen Tiegel füllen, dabei das Lorbeerblatt entfernen. In der Butter die Zwiebelscheiben kurz andünsten und über die Fleischwürfel geben. Den Tiegel in die vorgeheizte Backröhre stellen und einige Minuten bei starker Hitze überbacken, bis die Zwiebeln goldbraun sind. Schnittlauch fein schneiden und obenauf streuen. Däg'lbraod sofort in vorgewärmte Suppenteller füllen und mit frischem Bauernbrot, Bier und „Schluck" (Korn) auftragen.

Tiegelbraten schmeckt am besten, wenn er vom Feuer kommt, ganz gleich, ob frisch zubereitet oder wieder erhitzt. Am nächsten Tag schmeckt er ohnehin besser, behaupten die Altmärker, die ihren Däg'lbraod auf keiner Feier missen möchten. Bei einer Hochzeit genießt man ihn schon zum Frühstück. Die Speise wurde früher in dreibeinigen Tiegeln aus feuerfestem Ton oder Eisen zu Tisch gebracht. Die gaben dem Gericht den Namen. Besonders wichtig ist das richtige Verhältnis von Rind- und Lamm- oder Hammelfleisch. Und immer gehört „Kornschluck" dazu! Und selbstverständlich Bier. Jede Bauersfrau verstand sich dereinst aufs Bierbrauen. War gerade mal keines im Haus, trank man Brunnenwasser, das immer auf der Wasserbank am Herd bereitstand. An der Wand hing die „Woatekell", die man zum Trinken benutzte.

Bernburger Kälberherz mit Weinbirnen

600 g Kalbsherz
Salz
frisch gemahlener schwarzer Pfeffer
4 Birnen
4 EL Zitronensaft
8 Wacholderbeeren
1/8 Liter Portwein
1/4 Liter Rotwein (trocken)
1/4 Liter Fleischbrühe
1 EL geriebener Pfefferkuchen
1 EL Butter

Das Herz von Haut, Sehnen und Knorpeln befreien, salzen und pfeffern. Die Birnen schälen und in Achtel schneiden, das Kernhaus entfernen. Die Birnenachtel mit Zitronensaft begießen, Wacholderbeeren zerdrücken, zugeben und Portwein angießen.

Den Rotwein zur Hälfte einkochen lassen, Brühe zugeben und alles wiederum um die Hälfte einkochen. Pfefferkuchen zugeben und verrühren, das Fleisch hineinlegen und 30 Minuten schmoren.

Inzwischen die Butter erhitzen, Birnen mit dem Wein hineingeben und 5 Minuten dünsten.

Das gare Fleisch herausnehmen, einige Minuten warm stellen. Dann in Scheiben schneiden und auf vorgewärmten Tellern anrichten. Die Birnenstücke obenauf legen. Den Birnen-Wein-Sud in die Sauce geben, umrühren und nochmals kurz erhitzen.

Ehe dieses Gericht von den Brautleuten verschmaust werden konnte, war viel Wartezeit nach dem „Verspruch“, der Verlobung, vergangen. Denn man heiratete erst im fortgeschrittenen Alter. Der Freiwerber, auch „Seelenverkäufer“ genannt, mußte im Auftrag des Bräutigams bei den Eltern der Braut vorsprechen. War die wirtschaftliche Grundlage garantiert, standen die Chancen gut. Ob sich die jungen Leute liebten, stand nicht zur Debatte. Man hatte ja ein Leben lang Zeit, sich zusammenzuraufen ...

Gebratene Kalbsnieren mit Knoblauchsauce

Für den Braten:
1 Kalbsniere (etwa 500 g)
frisch gemahlener schwarzer Pfeffer
50 g Butter
Salz

Für die Sauce:
1 Knoblauchknolle
1/2 Liter Fleischbrühe
200 g geputztes, zerkleinertes Gemüse (Spargel, Karotte, rote Bete, Wirsing)
Salz
Pfeffer
Cayennepfeffer
6 EL trockener Weißwein
gehackte Petersilie

Die Niere häuten, in dünne Scheiben schneiden und pfeffern. In einer Pfanne die Butter erhitzen, die Kalbsnierenscheiben einschichten und auf beiden Seiten 2 Minuten braten. Herausnehmen, mit Salz bestreuen und warm stellen.
Für die Sauce: Die Knoblauchzehen schälen, in kochendes Wasser legen, aufkochen lassen und sofort mit kaltem Wasser abschrecken. Die Zehen in eine Kasserolle legen, Fleischbrühe angießen und zugedeckt 20 Minuten köcheln lassen. Das Gemüse zugeben, die Flüssigkeit bis auf 2 Eßlöffel einkochen und abschmecken.
Das Gemüse pürieren. Das Püree in die Pfanne geben, in der die Nieren gebraten wurden. Gewürze und Weißwein zufügen und aufkochen lassen. Die Sauce auf vorgewärmte Teller füllen, darauf die Nierenscheiben legen, Petersilie darüberstreuen und mit Kartoffelbrei auftragen.

Es sagte Helene: „Geh nur zum Markt, Mutter, ich will dem Alten schon sein Kälbchen versorgen und ihm eine kräftige Mahlzeit bereiten." Als sie das Tier gefüttert hatte und den Alten wecken wollte, lag im Bett ein wunderschöner junger Mann mit schulterlangem Haar. Vor Schreck schrie Helene auf. Der Jüngling beruhigte sie und erzählte, daß eine böse Hexe ihn verzaubert habe. Erst wenn ein Mädchen zu ihm und dem Kälbchen gut sei, würde er erlöst werden. Beide gefielen sich so gut, daß sie nicht nur zusammen speisten, sondern sogleich beschlossen, übers Jahr Bauer und Bäuerin zu werden. Zu Ostern, das in der Börde nach dem Kirchenheiligen Paschalis auch „Paschen" oder „Paschedag" genannt wird, wurde geheiratet. Sie hielten vielerlei Vieh und hinterm Haus legten sie einen wunderschönen Kräutergarten an.

UNSTRUT
1992er

Kalbsklump in Zitronensauce

300 g rote Bete
Salz
500 g Kalbsschnitzel
1 Brötchen
1 Bund Schnittlauch
500 g Kartoffeln
1 EL Senf
2 Eier
frisch gemahlener schwarzer Pfeffer
3/4 Liter Fleischbrühe
2 EL Mehl
2 EL Butter
2 EL süße Sahne
1 EL Kapern
2 EL Zitronensaft
1/2 TL Zucker
2 EL Weinessig
1 EL Öl
1 Zwiebel

Rote Bete in der Schale 1 Stunde in Salzwasser garen. Das Fleisch durch den Fleischwolf drehen, Brötchen in Wasser einweichen, Schnittlauch in Röllchen schneiden. Die Kartoffeln schälen und in Salzwasser 20 Minuten garen. Das Fleisch mit dem ausgedrückten Brötchen, Schnittlauch, Senf, Eiern, Salz und Pfeffer verkneten. 8 Klump (Klöße) daraus formen. Brühe zum Kochen bringen und die Klöße darin zugedeckt 15 Minuten garen. Die Klump mit einem Schaumlöffel herausnehmen und warm stellen. Die Brühe durch ein Sieb gießen. Das Mehl in der Butter anschwitzen, die Brühe angießen und gut verrühren. Sahne zufügen und unter Rühren 5 Minuten köcheln lassen. Kapern und Zitronensaft zugeben und mit Salz, Pfeffer und Zucker abschmecken. Den Essig mit Salz, Pfeffer und Öl vermischen. Rote Bete schälen, in Scheiben schneiden und mit der Marinade beträufeln. Die Zwiebel schälen und kleingehackt über die rote Bete streuen.
Die Klump in die Zitronensauce setzen, alles noch einmal erhitzen. Mit Salzkartoffeln zu Tisch bringen. Rote Bete dazu servieren.

In den anhaltinischen Bürgerhäusern kam Klump nicht nur in Verbindung mit Kohl und Zwiebeln auf die Teller. Für die „Sattmacher“ dachte man sich immer neue Raffinessen aus. Mehr und mehr wandelte man die Zutaten ab – wie hier mit Kalbfleisch.

Oet

Letzlinger Heide-Lamm mit Majorankartoffeln

Für den Braten:
1,5 kg Lammrücken
500 g Frühlingszwiebeln
2 Knoblauchzehen
100 g Knollensellerie
2 Schalotten
1 Bund Petersilie
1 Bund Salbei
1 Bund Kerbel
4 EL Semmelbrösel
Salz
frisch gemahlener schwarzer Pfeffer
2 Eiweiß
100 g Butter
2 EL Sonnenblumenöl
1/4 Liter Brühe

Für die Majorankartoffeln:
1 kg Kartoffeln
2 EL Butter
3 EL Öl
1/2 TL Zucker
1 Bund frischer Majoran

Für den Braten: Den Lammrücken von Haut, Fett und Sehnen befreien, das Fleisch zwischen den Rippen einschneiden. Zwiebeln und Knoblauch schälen, Sellerie putzen und alles kleinschneiden. Schalotten schälen und zusammen mit Petersilie, Salbei und Kerbel fein hacken. Semmelbrösel mit Schalotten und Kräutern vermengen. Den Lammrücken mit Salz und Pfeffer einreiben, in Eiweiß wenden und die Semmelbröselmasse andrücken. Butter und Öl erhitzen und das Fleisch darin auf jeder Seite 5 Minuten bei starker Hitze anbraten. Anschließend noch weitere 20 Minuten im Backofen bei 150 °C garen.
Das Fleisch herausnehmen und warm stellen. Den Bratfond mit Brühe loskochen und etwas einkochen. Mit Salz und Pfeffer abschmecken. Warm stellen.
Für die Majorankartoffeln: Kartoffeln schälen, Kugeln ausstechen und in Salzwasser 10 Minuten garen. Wasser abgießen. In einem Tiegel Butter, Öl und Zucker erhitzen, Kartoffelkugeln weitere 10 Minuten darin garen. Zwischendurch wenden. Kugeln herausnehmen, Majoranblättchen darüberstreuen und mit dem Lammrücken servieren.

Nicht nur Spargelfans gibt es um die Letzlinger Heide herum – die eigentlich ihren Namen zu Unrecht hat, denn es ist Waldgebiet –, sondern auch Majoranverfechter. Dieses Küchenkraut ist hier ebenso ein Hit wie in Wittenberg und Eisleben. Kein Braten ohne Majoran! Und Majoranbutter steht sowieso immer im Kühlschrank. Von 1843 bis 1912 schallte weit übers Heidedorf Letzlingen hinweg Hörnerklang, denn von hier, genauer vom Jagdschloß Hirschberg aus, ging's auf zu Hof- und Kaiserjagden. Die Schloßanlage im Tudorstil erinnert an englische Schlösser, und die Schönheit nimmt jeden gefangen.

Gebackener Sellerie
Ziwwelklump

GEBACKENER SELLERIE
2 Sellerieknollen (1 kg)
Salz
Saft von 1 Zitrone
frisch gemahlener schwarzer Pfeffer
3 Eier
1 Messerspitze Muskatnuß
16 Scheiben Bierschinken
4 EL Semmelbrösel
100 g Butterschmalz
gehackte Kräuter (Schnittlauch, Petersilie)
Tomatenviertel und Crème fraîche zum Garnieren

ZIWWELKLUMP
2 Brötchen
80 g Butter
1 kg Zwiebeln
400 g Hammelfleisch
Salz
frisch gemahlener schwarzer Pfeffer
1 EL gemahlener Kümmel
2 Liter Fleischbrühe
750 g Kartoffeln
2 Eier
1 EL Mehl
1 Messerspitze Muskatnuß
1–2 EL Crème fraîche
gehackte Petersilie

GEBACKENER SELLERIE
Die Sellerieknollen schälen und 8 Scheiben herausschneiden. In Salzwasser mit Zitronensaft 20 Minuten garen. Abtropfen lassen und mit Salz und Pfeffer würzen. Die Eier verquirlen, Muskat zufügen. Sellerie- und Wurstscheiben im Ei wenden. Zwischen 2 Wurstscheiben jeweils 1 Selleriescheibe legen, in Semmelbröseln wälzen und im erhitzten Butterschmalz goldgelb ausbacken.
Jeweils 2 Scheiben gebackenen Sellerie auf Tellern anordnen, Kräuter darüber streuen und Tomatenviertel anlegen. Mit Crème fraîche garnieren.
Gebackener Sellerie ist vielseitig: Er paßt zu unserem Klump oder als Krönung auf Himmel und Erde. Beliebt ist er aber auch mit kräftigem Bauernbrot als Mahlzeit für zwischendurch.

ZIWWELKLUMP
Die Brötchen in kleine Würfel schneiden und in der Butter goldgelb rösten. Die Zwiebeln schälen, in grobe Würfel schneiden und zusammen mit dem Fleisch, Salz, Pfeffer und Kümmel in der Brühe zum Kochen bringen und 1 1/4 Stunden garen. Inzwischen die Kartoffeln schälen, reiben, in ein Tuch geben und fest ausdrücken. Die Kartoffelmasse mit Eiern, Mehl, Salz und Muskat vermengen. Aus dem Kloßteig mittelgroße Klöße formen, in die Mitte Brötchenwürfel legen. Dann die Klöße zum Fleisch in die Brühe legen und 20 Minuten ziehen lassen.
Das Fleisch herausnehmen und in Scheiben oder Würfel schneiden. Fleisch und Klöße auf tiefen Tellern anrichten. Die Brühe mit den Zwiebeln mit der Crème fraîche verfeinern und die Teller damit auffüllen. Obenauf Petersilie streuen.

Rote-Bete-Gemüse
Kohlrüben-Gemüse

ROTE-BETE-GEMÜSE
2 Zwiebeln
1 Knoblauchzehe
70 g Schmalz
1 kg rote Bete
Salz, 1 EL Zucker
1 EL Korianderpulver
1 Lorbeerblatt
1/4 Liter Rotwein
2 EL Weinessig

Tip:
Die Zubereitung der Rüben sollte mit zarter Hand erfolgen, denn das Rot der Knolle hinterläßt leicht Spuren. Deshalb darauf achten, daß die Schale beim Abbürsten unter fließendem Wasser nicht verletzt wird. Nachdem Wurzelansatz und Stiel gekappt wurden, die Frucht ungeschält kochen. Läßt Schälen sich nicht vermeiden, ist es ratsam, Küchenhandschuhe zu benutzen.

KOHLRÜBEN-GEMÜSE
1 kg Kohlrüben
70 g Butter, 1-2 EL Zucker
1 EL Essig
1 Nelke, Salz
1/2 Liter Rindfleischbrühe
1 TL Stärkemehl

ROTE-BETE-GEMÜSE
Die Zwiebeln und die Knoblauchzehe schälen, fein hacken und in zerlassenem Schmalz andünsten. Die rote Bete schälen, fein raspeln und dazugeben. Salz, Zucker, Korianderpulver, Lorbeerblatt, Rotwein und Essig ebenfalls zufügen. Alles zugedeckt etwa 30 Minuten schmoren lassen.

Wer dieses wohlschmeckende Wintergemüse, das mehrere Namen hat – rote Bete, rote Rübe, Wurzelgemüse –, nur als gleichwohl ausgezeichneten Salat kennt, bringt sich um großartige Gaumenfreuden. Die Bördebäuerinnen wußten allezeit mit dieser unscheinbaren, aber geschmacklich charaktervollen Knolle umzugehen. Unter ihrem grauen Mantel verbirgt die Rübe ein rotleuchtendes Innenleben mit allerhand Gesundem: Sie hat viele Mineralstoffe und reichlich Vitamin C.

KOHLRÜBEN-GEMÜSE
Die Kohlrüben schälen und in Stifte oder Würfel schneiden. Die Butter erhitzen, den Zucker einrühren und etwas karamelisieren lassen. Die Kohlrüben, Essig, Nelke, Salz und die Hälfte der Brühe zugeben. Bei kleiner Hitze 10 Minuten dünsten lassen. Dabei den Topf öfter schütteln. Danach die restliche Brühe zugießen und das Gemüse weitere 20 Minuten garen. Das Stärkemehl in kaltem Wasser verrühren und das Gemüse damit binden.

Zeigen sich die Bördeländer eher ernst, nüchtern und bedächtig, so haben sie doch viel Küchenpoesie. Zu Rüben, für manchen ein unverstandenes Gemüse, fielen ihnen immer wieder wohlschmeckende, oft überraschende Zubereitungen ein. Aber wer glaubt, daß nach einem gelungenen Mahl laut gejauchzt wird, wartet vergebens. Herzensgedanken und Gefühle verbergen sie vor der Außenwelt.

Aprikosenklump
Grießbrei mit Bratschen

APRIKOSENKLUMP
12 Aprikosen
12 Stück Würfelzucker
175 g Butter
175 g Mehl
1 TL Salz
2 Eier
80 g Semmelbrösel
4 EL Puderzucker
Butter zum Beträufeln

GRIESSBREI MIT BRATSCHEN
Für den Grießbrei:
2 EL Rosinen
1/2 Liter Milch
100 g Grieß
1 kräftige Prise Salz
2 Eier
50 g Butter
2 EL Zucker

Für das Bratschenkompott:
250 g Backobst (Pflaumen, Birnen, Äpfel, Aprikosen)
1/2 Liter Apfelsaft
1 Vanilleschote
Zucker nach Geschmack
2 EL Branntwein oder Cognac

APRIKOSENKLUMP
Aprikosen waschen, trockentupfen, halb aufschneiden und entsteinen. In jede Frucht 1 Stück Würfelzucker stecken. 1/8 Liter Wasser aufkochen und 125 g Butter darin schmelzen. Das Mehl sieben und mit 1/2 Teelöffel Salz in das kochende Wasser schütten. Kräftig rühren, bis sich der Teigkloß vom Topfboden löst. Vom Herd nehmen, etwas auskühlen lassen und dann die Eier einarbeiten. Den lauwarmen Teig zu einer Rolle formen, davon 2 cm dicke Scheiben abschneiden, flachdrücken, je 1 Aprikose darin einwickeln. 5 Minuten antrocknen lassen. 2 Liter Wasser mit dem restlichen Salz zum Kochen bringen. Die Klößchen hineinlegen und etwa 10 Minuten gar ziehen lassen. Restliche Butter mit den Semmelbröseln in einer Pfanne bräunen. Die Klöße aus dem Wasser nehmen, gut abtropfen lassen, in den Butterbröseln rollen und mit Puderzucker besieben. Zerlassene Butter darüberträufeln. Dazu Schlagsahne reichen.

GRIESSBREI MIT BRATSCHEN
Die Rosinen in wenig kaltem Wasser einweichen. Die Milch zum Kochen bringen, den Grieß unter Rühren einrieseln lassen. Salz zufügen und alles 8 Minuten kochen lassen, dabei häufig umrühren. Vom Feuer nehmen. Die Eier trennen. Butter mit Zucker und Eigelb verrühren und zusammen mit den Rosinen in den Grießbrei einrühren. Das Eiweiß schlagen und den Schnee unter den Brei heben. Den Brei in mit kaltem Wasser ausgespülte Kompottschälchen verteilen und erkalten lassen. Die Bratschen (Backobst) 2 Stunden in lauwarmem Wasser einweichen. Dann den Apfelsaft mit der Vanilleschote zum Kochen bringen, das abgetropfte Obst zugeben und 20 Minuten köcheln lassen. Nach Belieben zuckern und Branntwein oder Cognac unterrühren. Die Vanilleschote herausnehmen. Den Grießbrei stürzen und das Bratschenkompott darüber verteilen.

Hallorenkuchen

300 g Rosinen
150 g Korinthen
1 Tasse Rum
250 g Butter
200 g Zucker
6 Eier
1 TL abgeriebene unbehandelte Zitronenschale
1 TL Zimt
1 kräftige Prise Muskatblüte
750 g Mehl
2 Päckchen Backpulver
1/2 Liter Milch
150 g süße Mandeln
2 bittere Mandeln
Fett für die Form
Puderzucker nach Belieben

Die gewaschenen Rosinen und Korinthen im Rum vorquellen lassen. Butter, Zucker, Eier, Zitronenschale, Zimt und Muskatblüte schaumig schlagen. Das Mehl mit dem Backpulver vermischen, durch ein Sieb geben und nach und nach mit der Milch zugeben. Den Teig so lange schlagen, bis er glatt ist.
Die süßen und bitteren Mandeln überbrühen, von der Haut befreien und fein hacken. Zusammen mit den abgetropften Rosinen und Korinthen zum Teig geben. Den Backofen auf 220 °C vorheizen. Eine Napfkuchenform einfetten, den Teig einfüllen und im vorgeheizten Backofen 1 Stunde backen. Sobald der Kuchen ausgekühlt ist, dick mit Puderzucker besieben.

Die Hallorenfrauen, die dieses Rezept erfanden, verzierten das Backwerk mit vergoldeten Gewürznelken, ehe sie es als Präsent der Gattin des „Salzgräfen" überreichten. Das geschah jedes Jahr zu Pfingsten, denn da bekamen die Halloren, die Salzwirker, Pfingstbier gratis – als Dank für die geleistete schwere Arbeit. Da wurde gefeiert und getanzt! Und natürlich ging's hinaus auf die Saale zum Fischerstechen, ein Brauch, der sich bis heute erhalten hat: Junge, schmucke, lustige Burschen steigen in Kähne und ertränken mit Hilfe von Stangen eine mit Kleidung behängte Strohpuppe. Sie verkörpert den Winter, den man auf diese Weise zu Grabe trägt. Dem Frühling aber wird kräftig mit Bier zugeprostet.
In der Altmark bereitet man aus solchem Rührteig „Topfkuchen": doppelt so hoch, weil aus der doppelten Menge an Zutaten.

Baumkuchenecken

10 Eier
200 g Zucker
2 Päckchen Vanillezucker
abgeriebene Schale von
1 unbehandelten Zitrone
200 g Butter
100 g Mehl
100 g Stärkemehl
Butter für die Backform
Schokoladenkuvertüre
weiße Kuvertüre

Tip:
Die Backzeit verkürzt sich enorm, wenn man die einzelnen Teigschichten unter dem vorgeheizten Grill jeweils 1 bis 2 Minuten bräunt.

Die Eier trennen. Eigelb, Zucker, Vanillezucker und Zitronenschale so lange schaumig rühren, bis sich der Zucker aufgelöst hat. Die Butter ebenfalls schaumig schlagen, Mehl und Stärkemehl unterrühren. Jetzt die Eigelbmasse zugeben und gut vermischen. Eiweiß zu Schnee schlagen und vorsichtig unter die Teigmasse heben. Den Backofen auf 220 °C vorheizen. Eine Springform ausbuttern, 1 bis 2 Eßlöffel Teig hineingeben, glattstreichen und im vorgeheizten Backofen etwa 4 bis 5 Minuten backen. Auf die gebräunte Schicht erneut 1 bis 2 Eßlöffel Teig geben, glattstreichen und im Backofen 4 bis 5 Minuten bräunen. Diesen Vorgang wiederholen, bis der Teig aufgebraucht ist. Den Kuchen auskühlen lassen und in kleine Ecken schneiden.
Die Kuvertüre im Wasserbad auflösen. Die Kuchenecken mit Hilfe einer Gabel hineintauchen und zum Trocknen auf ein Kuchengitter setzen.

Eines schönen Nachmittags, als die Jungfer Luise im Kochbuch ihres verstorbenen Großvaters blätterte, stieß sie auf ein interessantes Rezept. Es faszinierte sie so sehr, daß sie es sofort mit ihrem Vetter Franz, der ein Zuckerbäcker war, ausprobieren mußte. Luise Lenz hatte den in Vergessenheit geratenen Baumkuchen wiederentdeckt. Dieses Backwerk, das am offenen Feuer mit Hilfe einer drehenden Walze gebacken wird, machte Salzwedel berühmt. Echt ist er aber nur, wenn er Zacken hat, denn die bürgen für die feinste Teigqualität. Zu Hause läßt sich ein originaler Baumkuchen nicht zubereiten. Wer aber einen Vorgeschmack auf diese lieblich-zarte Leckerei bekommen will, kann es mit dieser Variante versuchen. Und das soll man sich merken: „In dei wiede, wiede Welt werd nerning so'n schön Baumkuchen backt as in Soltwedel.“

Bockbierbowle
Sommerbowle

BOCKBIERBOWLE
1/4 Liter Zitronensaft
125 g Zucker
1/4 Liter Korn
2 unbehandelte Zitronen
10 Flaschen Bockbier

SOMMERBOWLE
750 g Aprikosen
100 g Zucker
1/2 Vanilleschote
2 Flaschen Unstrutwein (Ruländer)
1 Flasche Rotkäppchensekt, trocken

BOCKBIERBOWLE
Den Zitronensaft mit Zucker und Korn verrühren. Die Zitronen in Scheiben schneiden, zufügen und alles 24 Stunden kühl stellen. Kurz vor dem Servieren das Bockbier angießen.

Bier gehört zu Sachsen-Anhalt, ob nun mit oder ohne Korn oder als Bowle. Zwei Bergknappen aber tranken dereinst zuviel davon. Das köstliche Naß löste die Zunge, und sie plauderten ein Geheimnis aus: Einmal war ihnen in der Grube das Öl für ihr Geleucht ausgegangen. Während sie in ihrer Verzweiflung nicht ein noch aus wußten, tauchte der Bergmönch auf. „Seid unbesorgt", sagte er, füllte die Grubenlampen voll Öl und deutete auf eine Wand, aus der plötzlich Erz schimmerte. Das bedeutete für die Bergknappen viele Monate Arbeit, Lohn und sorgenfreies Leben. Ehe der Mönch verschwand, mußten sie versprechen, niemandem von diesem Ereignis zu erzählen. Eine Weile hielten sich die Knappen daran – bis zu dem Tag, als der „Gerstensaft" ihnen die Sinne raubte. Seitdem waren ihre Lampen wieder ohne Öl, und das Erz war verschwunden.

SOMMERBOWLE
Die Aprikosen waschen, trocknen, halbieren und entsteinen. In ein Bowlengefäß legen. Den Zucker in 4 Eßlöffel Wasser erhitzen, auflösen und abgekühlt über die Früchte geben. Die Vanilleschote der Länge nach halbieren und zu den Früchten geben. 1 Flasche Wein darübergießen und alles im gut verschlossenen Gefäß 2 Stunden durchziehen lassen. Danach die zweite Flasche Wein zugeben. Erst kurz vor dem Servieren den eisgekühlten Sekt zugießen.

Rotkäppchen

Schmelztiegel zwischen Oder und Elbe

Ob flämische Bauern im Mittelalter, französische Hugenotten, Böhmen und Niederländer nach dem Dreißigjährigen Krieg, Schlesier und Sachsen zu Zeiten Friedrichs des Großen oder die Alliierten aus Ost und West in der jüngsten Vergangenheit – sie alle kamen und blieben in Berlin und Brandenburg, brachten ihre Sprache, Kultur und nicht zuletzt ihre eigene Küche mit.

Nicht nur die saftigen Wiesen des Oderbruchs, auch der fruchtbare märkische Sand und die Flüsse und mehr als tausend Seen Brandenburgs liefern dazu alle lukullischen Zutaten:

Spargel und Pilze im Fläming, Fisch und Wild aus dem Spreewald, Obst und Gemüse im Havelland ...

Letzterem setzte nicht nur der Dichter Theodor Fontane mit den ach so süßen Birnen des Herrn von Ribbeck ein literarisches Denkmal.

Auch Albert Einstein hat in seinem Sommerhaus in Caputh am Schwielowsee sicher so manch relativ geistreiche Theorie entwickelt. Pflaumen und Pfirsiche, Süß- und Sauerkirschen werden im nahegelegenen Werder nämlich nicht nur zu Kompott verarbeitet, sondern vor allem zu Obstweinen, die es in sich haben! Köstliches wächst in Brandenburg aber nicht nur über, sondern vor allem auch in der Erde. Die unscheinbaren Rübchen aus dem ansonsten unfruchtbaren Teltower Boden sind so einzigartig im Geschmack, daß sie nicht nur in Frankreich und Italien als ausgesuchte Delikatesse gelten. Sogar Goethe war solchermaßen begeistert von ihrem süßlich-erdigen Geschmack, daß er sich regelmäßig eine Portion davon mit der Schnellpostkutsche ins thüringische Weimar bringen ließ.

Was wären all die köstlichen Karpfen, Hechte, Forellen oder Welse aus dem malerischen Spreewald ohne den frischen Meerrettich, der dort noch liebevoll von Hand ‚angehoben' wird? Oder Kartoffeln und Quark ohne kaltgepreßtes Spreewälder Leinöl?!

Während die Bewohner Brandenburgs also eine bodenständige und doch raffinierte Küche zu schätzen wissen, geben sich die Berliner in kulinarischer Hinsicht eher spröde. Wer erwartet hätte, daß sie sich aus einem Sprachen- und Geschmacksgewirr von fast zweihundert Nationalitäten das Beste ausgeguckt und ihren Kochtöpfen einverleibt hätten, wird enttäuscht. Was das Essen angeht, ist der schlagfertige Berliner eher konservativ: bösartige Zungen behaupten, die letzte lukullische Neuerung seit Erfindung der Erbswurst durch den Berliner Koch Grüneberg anno 1867 sei die Entdeckung der Currywurst an einer Hohenschönhausener Imbißbude gewesen.

Aber nach Berlin kommt man nicht des Essens wegen, sondern wegen der guten weltstädtischen Luft – selbst ein Heinrich Heine hat sich hier mit Buletten zufriedengegeben. Wozu übrigens eine Berliner Weiße mit Schuß oder eine Molle mit Korn nicht fehlen darf.

cameras
MINOLTA

Cottbuser Hühnchen-Soufflé

1 gekochtes oder gebratenes Huhn (600–800 g)
40 g Butter, 40 g Mehl
1/2 Liter Hühnerbrühe, 1/4 Liter süße Sahne
Salz, 6 Eier, 1 EL geriebener Parmesan
Butter für die Förmchen, 1 Bund Petersilie

Tip:
Es gibt viele Gründe, warum ein Soufflé zusammenfallen kann, der häufigste ist ein kühler Luftzug, wenn es gerade aus dem Ofen kommt. Dann ist nicht Verzagen angesagt, denn diese Soufflés schmecken auch eingestürzt vorzüglich.

Das gekochte oder gebratene Huhn enthäuten, das Fleisch von den Knochen lösen und sehr fein schneiden. Die Butter erhitzen, das Mehl darin verrühren und vom Herd nehmen. Die Hühnerbrühe und die süße Sahne dazugeben, mit Salz würzen und diese Creme bei mittlerer Hitze so lange mit dem Schneebesen schlagen, bis sie glatt und dick ist. Die Eier trennen und die Eigelbe langsam unter die Creme rühren, den Parmesankäse dazugeben und das Hühnerfleisch hinzufügen, vorsichtig aber gründlich umrühren, etwa 5 Minuten durchziehen lassen und kalt stellen. Die Eiweiße steif schlagen und unter die erkaltete Creme ziehen. Kleine Souffléförmchen buttern und mit der Creme bis 1 cm unter den Rand füllen, auf einem Blech in den auf etwa 120 °C vorgeheizten Backofen schieben und so lange darin lassen, bis die Soufflés hoch aufgegangen und braun sind. Das dauert etwa 30 Minuten. Mit frischer abgezupfter Petersilie garniert sofort servieren.

Brandenburger Haferklößchen-Suppe

Für die Haferklößchen:
2 EL Butter
200 ml Gemüsebrühe
100 g Haferschrot
1 Ei
1 Bund feingehackte Petersilie
Salz
Pfeffer
Muskat

Für die Suppe:
1 mittelgroße Zwiebel
1 Karotte
1 Stange Lauch
1 EL Butterschmalz
1/4 Liter Milch
1/2 Liter Gemüsebrühe
Salz
Pfeffer
2 Kästchen Kresse
1/8 Liter süße Sahne

Für die Haferklößchen: Die Butter mit der Gemüsebrühe erhitzen und aufkochen lassen, den Haferschrot unterrühren. Etwa 1 Minute unter Rühren kochen lassen. Das Ei verquirlen und mit der Petersilie unter die Hafermasse rühren. Mit Salz, Pfeffer und frisch geriebenem Muskat abschmecken. Mit einem Teelöffel kleine Klößchen abstechen und in ausreichend heißem Salzwasser bei kleiner Hitze garziehen lassen. Sobald die Klößchen an die Oberfläche steigen, sind sie gar. Klößchen herausnehmen und warm stellen. Für die Suppe: Die Zwiebel schälen und würfeln, die Karotte putzen und in dünne Scheiben schneiden, den Lauch abziehen und in Ringe zerteilen. Das zerkleinerte Gemüse in dem zerlassenen Butterschmalz unter Rühren etwa 2 Minuten anbraten. Mit der Milch und der Gemüsebrühe ablöschen und das Ganze etwa 15 Minuten köcheln lassen. Vom Herd nehmen, mit Salz und Pfeffer würzen und die kleingeschnittene Kresse in die Brühe geben, etwas von der Kresse für die Garnitur zurückbehalten. Die Suppe mit dem Handmixer gut pürieren, nochmals abschmecken und bei Bedarf nachwürzen. Die halbsteif geschlagene Sahne unter die Suppe ziehen. Die Klößchen einlegen und mit der restlichen Kresse garnieren.

Getreide war einst neben Kartoffeln das Grundnahrungsmittel, in Form von Haferklößchen ist das Korn allerdings schon stark verfeinert worden. Diese ungewöhnliche Suppe wird Sie vom kulinarischen Wert und der Schmackhaftigkeit dieses fast in Vergessenheit geratenen Korns überzeugen.

Berliner Löffelerbsen mit Schweinsfüßchen

200 g gelbe ungeschälte Erbsen
4 Schweinsfüßchen
1 Karotte
2 mittelgroße Zwiebeln
1/2 kleine Sellerieknolle
1 Lorbeerblatt
Salz
Pfeffer
1 EL Majoran

Tip:
Die berühmten Berliner Löffelerbsen können auch mit Schweinsohren und Schweineschnauze, beides gepökelt, zubereitet werden. Deshalb auch nur vorsichtig salzen, denn das gepökelte Fleisch ist ja bereits salzig.

Die Erbsen verlesen, gut waschen und 6 bis 7 Stunden in 1 1/2 Liter kaltem Wasser einweichen. Die Schweinsfüßchen gut waschen. Die Karotte, die Zwiebeln und den Sellerie putzen und in kleine Würfel schneiden. Die Schweinsfüßchen und das Gemüse zu den Erbsen in das Einweichwasser geben. Das Lorbeerblatt hinzufügen und mit wenig Salz und Pfeffer würzen. Das Ganze so lange kochen, bis die Erbsen weich, jedoch nicht zerkocht sind. Das dauert je nach Alter der Erbsen 1 bis 2 Stunden. Bei Bedarf noch etwas Wasser zugießen. Die Schweinsfüßchen herausnehmen, das Fleisch von den Knochen ablösen, in kleine Stückchen schneiden und wieder in die Suppe geben. Kurz vor dem Servieren den Majoran unterrühren und nochmals mit Salz und Pfeffer würzen.

Die Berliner Löffelerbsen waren für eine ganze Generation von Studenten oft die einzige Nahrung. Denn die Brüder Aschinger – sie kamen 1892 nach Berlin – gründeten eine Kette von Restaurants und „Bierquellen", wo sehr gutes und sehr preiswertes Essen angeboten wurde. So auch Löffelerbsen, zu denen die Herren Studiosi so viele Schrippen verzehren konnten, wie sie wollten. Natürlich ohne Bezahlung. 1928 etwa produzierten die Aschingers einhundertvierzigtausend Schrippen pro Tag, die im wahrsten Sinne des Wortes weggingen wie die warmen Semmeln.

STADTPLAN BERLIN

Variationen mit Aal

AAL GRÜN MIT SAHNESAUCE
1 kg Aal (küchenfertig)
1 Petersilienwurzel
2 mittelgroße Zwiebeln
Salz, 10 Pfefferkörner
10 Pimentkörner
5 Petersilienstengel
1 EL Salbeiblättchen
1 EL abgezupfter Dill
1 EL gehackter Estragon
Für die Sauce:
50 g Butter
30 g Weizenmehl
1/8 Liter süße Sahne
1 EL abgezupfter Dill
1 EL gehackte Petersilie
Salz, 1 EL Zitronensaft

AAL IN WEISSBIER
1,5 kg Flußaal (küchenfertig und enthäutet)
1 Bund Suppengrün
70 g Butter
1 kleine Flasche Weißbier
1 Lorbeerblatt
3 EL feingeriebenes Schwarzbrot
Für die Sauce:
1/8 Liter süße Sahne
Salz, Pfeffer
Saft von 1/2 Zitrone
50 g Butter
1 EL Salbeiblättchen
1 EL abgezupfter Dill

AAL GRÜN MIT SAHNESAUCE (oben)
Den küchenfertigen, abgezogenen Aal waschen und in etwa 3 cm lange Stücke schneiden. Die Petersilienwurzel und die Zwiebeln schälen und kleinschneiden und zusammen mit den Pfeffer- und Pimentkörnern sowie den Kräutern in 1,5 Liter Salzwasser erhitzen und etwa 15 Minuten kochen lassen. Die Aalstücke in den Sud geben und weitere 15 Minuten ziehen lassen. Herausnehmen, abtropfen lassen und warm stellen.
Für die Sauce die Butter erhitzen und mit dem Mehl unter Rühren eine helle Schwitze bereiten. Die Hälfte des Suds durch ein Sieb geben und unter Rühren zu der Schwitze gießen, die Sahne hinzufügen und auf 400 bis 500 ml zu einer sämigen Sauce einkochen. Dill und Petersilie darunterrühren, mit Salz würzen und mit dem Zitronensaft abschmecken. Die abgetropften Aalstücke mit der Sauce überziehen, mit Salzkartoffeln und Gurkensalat servieren.

AAL IN WEISSBIER (unten)
Den Aal waschen, trockentupfen und in etwa 5 bis 6 cm lange Stücke zerteilen. Das Suppengrün putzen und in Würfel schneiden. Die Butter in einem Schmortopf erhitzen, das Suppengrün leicht darin anbraten. Die Aalstücke dazugeben und das Weißbier darübergießen. Lorbeerblatt und geriebenes Schwarzbrot zufügen und etwa 15 Minuten köcheln lassen. Den Aal herausnehmen und warm stellen. Für die Sauce das Lorbeerblatt entfernen und den Sud auf etwa 1/4 Liter einkochen lassen. Die süße Sahne hinzufügen, erhitzen und mit Salz und Pfeffer würzen. Mit Zitronensaft abschmecken und die Butter bis auf 1 Teelöffel unterrühren. Salbei und Dill in der restlichen Butter kurz anbraten. Die Sauce mit dem gewürfelten Suppengrün über die Aalstücke gießen, die Salbei-Dill-Mischung darübergeben. Als Beilage eignen sich Petersilienkartoffeln sehr gut und – natürlich – frischer Salat.

Krebse in Dillsauce

24 Flußkrebse
1 Bund Suppengrün
1 große Zwiebel
1 Liter Weißwein
1/2 Liter Fleischbrühe
2 Bund Dill
Salz
Pfeffer
Kümmel

Für die Sauce:
1 große Zwiebel
75 g Butter
Saft von 1/2 Zitrone
1/8 Liter saure Sahne
1 Bund feingehackter Dill

Die Krebse gut waschen. Das Suppengrün und die Zwiebeln putzen, zerkleinern und in der Mischung aus Weißwein und Fleischbrühe aufkochen lassen. Den Dill von den Stengeln zupfen, in den Sud geben und mit Salz, Pfeffer und Kümmel würzen. Die Krebse in den aufgekochten Sud legen und zugedeckt etwa 12 Minuten ziehen lassen. Die Krebse aus dem Sud nehmen und aufbrechen. Das Krebsfleisch herausnehmen, dabei den fadenförmigen dunklen Darm vorsichtig entfernen.
Für die Sauce: Die Zwiebel schälen, sehr fein würfeln und in der Butter hellbraun anrösten. Mit dem Sud aufgießen, mit Zitronensaft abschmecken und bis auf 1/2 Liter einkochen lassen. Das Krebsfleisch dazugeben, die saure Sahne unterziehen und nach erneutem Abschmecken und eventuellem Nachwürzen mit Dill bestreuen.
Mit Stangenweißbrot oder wildem Reis servieren. Dazu paßt ein trockener Weißwein.

Es gibt zwei Möglichkeiten, Krebse zuzubereiten, die je nach Temperament und Empfindsamkeit wahrgenommen werden sollten. Einmal können Sie die Krebse von Anfang an selbst zubereiten. Das ist aber nichts für sanfte Gemüter, denn die gewaschenen Krebse werden lebend in sprudeln kochendes Salzwassen gegeben. Da ist es vielleicht angenehmer, sie schon abgekocht beim Feinkosthändler zu beziehen.

Havelzander à la Papa Zille

1,5 kg ausgenommener Zander mit Gräte
Saft von 1 Zitrone
2 EL Weizenmehl
40 g Butterschmalz
50 g Butter
1 Bund Petersilie

Den Zander sauber putzen und waschen und in gut fingerdicke Scheiben schneiden. Mit Zitronensaft beträufeln, mit Mehl bestäuben und in heißem Butterschmalz auf beiden Seiten je etwa 6 Minuten schön braun braten. Auf einer vorgewärmten Platte anrichten, mit der schäumend ausgelassenen Butter übergießen und der frisch gehackten Petersilie garnieren. Sehr heiß servieren. Mit Kartoffelsalat (statt Mayonnaise zerlassenen Speck nehmen) und gemischtem grünen Salat servieren.

In der Nacheiszeit war der Zander über die Elbe in die Havel und ihre vielen Seen gezogen. Bis etwa 1960 erfreute er sich allergrößter Beliebtheit, denn der spezielle feine Sand auf dem Havelgrund war Lebensraum für viele Kleintiere, die dem Zander als Nahrung dienen und mitverantwortlich sind für den feinen, aromatischen Geschmack des Fisches. Ende der 60er Jahre wurde er immer seltener, weil die Gewässer mehr und mehr verschmutzten. Heute gibt es diesen Edelfisch wieder in hervorragender Qualität, denn Fluß und Seen sind weitgehend wieder sauber.
Der weltbekannte Zeichner Heinrich Zille war, wie viele „echte" Berliner, ein „Außerhalbscher" – er wurde in Sachsen geboren. Der stets einfach gebliebene Künstler hat in Hunderten seiner Zeichnungen Berliner Typen und Originale festgehalten und sie damit unsterblich gemacht. Zille, selbst ein Berliner Original, wurde von den kleinen Leuten liebevoll „Papa Zille" genannt und verkehrte viel in Kneipen, am liebsten im „Nußbaum", wo er Havelzander in der hier beschriebenen Zubereitungsart besonders schätzte.

Hecht in Spreewälder Sauce

Für 6 Personen

Für den Sud:
1 Bund Suppengrün
2 große Zwiebeln
2 Lorbeerblätter
8 Pimentkörner
Salz
weißer Pfeffer
2 kg Hecht (küchenfertig)

Für die Sauce:
1/2 Liter Hechtsud
1/8 Liter Buttermilch
1/8 Liter saure Sahne
4–5 EL Weizenmehl
1/4 Liter helles Bier
1/4 Liter Malzbier
80 g Butter, Salz
Petersilie, Dill

Für den Sud: Das Suppengrün putzen und kleinschneiden. Die Zwiebeln schälen und vierteln. Suppengrün und Zwiebeln mit den Gewürzen in 2 Liter Wasser geben und reichlich 10 Minuten kochen lassen. Den küchenfertig vorbereiteten Hecht in Portionsstücke zerteilen, in den Sud geben und auf kleiner Hitze 10 Minuten garen lassen.
Für die Sauce: 1/2 Liter Hechtsud abnehmen, darin die Buttermilch und die saure Sahne verrühren und mit Mehl, das in etwas Wasser glattgerührt wurde, binden. Das Bier hinzufügen und alles kurz aufkochen lassen. Die Butter unterrühren und mit Salz abschmecken. Die Hechtstücke auf eine vorgewärmte tiefe Platte oder Schüssel geben, mit der Sauce übergießen und mit abgezupfter Petersilie und Dill bestreuen.

Diese Rezeptur kommt direkt aus dem Herzen des Spreewaldes, aus dem zauberhaften Örtchen Lehde, nur einen halbstündigen Spaziergang entlang der Spreewaldfließe von Lübbenau entfernt. Vom Gasthaus mit dem bezeichnenden Namen „Fröhlicher Hecht" kann man beim Speisen in Muße die Fährmänner und Fährfrauen beobachten, die mit ihren Kähnen und einem vier Meter langen Ruder durch die Fließe staken. In jeder Saison werden so beim Transport von Personen und Waren pro Person runde 1500 Kilometer Strecke bewältigt.

Bulette – Berliner Weltmacht

Für 16 bis 20 Stück

500 g Rindfleisch
500 g Schweinefleisch
2 Schrippen (2 Tag alt)
2 große Zwiebeln
100 g Butterschmalz oder Schmalz
2 Eier
Salz, Pfeffer

Übrigens
Der „Falsche Hase" und auch Kalbsbrisoletten sind enge Familienangehörige der Bulette, nur Rezeptur und Form sind verändert. Kommen gar noch süße Sahne, Butter und Mehl hinzu, entstehen die in Berlin ebenfalls beliebten Königsberger Klopse, die ein unbekannter Dichter einst so besang: „Ick sitze da und esse Klops. Uff eenmal kloppt's. Ick kieke, staune, wundre mir – uff eenmal jeht se uff, de Tür. Nanu denk' ich, ich denk' nanu, jetzt isse uff, erst war se zu? Ich stehe uff und kieke – und wer steht draußen? – Icke!"

Das Fleisch durch die feine Scheibe des Fleischwolfes drehen und gut vermengen. Die Schrippen in kaltem Wasser einweichen und nach etwa 5 Minuten gut ausdrücken. Die Zwiebeln schälen, kleinhacken und in etwas Butterschmalz oder Schmalz glasig andünsten. Das Fleisch mit den zerpflückten Schrippen und den Zwiebeln gut vermischen, die beiden Eier hinzufügen, das Ganze mit Salz und Pfeffer nach Belieben würzen und alles gut durcharbeiten. Je nach gewünschter Größe 16 bis 20 abgeflachte Kugeln formen und in Butterschmalz oder Schmalz beidseitig 5 bis 8 Minuten braten. Mit dem Bratfett übergossen servieren. Sind die Buletten heiß, werden sie vorzugsweise mit Kartoffelsalat oder Salzkartoffeln gegessen. Zumeist aber werden sie lauwarm oder kalt genossen, natürlich mit Mostrich und Knüppel – eine Schrippenart, die schmaler und länger ist als die Durchschnittsschrippe und mit einem Schuß Milch im Teig produziert wird.

Wie schon der Hackepeter beweist auch die Bulette die Berliner Vorliebe für gehacktes Fleisch. Der Einfluß der Hugenotten, die einst der Große Kurfürst nach Berlin und Brandenburg holte, ist unverkennbar, wenn es an die Ursprungssuche der Bulette geht. Die Kugel – französisch „boule" – war vormals Muster für den Fleischklops, der heute je nach Landschaft Frikadelle, Pflanzerl oder gar „Bremsklotz" genannt wird. Er unterschied sich von all seinen Verwandten durch eine feine Panierung. Die Kugelform wie die Panierung sind irgendwann auf der Strecke geblieben.
Die Berliner Bulette aber ist immer noch eine Weltmacht, gegen die selbst der mächtige US-Nachfolger Hamburger in der Hauptstadt ganz schön zu kämpfen hat.
Die Bulette hat seit eh und je ihren Stammplatz in Tausenden von Berliner Kneipen in Glaskästen – genannt "Hungerturm" – oder großen Bonbongläsern direkt auf der Theke.

Senf

Berliner Eisbein

2 kg gepökeltes Eisbein
5 Pimentkörner
4 Pfefferkörner
3 Lorbeerblätter
1/2 TL Kümmel
2 mittelgroße Zwiebeln
1 TL Zucker

Tip:
In Berlin sind Sauerkraut und Erbspüree (Rezept Seite 206) als Beilage unverzichtbar; Salzkartoffeln „dürfen, müssen aber nicht" sein. Ein kühles Bier – eene Molle – gehört unbedingt auch dazu.

Das portionierte Eisbein sorgfältig säubern, waschen, gut abtrocknen und zusammen mit den Gewürzen und den Zwiebeln in reichlich Wasser bei mittlerer Hitze etwa 1 Stunde gar kochen lassen. Nach den ersten 20 Minuten den Zucker hinzufügen, er sorgt für einen appetitlichen „Schweinchen-Farbton".

Eisbein ist wohl das typischste Gericht der Berliner Küche und auch hier geboren, obwohl inzwischen weltweit bekannt und beliebt. Küchenhistoriker haben herausgefunden, daß das Eisbein Anfang 1800 in einer Gaststätte am ehemaligen Görlitzer Bahnhof zur Welt kam. Warum es aber „Eisbein" heißt, ist eine andere Geschichte, die allen, die es gekocht, gepökelt, gebraten oder gegrillt mögen, unbekannt sein dürfte:
Die Berliner kennen seit mehr als 300 Jahren das Schlittschuhlaufen als äußerst beliebten Freizeitsport, wozu die vielen Seen in und um Berlin reichlich Gelegenheit geben. Ehe nun aber Krupp in Essen um 1840 Stahl industriell und damit bezahlbar herstellte, waren die Kufen der Schlittschuhe nur aus Eisen, hielten somit wenig länger als einen Winter. Da kam ein findiger Kopf auf die Idee, den bekanntermaßen sehr harten und widerstandsfähigen Kniebeinknochen des Schweins zu nehmen und daraus Gleitkufen für Schlittschuhe zu schneiden. Sehr schnell war dann der Name „Eisbein" in aller Munde.

Kalbsbrust mit Stachelbeeren

1 kg Kalbsbrust
Salz
Pfeffer
100 g Butter
2 EL Olivenöl
1 große Karotte
1 große Zwiebel
1 Petersilienwurzel
1/4 Liter Weißwein
1/4 Liter Fleischbrühe

Für die Sauce:
1/2 TL Zimt
1 TL abgeriebene unbehandelte Zitronenschale
400 g Stachelbeeren
4 Schalotten
2 EL Zucker
30 g Butter
2 Eigelb
2 EL süße Sahne

Die Kalbsbrust waschen, trockentupfen, mit Salz und Pfeffer einreiben. Die Butter und das Olivenöl in einem Bratentopf erhitzen und die Kalbsbrust darin von allen Seiten gut anbraten. Karotten, Zwiebel und Petersilienwurzel putzen, waschen, würfeln und mit anbraten. Nach etwa 10 Minuten die Hälfte des Weißweins und der Fleischbrühe zu dem Fleisch geben und im Backofen bei 175 °C etwa 80 bis 90 Minuten schmoren lassen. Ab und zu das Fleisch mit dem Bratensatz, dem Rest Weißwein und Brühe begießen.

Für die Sauce: Zimt, Zitronenschale und 200 g Stachelbeeren mit in den Bratensaft geben und das Ganze weitere 25 bis 30 Minuten schmoren lassen. Die Schalotten abziehen und würfeln. Den Zucker in der Butter in einem Topf leicht karamelisieren lassen, die Schalotten hinzufügen und bei ständigem Rühren 5 Minuten anschwitzen. Den Rest Stachelbeeren dazugeben und weich dünsten. Das Fleisch aus dem Bratentopf nehmen und warm stellen. Bratenfond mit Gemüse durch ein Haarsieb streichen oder mit dem Mixstab pürieren, mit Salz und Pfeffer abschmecken und in diese Sauce die gedünsteten Stachelbeeren und die Schalotten geben. Die Eigelbe mit der Sahne gut verrühren und unter die Sauce ziehen. Keinesfalls mehr kochen. Dazu serviert man Kartoffelmus und einen knackigen gemischten Salat.

Dieses vorzügliche, wenngleich ungewöhnliche Rezept stammt von Auguste Fontane, der Großmutter des Brandenburger Dichters Theodor Fontane, der es nicht genug rühmen konnte. Und weil der Ehemann von Frau Auguste Kabinettssekretär der Königin Luise war, wurde das Gericht auch bald bei „Königs" auf den Speiseplan gesetzt.

Berliner Kasseler Braten mit Erbspüree

3 Zwiebeln
2 Pimentkörner
1/2 TL Kümmel
Majoran
1/2 TL Zucker
800 g Kasselerkamm

Für das Erbspüree:
500 g getrocknete gelbe Erbsen
2 mittelgroße Zwiebeln
50 g Butter
oder 80 g magerer Speck
Salz
Majoran nach Belieben

Die Zwiebeln schälen, vierteln und mit den Gewürzen, dem Zucker und dem Kasseler in einen Topf mit Wasser geben, so daß das Fleisch völlig bedeckt ist. Etwa 1 Stunde köcheln lassen. Den fertigen Braten in Scheiben schneiden und beim Servieren etwas von der durch ein Haarsieb gelaufenen Brühe geben. Als Beilage sind Erbspüree und Sauerkraut in Berlin ein absolutes Muß, „und wenn's denn unbedingt sein muß, kann's ooch Salzkartoffeln dazu jeben."
Für das Erbspüree: Die Erbsen über Nacht einweichen, abgießen und sorgfältig dunkle Erbsen oder Spelzen auslesen. In frischem Wasser bei milder Hitze in etwa 1 Stunde weich kochen. Die Zwiebeln schälen und sehr klein schneiden, in der Butter oder dem klein geschnittenen Speck dünsten. Die Erbsen durch ein Haarsieb passieren oder im Mixer pürieren. Die Zwiebeln mit dem Erbspüree gut verrühren und mit Salz und Majoran abschmecken.

Am guten alten Kasseler hängt – oft selbst bei professionellen Köchen! – ein großer Irrtum. Mit der nordhessischen Stadt Kassel nämlich hat dieses köstliche Fleischgericht nicht das mindeste zu tun. Vielmehr erblickte das Kasseler in der Berliner Potsdamer Straße 15 (in Schöneberg) das Licht der Kochtöpfe, beim Schlächtermeister Cassel. Der hatte ganz einfach einen angeräucherten Schweinerücken in eine Salzlake gelegt – und schon florierte sein gutgehender Fleisch- und Wurstladen noch besser. In alten Familienrezepten derer von Treskow findet sich noch die Zubereitungsart der Jahrhundertwende, wonach ein richtiger Kasseler keiner Gewürze bedurfte, „denn aus dem Bratensatz, etwas Sahne, etwas heißem Wasser und einer Prise Kartoffelmehl zum Binden entsteht eine überaus delikate Sauce." Und so sagt noch heute mache Berliner Hausfrau: „Also, wenn ick Jewürze brauche, hat der Schlächtermeester nich funzioniert!"

Spreewälder Meerrettichlende

800 g Rinderlende
2 EL Walnußöl, Salz
frisch gemahlener schwarzer Pfeffer
70 g Butter, 4 mittelgroße Zwiebeln, 1 Knoblauchzehe
1/4 Liter Fleischbrühe, 3 Äpfel, 1 EL Mehl
5 EL süße Sahne, 1 EL mittelscharfer Senf
3 EL frisch geriebener Meerrettich, 3 EL Johannisbeergelee
weißer Pfeffer, 1 EL Zitronensaft

Die Lende waschen, gut abtrocknen und mit dem Öl, Salz und Pfeffer einreiben. Die Butter bis auf einen kleinen Rest erhitzen und die Lende darin von allen Seiten kurz anbraten. Die Zwiebeln schälen, in Scheiben schneiden und mit der feingehackten Knoblauchzehe zum Fleisch geben, kurz anbraten und mit der Fleischbrühe auffüllen. Im zugedeckten Topf 40 Minuten garen lassen.
Die Äpfel in Würfel schneiden und in der restlichen Butter andünsten. Das Mehl mit der süßen Sahne verrühren, Senf und Meerrettich unterheben, zu den Äpfeln geben und unter ständigem Rühren 1 bis 2 Minuten schmoren lassen. Das Johannisbeergelee vorsichtig daruntermischen, alles kurz aufwallen lassen. Den Bratfond durch ein Haarsieb passieren, dazugeben, mit Salz, Pfeffer und Zitronensaft abschmecken. Die Lende aus dem Topf nehmen, in Scheiben schneiden und mit Salzkartoffeln und der Sauce auf angewärmten Tellern servieren.

Echte Feinschmecker ziehen frischen Meerrettich aus dem Spreewald unbedingt vor und verzichten, wann immer es geht, auf Meerrettich-Konserven, denn nur frisch gerieben oder gehobelt entfaltet er seine überwältigende Würzkraft und den angenehmen scharfen Geschmack.

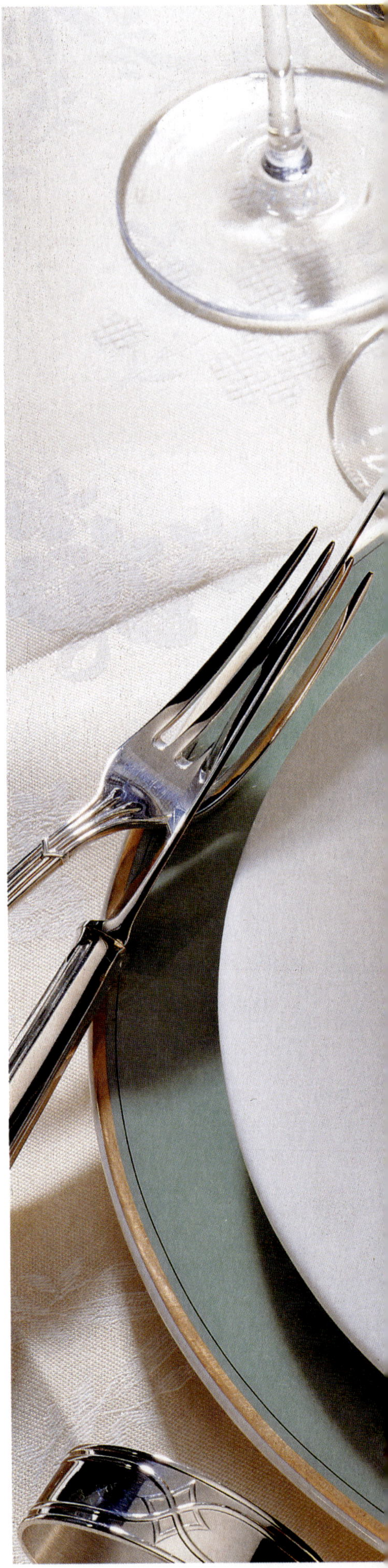

Fläminger Hasenmedaillons flambiert

1 Hasenrücken (600–800 g)
Salz
50 g magerer Speck
2 EL Olivenöl

Für die Beilage:
300 g frische Pfifferlinge
1 Zwiebel
40 g Butter
Pfeffer
5 EL saure Sahne
1 TL Kartoffelmehl
nach Belieben
Saft von 1/2 Zitrone
1 Bund Petersilie

Zum Flambieren:
4 EL Cognac

Den Hasenrücken waschen, abtrocknen, sauber enthäuten und das Fleisch vom Knochen lösen. In etwa 2 cm dicke Scheiben schneiden, leicht flachklopfen und mit Salz bestreuen. Den Speck in kleine Würfel schneiden und in dem erhitzten Öl auslassen, bis er goldgelb ist. Die Medaillons von beiden Seiten darin braten, jede Seite etwa 2 bis 3 Minuten. Für die Beilage: Die Pfifferlinge putzen, waschen und trockentupfen. Die Zwiebel schälen und würfeln, in der zerlassenen Butter goldgelb andünsten lassen, die Pfifferlinge dazugeben und etwa 10 Minuten mitdünsten. Mit Salz und frisch gemahlenem Pfeffer würzen und die saure Sahne hinzugeben. Nach Belieben mit in einem Eßlöffel kaltem Wasser angerührtem Kartoffelmehl binden und mit Zitronensaft beträufeln. Den Bratensatz mit etwas Wasser loskochen und zu den Pilzen geben. Die Pfifferlinge um die Medaillons arrangieren und mit gehackter Petersilie bestreuen. Am Tisch das Fleisch mit dem angewärmten Cognac übergießen und anzünden. Als Beilage passen am besten Salzkartoffeln, auch Wildreis schmeckt gut dazu.

Wie könnte es anders sein, als daß dieses Rezept, so sagen wenigstens alte Fläminger, aus dem Kloster Zinna stammen soll. Die Mönche des 1171 gegründeten Zisterzienserklosters kannten das Wohlleben sehr gut, fand doch 1759 ein gewisser Johann Christian Falckenthal im Klosterarchiv zu Zinna auch ein Rezept für einen hervorragenden Kräuterlikör, der von da an bis heute als „Zinnaer Klosterbruder“ produziert wird. Gleichwohl sollte man zum Flambieren der Fläminger Hasenmedaillons Magenbitter nicht nehmen.

Weltausstellung
BITTERE
werden nach dem
Rezept des Geh.
Dr. Carl Mampe
hergestellt und sind
Produkt unseres
45
Berlin

Teltower Rübchen

750 g Teltower Rübchen
2 EL Weinessig, 1 EL Butter
1 EL Zucker, 1/4 Liter Fleischbrühe, Salz

Tip:
Teltower Rübchen sind außerhalb von Brandenburg und Berlin nur mit Schwierigkeiten zu beschaffen. Erfreulicherweise nimmt der Anbau wieder zu. Als Ersatz können auch junge Mairübchen genommen werden, obwohl der ganz besondere Teltower-Rübchen-Geschmack dann fehlt.

Die Teltower Rübchen putzen und waschen. Große Rübchen längs halbieren. Ausreichend Wasser mit dem Essig versetzen, die Rübchen hineinlegen und etwa 30 Minuten darin lassen. Die Butter in einem Topf erhitzen, den Zucker hinzufügen und beides bei ständigem Rühren bräunen, nicht zu dunkel werden lassen, damit die Masse nicht bitter wird. Die Rübchen aus dem Essigwasser nehmen, gut abtrocknen und in den Topf mit dem gebräunten Zucker geben. Mehrmals wenden und mit der Fleischbrühe ablöschen. Bei mittlerer Hitze etwa 20 bis 25 Minuten schmoren lassen. Teltower Rübchen passen besonders gut zu Entenbraten, zu Fasan und zu Niederwild wie Hase und Wildkaninchen.

Und zur Molle: Hackepeter und Soleier

HACKEPETER
400 g mageres Schweinefleisch
300 g fettes Schweinefleisch
2 Zwiebeln
Salz
schwarzer Pfeffer aus der Mühle
Für die Garnitur:
Gewürzgurken
Kapern
Sardellen nach Belieben

SOLEIER
12 Eier
200 g Salz
1 TL Kümmel
1 TL Zucker

Übrigens:
In „echten" Berliner Kneipen stehen auf der Theke große Gläser mit Soleiern, zumeist direkt neben dem „Hungerturm", einem Glaskasten, der Hackepeter-Schrippen, Gewürzgurken und andere Häppchen beherbergt. Überkommt den Kneipisten zwischen einigen Mollen ein Hüngerchen, ißt er gern ein Solei, wobei das geschälte ganze Ei kräftig in Mostrich gestippt wird.

HACKEPETER
Das Schweinefleisch in Stücke schneiden und – immer abwechselnd mager und fett – durch den Fleischwolf drehen. Keinesfalls den Mixer nehmen, weil das Fleisch dann zu Mus gerät. Zwiebeln schälen, in sehr kleine Würfel schneiden und unter das durchgedrehte Fleisch mischen. Das Ganze vorsichtig, aber gründlich vermengen und je nach Geschmack mit Salz und schwarzem Pfeffer aus der Mühle würzen.
Auf halben Schrippen serviert, ist es für Berlin typisch. Zur Perfektion gehört eine Garnitur aus in Streifchen geschnittenen Gewürzgurken und einigen Kapern, die nach Belieben um ein Sardellchen ergänzt werden kann.

SOLEIER
Die Eier hart kochen, abschrecken und ringsherum die Schale leicht eindrücken. Salz, Kümmel und Zucker in reichlich 1 Liter Wasser zu einer Sole verrühren und die hartgekochten Eier hineinlegen. Sie sollten mindestens 24 Stunden, besser sind 2 bis 3 Tage, in der Sole ziehen.
Zu Soleiern passen hervorragend Schrippen und eine „Molle".

Im Jahre 1903 war es, als der Kneipier Eduard Martin in seiner Eckkneipe Landsberger Straße den Hackepeter erfand, tüftelte er doch dauernd etwas Besonderes für seine Gäste aus. Heute wird Hackepeter kaum noch in der heimischen Küche zubereitet, weil jeder Berliner Schlächter ihn „vorgewürzt" anbietet; es fehlt nur noch die Nachwürzung nach persönlichem Gusto. Man kann auch sicher sein, daß ein vorgefertigter Hackepeter in Berlin von exzellenter Qualität ist, denn wenn nicht, hieße das für den Urheber, mit seiner Existenz zu spielen. Hackepeter ist für den Berliner nämlich eine der wenigen Sachen, bei denen er keinen Spaß versteht.

Mostrich

Meerrettichsaucen

SPREEWÄLDER MEERRETTICHSAUCE
5 EL frisch geriebener Meerrettich
70 g Butter
2 EL Weizenmehl
Salz
1/2 Liter Fleischbrühe

MEERRETTICHSAHNE „SCHARFE HANNA“
5 EL frisch geriebener Meerrettich
2 EL Weinessig
1 TL Zucker
1 TL scharfer Senf
1/2 TL weißer Pfeffer
1/8 Liter süße Sahne

SPREEWÄLDER MEERRETTICHSAUCE
Den frisch geriebenen Meerrettich mit der Butter, dem Mehl und etwas Salz gut vermengen und durchkneten. Fleischbrühe darübergießen und unter Rühren zum Kochen bringen. Die Sauce 2 bis 4 Minuten kochen lassen. Sollte die Sauce zu scharf sein, kann sie mit etwas Milch abgemildert werden.

MEERRETTICHSAHNE „SCHARFE HANNA“
Den frisch geriebenen Meerrettich mit dem Essig, Zucker, Senf und dem weißen Pfeffer gut verrühren. Die süße Sahne schlagen und unter die Sauce ziehen. Vor dem Servieren etwa 20 Minuten im Kühlschrank ziehen lassen.

Meerrettich wird in der feinen Küche Brandenburgs und Berlins in aller Regel frisch gerieben oder geraspelt. Es gibt ihn natürlich auch fertig im Glas in sehr guten Qualitäten, doch das ist dann eben nur eine Konserve. Heute ist die Beschaffung von Meerrettichstangen nirgends in Deutschland ein Problem. Die vorzüglichste Qualität jedoch stammt aus dem Spreewald. Die „Scharfe Hanna“ übrigens ist eine Cottbuserin, hoch in den 80ern und noch immer eine begnadete Köchin mit viel Sinn für die natürlichen Schärfen.
Meerrettichsaucen passen zu gekochtem Rindfleisch und zu Hammelkeule ausgezeichnet.

Kleine Kuchen für große Kaffeefreunde

PREUSSISCHER RÄDERKUCHEN
300 g Weizenmehl
80 g Zucker
4 EL saure Sahne
5 Eigelb
1 EL weißer Rum
1 Prise Zimt
2 EL Puderzucker
Zum Backen:
2 Liter Kokosfett

EBERSWALDER SPRITZKUCHEN
1/2 Liter Milch
2 EL Zucker
100 g Butter
abgeriebene Schale von 1 unbehandelten Zitrone
350 g Weizenmehl
6 Eier
Salz
350 g Kokosfett
150 g Schweineschmalz
200 g Puderzucker

PREUSSISCHER RÄDERKUCHEN (oben)
Das Mehl mit allen übrigen Zutaten außer dem Puderzucker zu einem glatten Teig verrühren. Wenn der Teig noch klebt und sich deshalb nicht ausrollen läßt, für etwa 30 Minuten kalt stellen. Den Teig 1/2 cm dick ausrollen und mit dem Kuchenrad in 3 cm breite und 10 cm lange Streifen zerteilen. Die Teigstreifen in der Mitte der einen Hälfte längs etwas mehr als 3 cm einschneiden und das Ende der anderen Hälfte vorsichtig durch diesen Schnitt ziehen.
Diese „Schleifchen" in dem flüssigen, heißen Kokosfett 5 bis 8 Minuten schwimmend goldbraun backen. Mit einem Schaumlöffel herausnehmen, auf einem Rost abtropfen lassen und mit dem Puderzucker bestreuen.

EBERSWALDER SPRITZKUCHEN (unten)
Die Milch mit Zucker, Butter und der abgeriebenen Zitronenschale in einen Topf geben und erhitzen. Nach dem ersten Aufkochen vom Feuer nehmen, das Mehl hinzufügen und so lange rühren, bis sich der Teig wie ein Kloß vom Topfboden löst. Den Teig in eine Schüssel geben und etwa 10 Minuten abkühlen lassen. Nun die Eier einzeln unterarbeiten, bis ein glatter Teig entsteht. Nach Belieben salzen. Kokosfett und Schweineschmalz in einem großen Topf erhitzen. Ein Stück Pergamentpapier so zuschneiden, daß es etwas kleiner ist als der Topfdurchmesser, kurz durch das heiße Fett ziehen und auf einen Teller legen. Den Teig in einen Spritzbeutel mit großer gezackter Tülle füllen und auf das gefettete Papier runde Kränzchen spritzen. Das Papier mit den Teigkränzchen in das heiße Fett tauchen, dabei an einer Ecke festhalten, damit die Kränzchen hineinrutschen können. Wenn sie goldbraun ausgebacken sind, mit einem Schaumlöffel herausnehmen und auf einem Küchenrost oder Tuch abtropfen lassen. Dann mit Puderzucker bestreuen.

Berliner Pfannkuchen

500 g Weizenmehl
1/8 Liter Milch
40 g Hefe
100 g Zucker, 2 Eier
100 g Butter, Salz
Pflaumenmus zum Füllen
1 Eiweiß
350 g Kokosfett
200 g Flomen
(Schweineschmalz)
300 g Puderzucker

Tip:
Nach Belieben kann aus dem Puderzucker und etwas warmem Wasser auch ein Zuckerguß bereitet werden, mit dem die Pfannkuchen auf der Oberseite bestrichen werden.

Übrigens:
Ob das Rezept wie auch die Form tatsächlich von einem friderizianischen Kanonier erfunden wurden, als Dankeschön, daß er für den Dienst an der Waffe untauglich war und in der Backstube Dienst tun mußte, läßt sich gastro-historisch nicht einwandfrei belegen. Zumindest erinnert die Form der Pfannkuchen an eine Kanonenkugel.

Das Mehl in eine Schüssel sieben, in die Mitte eine Mulde drücken und die in etwas Milch aufgelöste Hefe hineingeben, 1 Teelöffel Zucker darüberstreuen und mit etwas Mehl bestäuben. Die Schüssel zugedeckt etwa 30 Minuten warm stellen. Nachdem die Hefe etwas aufgegangen ist, die restliche Milch, Zucker, Eier und die Butter in Flöckchen hinzufügen, nach Belieben salzen und einen nicht zu festen Teig herstellen. Wenn nötig, noch etwas warme Milch hinzugeben. Den Teig zugedeckt weitere 30 Minuten gehen lassen. Anschließend noch einmal gut durchkneten, bis er Blasen wirft und sich leicht vom Holzlöffel löst.
Den Teig auf einem gemehlten Brett etwa 5 Millimeter dick ausrollen und mit einer Form oder einem Glas runde Scheiben von 6 bis 7 Zentimeter Durchmesser ausstechen.
Auf die Hälfte der Teigscheiben je einen Teelöffel Pflaumenmus setzen, den Rand mit Wasser vorsichtig anfeuchten, je eines der restlichen Scheibchen daraufsetzen und an den Rändern sanft andrücken. Die Ränder mit dem Eiweiß bestreichen und das Ganze wieder warm stellen, bis die Teiggebilde so lange gegangen sind, daß sie sich fast kugelförmig vergrößert haben.
Kokosfett und Flomen erhitzen und gut vermengen, bis alles Fett flüssig und sehr heiß ist. Jetzt die Teigkugeln schwimmend von beiden Seiten mittelbraun backen. Stets nur so viele Pfannkuchen in das heiße Fett geben, wie an der Oberfläche nebeneinander Platz haben. Ist ein appetitliches Braun erreicht (die Pfannkuchen haben dann am Kleberand einen helleren Streifen), mit dem Schaumlöffel aus dem Fett nehmen, auf einem Küchentuch oder einem Rost abtropfen lassen und in Puderzucker wälzen.

Überall heißen diese kleinen Köstlichkeiten „Berliner", nur in Berlin werden sie „Pfannkuchen" genannt.

Variationen mit Berliner Weiße

BERLINER WEISSE „TRADITION“
(unten rechts)
1 Schuß Himbeersaft oder
1 Schuß Waldmeistersirup
mit Berliner Weiße auffüllen.

BERLINER WEISSE MIT STRIPPE (unten links)
1 Glas Kümmelschnaps mit Berliner Weiße auffüllen.

BERLINER WEISSE „KLOSTERTRUNK“
(oben 2. von rechts)
1 Glas Kartäuser oder 1 Glas Escorial Grün (56 Vol.-%) mit Berliner Weiße auffüllen.

BERLINER WEISSE „FLIEGENDER HOLLÄNDER“
(oben rechts)
1 Glas Apricot-Likör mit Berliner Weiße auffüllen.

BERLINER WEISSE EDELDUFTE
(unten Mitte)
1/3 Himbeersaft
1/3 Cherry Heering-Likör
1/3 Berliner Weiße

BERLINER WEISSE SPEZIAL
(oben 2. von links)
1 Glas Rotwein
1 TL Zucker
2 EL Zitronensaft
mit Berliner Weiße auffüllen.

BERLINER WEISSE SPEZIAL-FLIP (oben links)
1 Glas Weinbrand oder
1 Glas Cognac
1 Eigelb
1 TL Zucker
mit Berliner Weiße auffüllen.

Das zum Ende des 16. Jahrhunderts von Hamburg nach Berlin gekommene Weißbier, ein schwach alkoholisches obergäriges Weizenbier, wurde erst in Berlin zur berühmten Berliner Weißen. Das Wasser wie auch die Berliner Luft gaben ihr das feine Aroma und die phänomenale Süffigkeit. Bereits 1628 delektierte sich Wallenstein in Berlin daran und urteilte: „Das ist das einzige Getränk, das nach einem heißen Schlachtentag meinen Durst löschen kann.“

Seit 1836 - 4. Generation
J.A.Gilka

Allerlei aus Leipzig und anderen Orten

Wer unterwegs is(s)t in Sachsen, stößt alle naselang auf eine neue Berühmtheit:
In Auerbachs Keller in Leipzig atmet man die Luft von Goethes Faust und Mephisto. In Dresden war es noch nie einfach, Karten für die Semperoper zu kriegen. In Meißen sind sogar die Kirchturmglocken aus Porzellan, und im Erzgebirge sind es aus Holz gedrehte Räuchermännchen, Nußknacker und Lichterengel, die einen auf Schritt und Tritt verfolgen. Soweit die Kultur vorneweg. Kulinarisch gesehen hat Leipzig eine Kaffeehaus-Tradition, die der in Wien um nichts nachsteht. Von den vornehmen Dresdener Köchen schneiden sich sogar die Franzosen hin und wieder eine Scheibe ab – und zwar nicht nur vom Weihnachtsstollen! Bei Meißen liegt das nördlichste Weinbaugebiet Deutschlands, und aus Wernesgrün im Vogtland kommt ein gar köstliches Bier mit über fünfhundertjähriger Tradition.
Jeder in Sachsen hat so seine eigene Spezialität, aber es gibt auch Gemeinsamkeiten: Die Sachsen lieben es süß. Und sie lieben Kartoffeln. Womöglich sogar eine Kombination von beidem und die auf jeden Fall mit einer Tasse Kaffee. Alles zusammen genießt man am besten in sächsischer Gemütlichkeit. Das erste Kaffeehaus Sachsens eröffnete vor mehr als dreihundert Jahren in Leipzig, hier lachte man sich ins Fäustchen über das preußische Kaffeeverbot, und sogar die Filtertüte hat hier ihren Ursprung: die Sächsin Melitta Benz war es, die zu Anfang des Jahrhunderts erstmals auf die Idee kam, ein Stück Löschpapier auf einen durchlöcherten Untersatz zu legen. Der Leipziger Thomaskantor Johann Sebastian Bach hat dem Kaffee eine eigene Kantate gewidmet – und ganz gewiß hin und wieder nebenbei ein süßes Stückchen in die braune Brühe getunkt. Kuchen vom Blech und aus der Form, Hörnchen, Waffeln und Kekse müssen es mindestens sein – feine Torten sind um so willkommener: je süßer, desto besser. Die Kartoffeln waren sogar schon vor dem Kaffee da, nämlich 1680 bei den ersten Kartoffelbauern Deutschlands im Vogtland. Genug Zeit also, sich eine Menge dazu auszudenken und es nicht bei Pellkartoffeln mit Quark und Leinöl zu belassen:
Heute hat jede Gegend, ja sogar fast jede Familie ihre eigene Kartoffelspezialität. Hier sind es Griegeniffte, da Handwerksbürschle, dort Glitschern und weiter im Norden Stupperche oder Wickelklöße.
Daß die kulinarische Phantasie und Experimentierfreudigkeit der Sachsen über Kartoffelgerichte hinausgeht, liegt nicht nur an ihrer schier endlosen Energie und der Fähigkeit, aus dem Vorhandenen das Beste zu machen, sondern auch an der Einstellung, daß Essen nicht nur schmackhaft, sondern auch spannend sein soll.

Sächsische Fliederbeerensuppe

500 g Fliederbeeren (Holunderbeeren)
1 saftige Birne, 1 Prise Zimt, 1 Nelke
100-150 g Zucker, 1 kräftige Prise Salz
1/8 Liter Rotwein, 2 EL Stärkemehl
1/8 Liter süße Sahne

Tip:
Holunderbeeren müssen vollreif sein, will man sie zu Saft oder Suppe verarbeiten. Roh sind sie ungenießbar.

Die Holunderbeeren waschen und abtropfen lassen. Die Birne schälen, in Viertel schneiden, das Kernhaus entfernen. Holunderbeeren, Birnenviertel, Zimt, Nelke, Zucker und Salz in 1 Liter Wasser erhitzen und kurz aufwallen lassen, danach 10 Minuten auf kleiner Flamme köcheln lassen. Durch ein Sieb streichen. Rotwein zugießen. Nochmals erhitzen, mit kalt angerührtem Stärkemehl binden und aufkochen lassen. Die Suppe auf vorgewärmten Tellern verteilen, je 2 Eßlöffel flüssige Sahne in die Tellermitte geben. Einmal kurz umrühren, so daß es den Anschein hat, als wolle die Sahne Kreise ziehen, und sofort heiß servieren.

Aus Holunder zauberten unsere phantasiereichen Vorfahren romantisch-köstliche Gerichte: Holunderblütenkrapfen, Holundersekt, verzuckerte Holunderblüten oder diese schmackhafte Suppe. Und wir essen sie auch heute noch gerne. In der Oberlausitz, wo man Süß-Saurem den Vorrang gibt, kommen zu den vollreifen Beeren noch zehn entsteinte Pflaumen dazu. In Butter geröstete Zwiebackstücke liegen dort bereits auf dem Teller, ehe die Suppe darauf kommt.

Bornaer Zwiebelsuppe Schwammespalken

BORNAER ZWIEBELSUPPE
400 g Zwiebeln
1 EL Kümmel
Salz
weißer Pfeffer
1 Liter Fleischbrühe
100 g Butter
2 EL Mehl
3 Eigelb
4 EL süße Sahne
200 g Graubrot
Schnittlauch

SCHWAMMESPALKEN
1 kg frische Mischpilze (Rotkappen, Maronen, Steinpilze, Perlpilze)
1 Zwiebel
150 g Schinkenspeck
2 EL Öl
Salz, Pfeffer
1/2 TL Thymian
2 TL Kümmel
1 EL Mehl
1 Liter Fleischbrühe
500 g Kartoffeln
Essig und Zucker nach Belieben
2 EL gehackte Petersilie

BORNAER ZWIEBELSUPPE (oben)
Die Zwiebeln schälen, in dicke Scheiben schneiden und zusammen mit Kümmel, Salz und Pfeffer in der Brühe zum Kochen bringen, aufwallen lassen, dann 10 Minuten bei geringer Hitze weich kochen. Durch ein Sieb streichen oder im Mixer pürieren. Die Hälfte der Butter erhitzen und das Mehl darin unter ständigem Rühren hellbraun rösten. Die Zwiebelsuppe unter ständigem Rühren zugießen und aufkochen lassen. Vom Herd nehmen. Die Eigelbe mit der Sahne verquirlen und in die Suppe rühren. Danach darf die Suppe nicht mehr kochen. Graubrot in Würfel schneiden und in der restlichen Butter ringsum knusprig braten, zusammen mit feingeschnittenem Schnittlauch in die Suppe geben. Sofort servieren.

An Zwiebeln und Kräutern wurde in Sachsen nie gespart. Zwiebeln hatten den Ruf eines medizinischen und liebesfördernden Zaubermittels. Zudem waren sie eine stets willkommene Würze. Liebeshungrige Bornaerinnen wollen diese köstliche, cremige Suppe erfunden haben – ihre Wirkung soll beachtlich sein ...

SCHWAMMESPALKEN (unten)
Pilze waschen und kleinschneiden. Zwiebel schälen und feinhacken. Schinkenspeck kleinschneiden. Pilze und Zwiebel im Öl und in den Schinkenspeckwürfeln dünsten. Salz, Pfeffer, Thymian und Kümmel zugeben. Das Mehl darüberstäuben. Heiße Fleischbrühe zugießen. Bei schwacher Hitze 30 Minuten garen. Inzwischen Kartoffeln schälen, in kleine Stücke (Spalken) schneiden und in die Suppe geben. Weiter 25 Minuten bei milder Hitze garen. Nach Belieben mit Essig und Zucker süß-sauer abschmecken. Petersilie darüberstreuen. Heiß servieren.

Kirschsuppe
Meißner Weinsuppe

KIRSCHSUPPE
1 kg Sauerkirchen
1/4 Liter Weißwein
1 Zimtstange
150–250 g Zucker
2 EL Stärkemehl
3 Eiweiß

MEISSNER WEINSUPPE
100 g Zucker
Salz
1 Stück frischer Ingwer
1 Stück Zimtrinde
100 g Butter
2 EL Mehl
1 Flasche Meißner Müller-Thurgau
4 Eier
Biskuits

KIRSCHSUPPE
Die gewaschenen, entsteinten Kirschen mit 3/4 Liter Wasser, Wein, Zimtstange und Zucker aufkochen. Die Zuckermenge nach Belieben und Säure der Kirschen bemessen. Das Stärkemehl mit etwas kaltem Wasser glattrühren. Die Suppe damit binden. Kalt stellen.
Für die Bällchen das Eiweiß steif schlagen, dabei den restlichen Zucker untermischen. Wasser zum Kochen bringen. Vor der Eischneemasse mit einem Teelöffel Klößchen abstechen. Im heißen, nicht ganz kochenden Wasser 3 Minuten schwimmen lassen. Vor dem Servieren die Schneebällchen auf die Suppe setzen. Dazu werden Zwiebäcke oder Biskuits gereicht.

Zum Kochen sollte man Sauerkirschen verwenden. Da Süßkirschen nur wenig Säure besitzen, schmecken sie gekocht etwas fade. Sauerkirschen lassen sich vielseitig verwenden: als Suppe, wie hier als Kaltschale, oder auch als Saft, als Tortenbelag, als Kompott – und sie vertragen sich gut mit Alkohol. Deshalb, wer's mag: Ein Schuß Alkohol bekommt jedem Kirschgericht.

MEISSNER WEINSUPPE
1/4 Liter Wasser mit Zucker und Gewürzen aufkochen und 20 Minuten köcheln lassen. Währenddessen in einem Topf die Butter erhitzen und das Mehl unter Rühren hellgelb anschwitzen. Allmählich unter Rühren die durchgesiebte Brühe zum Mehl geben. Wein zugießen und erhitzen. Die Eier trennen. Eigelb mit etwas Suppe verquirlen. Einrühren und erhitzen, bis das Eigelb bindet. Nun sollte die Suppe nicht mehr kochen. Die Eiweiße steif schlagen und mit dem Teelöffel als Flocken auf die Suppe setzen. 3 Minuten ziehen lassen. Dazu Biskuits reichen.

Forellenfilets Schloß Schönfeld

2 ausgenommene Lachsforellen (je etwa 500 g)
Saft von 1 Zitrone
Salz
frisch gemahlener weißer Pfeffer
2 Schalotten
1/2 Stange Lauch
1 Karotte
80 g Butterschmalz
1/4 Liter trockener Elbtal-Riesling
12 Krebse
1 Zwiebel (in Scheiben geschnitten)
1 Lorbeerblatt
1 TL Kümmel
1 Bund Petersilie
1–2 schwarze Trüffeln
2 EL Butter

Die Forellen filetieren und die Gräten entfernen. Die Filets mit Zitronensaft beträufeln und mit Salz und Pfeffer einreiben. Das Gemüse putzen. Schalotten und Lauch in feine Ringe, die Karotte in dünne Scheiben schneiden. Das Butterschmalz in einer Pfanne erhitzen, das Gemüse zugeben und kurz andünsten. Die Filets darauflegen. Riesling angießen und die Fische etwa 15 Minuten zugedeckt garen. Inzwischen die Krebse mit dem Kopf zuerst in sprudelnd kochendes Salzwasser mit Zwiebelscheiben, Lorbeerblatt, Kümmel und Petersilie geben und etwa 5 Minuten ziehen lassen. Krebse herausnehmen, etwas abkühlen lassen, dann aus der Schale brechen. Dabei darauf achten, daß die Krebsschwänze mit dem Körper verbunden bleiben.
Die garen Filets auf eine vorgewärmte Platte legen und warm stellen. Den Fischsud durch ein Sieb gießen und etwa auf die Hälfte einkochen. Feingehobelte Trüffeln zugeben und noch etwas einkochen lassen. Gut gekühlte Butter sehr rasch unter die Sauce schlagen. Mit Salz und Pfeffer abschmecken. Auf vorgewärmte Teller jeweils 3 Krebse an den Tellerrand legen. Das Forellenfilet in der Mitte anrichten. Etwas Sauce über das Filet ziehen. Dazu schmecken Salzkartoffeln mit etwas Sardellenbutter oder Petersilienkartoffeln. Ein Weißburgunder aus Radebeul-Lößnitz paßt dazu ausgezeichnet.

Die Forelle, allein schon ein königliches Mahl, kam bei Hofe niemals solo auf den Teller. Sie wurde verziert und garniert: mit Champignons und Trüffeln, mit Krebsen, Krebsschwänzen und Garnelen, mit Kräutersträußchen und kandierten Blüten. Sie sollte nicht nur den Gaumen, sondern auch das Auge erfreuen. Die Ehre eines Hauptgerichts wurde ihr an königlicher Tafel nie zuteil. Sie stand höchstens an dritter Stelle eines Menüs von mehr als einem Dutzend Gängen.

Seezunge auf Regentschaftsart

4 Seezungenfilets
(800–1000 g)
Salz
frisch gemahlener
weißer Pfeffer
1 EL Mehl
80 g Butterschmalz
1/4 Liter Seußlitzer
Weißburgunder
4 EL grobgehackte
Walnußkerne
60 g Butter
2 Bananen
2 EL Crème fraîche
2 EL Zitronensaft

Die Seezungenfilets unter kaltem Wasser abspülen, trockentupfen, mit Salz und Pfeffer würzen und mit Mehl überstäuben. Das Butterschmalz erhitzen, Weißwein angießen, mit Salz und Pfeffer abschmecken und zum Kochen bringen.
Die Seezungenfilets hineinlegen und 8 bis 10 Minuten dünsten. Inzwischen die grobgehackten Walnußkerne in der Hälfte der Butter hellbraun rösten. Die Bananen schälen, in Scheiben schneiden und kurz in der restlichen zerlassenen Butter schwenken.
Die garen Seezungenfilets herausnehmen und warm stellen. Den Sud auf die Hälfte einkochen. Crème fraîche zufügen und kurz aufkochen lassen. Die Seezungenfilets auf vorgewärmten Tellern anrichten und mit Zitronensaft beträufeln. Die Walnußkerne und die Bananenscheiben darauf verteilen. Etwas Sauce angießen. Nach Belieben gedünstete, eingeriefte Champignonköpfe, Trüffelscheiben, gare Krebsschwänze und Fleurons (aus Blätterteig) anlegen.
Dazu schmeckt ein trockener Elbtaler Traminer oder Ruländer.

Die sächsische Hofküche des 18. und 19 Jahrhunderts war eine Mischung aus Volksküche und verfeinerter Kochkunst. Üppige Gaumenkitzel durften nicht fehlen. Man war ja weltmännisch und weltoffen. Deshalb ließ man sich gern vom kulinarischen Flair der französischen Küche, aber auch von der fernöstlichen Küche inspirieren. Schon vor 250 Jahren ermöglichte die eingeführte „sächsische Küchenpost“, daß direkt vom Hamburger Markt Austern, Langusten, Hummer und vieles mehr nach Leipzig geliefert werden konnten. Fische mußten generell lebend gebracht werden.

Meißner Wurzelkarpfen

1 Karpfen von 1,5 kg
2 Karotten, 100 g Sellerie, 1 Stange Lauch
2 EL Öl, Salz, Pfeffer
1 Lorbeerblatt, 80 g Butter
1/2 Liter Elbtal-Müller-Thurgau
3 EL gehackte Petersilie

Den küchenfertigen Karpfen in Portionsstücke teilen. Gemüse putzen, waschen und kleinschneiden. Das Öl erhitzen, Gemüse hineingeben, die Karpfenstücke obenauf legen. Salzen, pfeffern und das Lorbeerblatt zufügen. Butterflöckchen aufsetzen, Weißwein angießen. Zugedeckt etwa 20 Minuten dünsten. Die Karpfenstücke und das gare Gemüse herausnehmen und warm stellen. Die Sauce bei großer Hitze auf etwa 1/4 Liter reduzieren. Die Karpfenstücke und das Gemüse auf vorgewärmte Teller legen und mit der Sauce übergießen. Darüber Petersilie streuen. Dazu schmeckt ein trockener Müller-Thurgau.

Die Meißner sind nicht nur stolz auf ihr Porzellan und ihre Fummeln, das geheimnisumwitterte Gebäck, sondern auch auf ihre Weine. Daß sie selbst ausgesprochene Weinkenner sind, versteht sich. Auch ihren „vollmundigen“ Speisen ist das anzumerken.

Wernesgrüner Rindfleischwürfel Griegeniffte

WERNESGRÜNER RINDFLEISCHWÜRFEL
750 g Rindfleisch
1 Knoblauchzehe
1 Flasche Wernesgrüner Pilsener
3 EL Öl, 400 g Zwiebeln
Salz, Pfeffer
1 EL Tomatenmark
1 EL Thymian
1 EL Mehl
1/2 Liter klare Fleischbrühe
6 EL süße Sahne
125 g durchwachsener Speck
Schnittlauch

GRIEGENIFFTE
4 Brötchen
100 g Butter oder Margarine
Salz, 2 kg rohe Kartoffeln
1/8 Liter Milch
500 g in der Schale gekochte Kartoffeln

Übrigens:
Das Geheimnis des guten Wernesgrüner Bieres sei das Wasser, behaupten die einen, andere sagen, Hopfen und Hefe machen's. Die Bierbrauer stellen sich bei Fragen taub. Wer läßt sich schon gern in die Karten gucken. Hauptsache, ihr Bier kommt gut an.

WERNESGRÜNER RINDFLEISCHWÜRFEL
Das in Würfel geschnittene Fleisch und die geputzte, zerdrückte Knoblauchzehe mit dem Bier übergießen. Zugedeckt 24 Stunden stehen lassen. In erhitztem Öl die geschälten und in Scheiben geschnittenen Zwiebeln bräunen. Die eingelegten, abgetropften Fleischwürfel daraufgeben. Salzen und pfeffern. Alles gut verrühren. Zugedeckt bei geringer Hitze schmoren lassen, entstehenden Fleischsaft einkochen lassen. Tomatenmark und Thymian zugeben. Alles mit Mehl bestäuben, die Biermarinade zugießen und gut verrühren. Noch so viel Brühe auffüllen, daß die Fleischwürfel bedeckt sind. Zugedeckt etwa 90 Minuten garen. Mit Salz, Pfeffer und Sahne abschmecken. Den Speck in kleine Würfel schneiden, kroß ausbraten und über die Fleischwürfel geben. Mit Schnittlauchröllchen garniert zu Griegenifften reichen, den grünen Klößen aus dem Vogtland.

GRIEGENIFFTE
Die Brötchen in kleine Würfel schneiden und in der Butter ringsum goldgelb braten, etwas salzen. Die rohen Kartoffeln schälen, reiben, in einem Tuch auspressen, die Flüssigkeit auffangen und die Kartoffelmasse mit kochender Milch übergießen. Die gekochten Kartoffeln abpellen und durch die Kartoffelpresse geben. Beide Kartoffelmassen miteinander vermischen, salzen. Von dem beiseite gestellten Kartoffelwasser etwas Stärke untermengen. Die Kloßmasse darf nicht zu fest, sie muß geschmeidig sein. Aus dem Kartoffelteig Klöße formen, dabei in die Mitte geröstete Brötchenwürfel geben. Die Klöße in kochendes Salzwasser einlegen – sie sollen Platz haben und sich nicht berühren –, kurz aufkochen, dann 20 Minuten ziehen lassen. Nach Belieben können zum Kartoffelteig 2 Eßlöffel Meerrettich gegeben werden. Die Klöße pyramidenförmig in einer Schüssel anrichten.

Wernesgrüner
PILSENER

Gefüllter Rinderbraten auf Glitschern

GEFÜLLTER RINDERBRATEN
1 kg festes Rindfleisch (Keule)
150 g Räucherspeck
4 Eier, davon 3 hartgekocht
2 Essiggurken
Salz
Pfeffer
1 Bund Schnittlauch
1 EL Senf
4 EL Öl
2 TL frisches Basilikum
6 EL saure Sahne
5 Pfefferkörner
5 Wacholderbeeren
1/8 Liter trockener Rotwein
Petersilie

GLITSCHER
800 g rohe Kartoffeln
400 g gekochte Kartoffeln
Salz
1/4 Liter Buttermilch
Leinöl oder Sonnenblumenöl

Tip:
Diese Kartoffelpuffer werden „versüßt" mit Kompott oder als Beilage zum Braten gegessen. Am besten schmecken sie heiß – gleich von der Pfanne auf den Teller!

GEFÜLLTER RINDERBRATEN
Von dem Fleischstück jegliches Fett entfernen, dann längs mit einem Messer einschneiden und so viel Fleisch herausschneiden, daß ein faustgroßer Hohlraum entsteht. Vom Speck zwei dünne Scheiben abschneiden. Den übrigen Speck zusammen mit dem herausgeschnittenen Fleisch, den hartgekochten Eiern und den Gurken durch den Fleischwolf drehen. Die Masse mit dem übrigen rohen Ei, Salz, Pfeffer und kleingeschnittenem Schnittlauch zu einer homogenen Masse verarbeiten. Die Aushöhlung des Fleisches mit Senf bestreichen, die Fleischfülle hineingeben. Die Öffnung mit den 2 Speckscheiben belegen und mit Rouladennadeln zusammenstecken. Das Fleisch in erhitztem Öl anbraten. Basilikum mit 3 Eßlöffel saurer Sahne vermengen und über das Fleisch geben. Nach und nach 1/4 Liter heißes Wasser angießen. Pfefferkörner und Wacholderbeeren dazugeben. Etwa 90 Minuten bei milder Hitze zugedeckt schmoren lassen. Herausnehmen, auf ein Backblech geben. In den Bratensatz Rotwein einrühren, die restliche saure Sahne zufügen und damit den Bratensatz loskochen. Den Braten mit der Sauce übergießen und im vorgeheizten Backofen bei 180 °C noch etwa 10 Minuten bräunen lassen. Den Braten in Scheiben schneiden. Auf Glitschern, mit etwas Sauce und mit Petersilie garniert, anrichten.

GLITSCHER
Die rohen Kartoffeln schälen und feinreiben. Die Kartoffelmasse mäßig ausdrücken. Die gepellten, gekochten Kartoffeln ebenfalls feinreiben und dazugeben. Salz und Buttermilch zufügen und einen dicklichen, noch etwas flüssigen Teig bereiten. In einer Pfanne Leinöl oder Sonnenblumenöl erhitzen, jeweils mehrere Löffel voll Teig hineingeben, breitdrücken und auf beiden Seiten goldgelb und knusprig braten.

Moritzburger Fasan auf Linsen

Für die Linsen:
500 g Linsen
100 g Sellerie
2 Zwiebeln
150 g durchwachsener Speck
3 EL Mehl
1/2 Liter Fleischbrühe
Salz
Essig
2 EL Honig
2 Gewürzgurken

Für den Braten:
2 bratfertige Fasane
Salz
Pfeffer
2 Fasanenlebern
150 g Butter
3 Wacholderbeeren
4 fette, geräucherte Speckscheiben (200 g)
1/2 Liter Fleischbrühe
2 EL Sherry
1 EL Speisestärke

Die Linsen über Nacht in 1 Liter Wasser einweichen. Mit dem Wasser und dem geputzten, zerkleinerten Gemüse 1 Stunde kochen. Den in Würfel geschnittenen Speck ausbraten, die Grieben zu den Linsen geben. Im Fett das Mehl unter Rühren hellbraun anschwitzen, mit Brühe glattrühren, aufkochen. Die Sauce mit Salz, Essig und Honig süß-sauer abschmecken. Mit den Linsen vermengen. Saure Gurken in kleine Stücke schneiden und dazugeben. Für den Braten: Die bratfertigen Fasane mit Salz und Pfeffer einreiben. Die Lebern auf einem nassen Holzbrettchen feinhacken, salzen, mit Butter und den zerriebenen Wacholderbeeren zu einer Paste verarbeiten. Damit das Innere der Fasane ausstreichen. Auf die Fasanenbrüste die Speckscheiben binden. Im vorgeheizten Ofen in geschlossener Pfanne bei 180 °C 10 Minuten auf der rechten, danach 10 Minuten auf der linken Seite braten. Brühe und Sherry angießen. Fasane auf den Rücken legen und in offener Pfanne noch 15 Minuten braten lassen. Die Fasane sollen rosige Brustknochen behalten. Die Linsen auf eine vorgewärmte Platte geben, die Fasane darauf anrichten. Die Sauce mit der in kaltem Wasser angerührten Speisestärke binden und mit den Linsen und Petersilienkartoffeln zu Tisch bringen.

Wenn Präsidenten lieber sächsisch als französisch speisen, muß das Gericht vielversprechend sein. François Mitterrand war von dem einstigen Leib- und Magengericht August des Starken so angetan, daß er den Dresdner Koch kommen ließ. Er prophezeite: Auch die sächsische Küche könne fortan wie die französische andere Küchen beeinflussen.

Wildschweinbraten mit Handwerksbürschle

WILDSCHWEINBRATEN
1,5 kg Wildschweinkeule
4 Wacholderbeeren
2 Pfefferkörner
Salz, Pfeffer
2 Nelken
1 Lorbeerblatt
1/2 Liter Rotwein
80 g Butterschmalz
4 Dolden reife Holunderbeeren
1/8 Liter süße Sahne
1 TL Stärkemehl
30 g Butter

HANDWERKSBÜRSCHLE
4 Brötchen
80 g Butter
1 kg Kartoffeln
Salz
2 Eier
1 EL Speisestärke
1 EL feingeschnittene Zwiebel
1 Knoblauchzehe
Leinöl oder Sonnenblumenöl

WILDSCHWEINBRATEN
Das Fleisch mit zerstoßenen Wacholderbeeren, Pfefferkörnern, Salz und Pfeffer einreiben. Nelken und Lorbeerblatt darauf legen. 1/4 Liter Rotwein angießen. Zugedeckt über Nacht stehen lassen. Zwischendurch ein- bis zweimal wenden. Fleisch herausnehmen, trockentupfen. In erhitztem Butterschmalz ringsum anbraten, anschließend im vorgeheizten Backofen bei 200 °C 25 Minuten weiterbraten. Etwas von der Marinade angießen und noch weitere 40 Minuten zugedeckt bei 180 °C schmoren. Dabei die restliche Marinade angießen. Das Fleisch herausnehmen, warm stellen. Den Bratensatz mit dem restlichen Rotwein loskochen, durch ein Sieb gießen. Die Beeren von den gewaschenen Holunderdolden streifen und in die Sauce geben. Einkochen lassen. Sahne mit dem Mehl verrühren und zugießen. Unter Rühren kurz aufkochen. Butterflöckchen einrühren. Das Fleisch in Scheiben schneiden, auf vorgewärmten Tellern anrichten und mit der Sauce übergießen. Dazu Handwerksbürschle reichen.

HANDWERKSBÜRSCHLE
Die Brötchen in kleine Würfel schneiden und in der Butter ringsum goldgelb ausbacken. Die Kartoffeln schälen und fein reiben. Die Masse kräftig ausdrücken. Salz, Eier, Speisestärke, Zwiebel und die zerdrückte Knoblauchzehe zufügen und alles zu einem festen, aber weichen Teig vermengen. Zuletzt die gebackenen Brötchenwürfel einarbeiten. Leinöl in der Pfanne erhitzen, die Kartoffelmasse portionsweise hineingeben, auf beiden Seiten goldbraun braten und heiß servieren.

Stupperche mit Sauerkraut und Speck

1,5 kg Kartoffeln
Salz
Kümmel
Petersilienstiele

Für das Sauerkraut:
300 g rohes Sauerkraut
1 Zwiebel
2 Karotten
1/2 TL Zucker
4 EL Öl

3 EL Speisestärke
1 EL Mehl
1 EL Grieß
3 Eier
1 Messerspitze Muskat
250 g durchwachsener Speck
250 g Zwiebeln
2 EL gehackte Petersilie

Die Kartoffeln in der Schale kochen, dem Kochwasser etwas Salz, Kümmel und Petersilienstiele zufügen.
Für das Sauerkraut: Sauerkraut etwas zerschneiden und ungekocht in eine Schüssel geben. Zwiebel und Karotten putzen und feingeschnitten mit Zucker und Öl zufügen. Die Zutaten locker vermischen. Zugedeckt mindestens 1 Stunde ziehen lassen.
Die garen Kartoffeln schälen und durch eine Presse geben. Mit 1 Eßlöffel Speisestärke, Mehl, Grieß, Eier, Salz und Muskat zu einem Teig verarbeiten. Fingerstarke Würstchen formen. 2 Liter Salzwasser zum Kochen bringen, Würstchen in dem restlichen Stärkemehl wälzen und in das siedende Salzwasser geben. Kurz aufwallen lassen, anschließend 10 Minuten ziehen lassen. Inzwischen Speck von der Schwarte befreien, in kleine Würfel schneiden und mit den geschälten und kleingeschnittenen Zwiebeln in einer Pfanne knusprig braten. Die garen Stupperche abtropfen lassen, auf einer vorgewärmten Platte anrichten und Speck-Zwiebel-Gemisch darauf verteilen. Petersilie darüberstreuen. Zusammen mit dem Sauerkraut auftragen.

Tante Claras Mittagstisch war berühmt wegen der köstlichen Sonntagsbraten und Desserts. Im Hause der Leipziger Buchhändlers Hermann Adolf Haenel trafen sich jeden Sonntag Gelehrte, Schauspieler, Musiker. Mit dem Glockenschlag „eins" tischte Tante Clara, die Nichte des Hausherren, auf. Einmal war es ihr passiert, daß der Braten angebrannt und guter Rat teuer war. Da erinnerte sie sich an ein Rezept ihrer Urgroßmutter, die aus Zittau stammte: Stupperche. Diese schmackhaften Kartoffelwürstchen waren gewiß mehr als nur ein Sonntagsbraten-Ersatz. „Ein Lob der Köchin", riefen die Gäste und vergaßen beim munteren Diskutieren das Zulangen nicht. Tante Clara servierte Stupperche von da an öfter.

Sächsische Wickelklöße

800 g Kartoffeln, 300 g Mehl, 2 Eier
1 TL Backpulver, Salz, 2 EL Milch
1 kg durchwachsener Speck, 2 EL Semmelbrösel
1 Liter klare Fleischbrühe, Schnittlauch

Tip:
Am besten passen Wickelklöße zu Fleischgerichten mit Sauce.

Kartoffeln in der Schale kochen, pellen und reiben. Mehl, Eier, Backpulver und Salz zufügen. Alles zu einem geschmeidigen Teig verkneten, Milch zugeben, der Teig darf nicht zu fest sein. Den Teig zu einem 1 cm dicken Quadrat ausrollen. Den Speck in Würfel schneiden und anbraten. Abgekühlt, ohne Fett, auf dem Teig verteilen. Semmelbrösel daraufstreuen. Von der Längsseite her ausrollen. 4 cm dicke Scheiben abschneiden und in der auf 90 °C erhitzten Fleischbrühe 20 Minuten ziehen lassen. Herausnehmen, abtropfen lassen, in eine Schüssel füllen. Etwas von dem ausgelassenen Speckfett darübergeben. Mit Schnittlauchröllchen garnieren.

Einmal auf den Kartoffelkloßgeschmack gekommen, dachten sich die probierfreudigen Köchinnen und Köche stets neue Varianten aus: mal gefüllt mit zerlassener Butter und gehackten Kräutern oder mit gerösteten Semmelbröseln, mal mit Speckwürfeln. Hauptsache, es konnte gewickelt werden!

Leipziger Allerlei

1 Blumenkohl (300 g)
Salz
1/2 Liter Milch
200 g Prinzeßbohnen
200 g Karotten
200 g Spargel
200 g Morcheln
200 g Butter
weißer Pfeffer
1 EL Zucker
60 g Krebsbutter
Petersilie
Krebsschwänze nach Belieben

Den geputzten Blumenkohl in kleine Röschen teilen, in Salzwasser legen, Milch zugießen, aufkochen lassen und etwa 10 Minuten bei geringer Hitze garen. Bohnen, Karotten, Spargel und Morcheln waschen und putzen. Die Morcheln kurz überbrühen. Bohnen und Spargel in Stücke, Karotten und Morcheln in feine Scheiben schneiden. Wer möchte, kann Karotten und Morcheln auch ganz lassen. Die Morcheln in 50 g Butter mit Salz und Pfeffer, die Karotten in Salzwasser mit 1 Eßlöffel Zucker, das übrige Gemüse, jeweils für sich, in Salzwasser etwa 10 Minuten garen. Das Gemüse soll bißfest sein. Das Gemüse, die Morcheln ausgenommen, abgießen und in der geschmolzenen, gesalzenen Butter schwenken. Farblich abgestimmt auf einer Platte anrichten. Die Morcheln obenauf legen. Mit zerlassener Krebsbutter leicht überträufeln und mit Petersilie garnieren. Nach Belieben zu Leipziger Allerlei Krebsschwänze reichen. Dafür von gegarten Flußkrebsen die Krebsschwänze abtrennen, aus der Schale nehmen und auf dem Gemüse anrichten.

Leipziger Allerlei ist nur echt, wenn es aus frischem Gemüse, so wie es die Saison bietet, zubereitet wird. Derjenige, der diesen Namen auf ein Mischgemüse in Büchsen übertrug, kann kein Leipziger gewesen sein. Ihn trifft der Zorn der Messestädter. Zu Recht! Denn welch eine Gaumen- und Augenfreude ist dieses Leipziger Allerlei mit seinen Extras – wenn man es zuzubereiten versteht!

1991
RULÄNDER
Elbtal
SACHSEN
TROCKEN

Glasierte Schalotten Stötteritzer Hemdbohnen

GLASIERTE SCHALOTTEN
300 g Schalotten
100 g Butter
50 g Zucker
3 EL klare Fleischbrühe

STÖTTERITZER HEMDBOHNEN
1 kg grüne Bohnen
Salz
6 Eier
weißer Pfeffer
2 EL Mehl
Öl

GLASIERTE SCHALOTTEN
Die Schalotten vorsichtig schälen, damit sie nicht an der Oberfläche beschädigt werden. Zusammen mit der Butter und dem Zucker unter ständigem Schütteln in einer Pfanne ringsum bräunen. Wenn der Zucker beginnt, zu stark zu karamelisieren, mit etwas Fleischbrühe ablöschen und so lange weiterbewegen, bis die Flüssigkeit verdampft ist und die Schalotten goldbraun und glänzend sind. Glasierte Schalotten sind eine köstliche Beilage zu Fisch und Fleisch, ganz besonders schmecken sie zu kaltem Braten und zum Bier.

STÖTTERITZER HEMDBOHNEN
Die geputzten und gewaschenen Bohnen in Salzwasser 10 Minuten kochen. Gut abtropfen lassen und jeweils 5 Bohnen mit Zwirn zu einem kleinen Bündel zusammenbinden. Die Eier trennen. Eigelb mit Salz und Pfeffer verschlagen. Das Mehl unterrühren. Eiweiß zu steifem Schnee schlagen und vorsichtig unter den Teig ziehen. Die Bohnenbündel in diesem Teig wälzen und in heißem Öl ringsum schwimmend goldgelb ausbacken. Hemdbohnen schmecken als Beilage zu Fleisch, am leckersten sind sie als Snack zu Bier oder Wein.

Auch auf Stötteritz, heute ein Stadtteil Leipzigs, fiel Ende des 18. Jahrhunderts etwas Glanz vom literarischen Leben. Auf dem Rittergut des Christian Felix Weiße trafen sich zeitgenössische Schriftsteller: Jean Paul, Wieland, Rammler, Thümmel. Weiße pflanzte das Stötteritzer Wäldchen an. An Sonnabenden diskutierten die Gelehrten bis weit nach Mitternacht bei Apfel-Bier-Bowle oder Maibowle, Fettbemmen und Hemdbohnen. Sogar Napoleon hat das Rittergut gefallen. Während der Völkerschlacht hat er dort kampiert.

Dresdner Weihnachtsstollen

Für 4–6 Stollen

1,5 kg Sultaninen
250 g Korinthen
1/4 Liter Rum
2,5 kg Mehl
3/4 Liter Milch
275 g Hefe
500 g Zucker
4 Päckchen Vanillezucker
1 EL abgeriebenen unbehandelte Zitronenschale
35 g Salz
1,2 kg Butterschmalz
150 g Zitronat
10 bittere Mandeln
300 g süße Mandeln
Butter für das Kuchenblech

Für die Glasur:
250 g Butter
80 g Zucker
250 g Puderzucker

Einen Tag vor dem Backen die vorbereiteten Sultaninen und Korinthen mit Rum beträufeln und zudecken. Die übrigen Zutaten in einen warmen Raum stellen. Am Backtag das Mehl in eine Schüssel sieben, in die Mitte eine Vertiefung drücken. Die mit etwas handwarmer Milch verrührte Hefe hineingießen. Mit etwas Mehl einen Vorteig bereiten und, mit einem Tuch bedeckt, 2 Stunden an einem warmen Ort gehen lassen. Zucker, Vanillezucker, Zitronenschale, Salz, grob zerkleinertes Butterschmalz, in kleine Würfel geschnittenes Zitronat, abgezogene, gehackte Mandeln und Milch zugeben. Alles verarbeiten, Sultaninen und Korinthen zufügen. Gut durchkneten und 3 bis 4 Stunden, mit einem Tuch bedeckt, an einem warmen, aber nicht heißen Ort gehen lassen. Dann den Teig durchkneten und in ein oder eineinhalb Kilogramm schwere Stücke aufteilen. Die Teigstücke länglich oval formen, längs etwas einkerben und auf ein gebuttertes, leicht bemehltes Blech legen. Nochmals 30 Minuten gehen lassen.
In den vorgeheizten Backofen geben und bei 180 °C gut eine Stunde backen. Den Stollen etwas auskühlen lassen, mit zerlassener Butter bestreichen, Zucker daraufstreuen und mit Puderzucker besieben. Nochmals Butter daraufgeben und wieder Puderzucker. Auf die erste Kostprobe sollte man mindestens eine Woche warten. Stollen können – gut verschlossen – bis weit in den Frühling aufbewahrt werden.

Die ersten Stollen soll es bereits im 14. Jahrhundert gegeben haben, aber die Zutaten waren bescheiden. Aus einem anfänglichen Weißbrot wurde allmählich – immer gehaltvoller – der Stollen. Der „Dresdner" hat allen den Rang abgelaufen und wurde zur bekanntesten kulinarischen Spezialität Sachsens.

Dresdner Eierschecke

Für ein rechteckiges Kuchenblech

Für den Teig:
500 g Mehl
30 g Hefe
1/4 Liter Milch
150 g Zucker
200 g Butter oder Margarine
1 Päckchen Vanillezucker
1 Prise Salz
Butter für das Blech

Für den Belag:
100 g Butter
300 g Zucker
8 Eier
1 kg Quark
1 Päckchen Vanillepudding
1/2 TL abgeriebene unbehandelte Zitronenschale
1 Prise Salz
2 EL geriebene Mandeln
1 EL Speisestärke
50 g Butter
3 EL Weinbrand

Für den Teig: Mehl in eine Schüssel sieben, eine Vertiefung hineindrücken. Die Hefe in etwas lauwarmer Milch und etwas Zucker verrühren. Diesen Vorteig zugedeckt 10 Minuten gehen lassen. Dann weiche, in Stücke geschnittene Butter, Zucker, Vanillezucker, Milch und Salz dazugeben und so lange schlagen, bis der Teig glänzt. Diesen an einen warmen Platz stellen, mit einem Tuch zudecken und 1 Stunde gehen lassen. Danach den Teig durchkneten, ausrollen und auf ein gefettetes Blech geben, einen Rand andrücken, 10 Minuten gehen lassen.

Für den Belag: Die Butter schaumig rühren, nach und nach 200 g Zucker, 3 Eier, Quark, Puddingpulver, Zitronenschale, Salz und Mandeln unterrühren. Diese Masse auf dem Kuchenteig verteilen. Dann Speisestärke, restlichen Zucker, restliche Eier mit Butter und Weinbrand verrühren. Im Wasserbad so lange schlagen, bis eine dickschaumige Creme entsteht. Die Creme über die Quarkmasse ziehen. Im vorgeheizten Backofen bei 200 °C etwa 45 Minuten backen. Die Oberhitze soll nicht zu stark sein, damit die Creme nicht dunkel wird.

Der Maler Gerhard Kügelgen führte in Dresden ein großes Haus. Gäste waren immer willkommen, und die von ihm aufgetischten Quarkkuchen waren Stadtgespräch. Auch heute kann man in seinem ehemaligen Wohnhaus – es ist Restaurant und Café – dem Genuß von Eierschecke frönen. Und was sein Sohn Wilhelm vom „Kuchenstickeln“ – Eintauchen, also „Ditschen“ sagte, darf man durchaus wörtlich nehmen ... Quarkkuchen gibt es bei den „sießen“ Sachsen in vielen Varianten: auf Hefeteig mit Butter- oder Schokoladenstreuseln, mit Rosinen und Mandeln oder „nur“ mit viel Eiern, mit Schokoladenguß oder wie der feinste von allen, die Eierschecke, mit einer duftigen lockeren Creme über sahniger Quarkmasse.

Kürbisfladen
Schneeberger Plinsen

KÜRBISFLADEN
1 kleiner Kürbis von
1 1/2-2 kg Gewicht
Salz
100 g Mehl
2 EL Milch
3 Eier
100 g Semmelbrösel
Öl oder Butterschmalz

SCHNEEBERGER PLINSEN
150 g Mehl
10 g Hefe
1/4 Liter Milch
2 Eier
2 EL Rosinen
1 Prise Salz
1 TL Zucker
Fett zum Braten

KÜRBISFLADEN (rechts)
Den Kürbis schälen, Kerne und Mark entfernen. Den Kürbis in Scheiben schneiden. Die Scheiben beidseitig mit Salz betreuen und 30 Minuten ziehen lassen. Inzwischen das Mehl mit Milch und Eiern verquirlen und 20 Minuten quellen lassen. Die Kürbisscheiben durch den Teig ziehen, in Semmelbröseln wenden und in erhitztem Öl goldgelb schwimmend ausbacken. Sie schmecken süß, mit Zucker bestreut, zu Kompott oder auch als vegetarisches Hauptgericht.

Kürbisfladen ißt man im Vogtland zum Erdäpfelpelz (Kartoffelbrei). In einigen Ortschaften werden die Kürbisspalten erst süßsauer eingelegt – in einer Mischung aus Essig, Zucker, Salz, Zimt, Zitronenschale, Ingwer –, ehe sie paniert und gebraten werden. „Etwas Kürbis täglich, keine Krankheit quält dich" – dieses Sprichwort nimmt man so ernst, daß für den Kürbis sogar ein Tortenrezept erdacht wurde. Das ist nur gerecht, denn es geht die Sage, daß in einem Kürbis mit besonders vielen zierlichen Ranken eine verzauberte Königstochter steckt, die noch immer auf ihren Erlösungskuß hofft.

SCHNEEBERGER PLINSEN (links)
Alle Zutaten, die Hefe zerbröckelt, zu einem dickflüssigen Teig verrühren. 1 Stunde an einem warmen Platz zugedeckt gehen lassen. Mit einer Kelle portionsweise Teig in erhitztes Fett geben und auf beiden Seiten goldgelb braten.

Kaffeezeit ist im Erzgebirge Plinsenzeit. Sie sind ebenso beliebt wie Aardäppelkuchen. Freilich hat es nicht immer zu den Rosinen gereicht. Meist wurde einfacher Hefeteig – auch oft ohne Eier – in einer mit Speck ausgefetteten Pfanne gebraten. Aber Marmelade aus Waldbeeren oder Kompott standen immer daneben.

Möhrentorte

Für eine Springform von 28 cm Durchmesser
12 Eier, 500 g Zucker
500 g geriebene rohe Möhren (Karotten)
500 g geriebene Mandeln, 4 EL Arrak
3 EL Kartoffelstärke, 1 TL Zimt, 6 EL Zitronensaft
Butter für die Form, 1 EL Semmelbrösel
Für die Glasur:
250 g Puderzucker, 3 EL Kakao
3 EL heißes Wasser, 30 g weiche Butter

Die Eier trennen. Eigelb und Zucker schaumig schlagen. Nach und nach die geriebenen Möhren und Mandeln unterrühren. Arrak, Kartoffelstärke, Zimt und Zitronensaft zugeben und verrühren. Zuletzt das steifgeschlagene Eiweiß vorsichtig unterheben. Die Masse in eine gebutterte, mit Semmelbröseln ausgestreute Form füllen und im vorgeheizten Backofen bei 180 °C etwa 40 Minuten backen. Die Torte auskühlen lassen.
Für die Glasur: Puderzucker und Kakao durch ein Sieb geben und mit heißem Wasser glattrühren. Die Masse muß dickflüssig sein. Weiche Butter unterschlagen. Die Torte mit dieser Glasur überziehen. Nach Belieben Schlagsahne dazu reichen.

Als diese Torte vor rund 100 Jahren erstmals im rundbogigen Schaufenster einer Leipziger Feinkosthandlung stand, sorgte sie für Stadtgespräch – und wurde der große Renner. Die Besitzerin, Witwe Schwennicke, immer darauf bedacht, ihre Konkurrenten zu überbieten, kreierte sie als garantiert wirkendes Liebesmittel. Das soll sie übrigens noch heute sein!

Kaffeehaus-Genüsse

GEWÜRZKAFFEE
10 TL gemahlener Kaffee
4 Nelken
1/2 Zimtstange
4 Tassen Wasser
1/4 Liter Schlagsahne
2 EL Zucker
8 cl Weinbrand
Verzuckerte Veilchenblüten

SCHOKOLADENKAFFEE À LA RICHTER
100 g Bitterschokolade
1/4 Liter Schlagsahne
3 Tassen starker schwarzer Kaffee
1 EL Zucker

ROSENLIKÖR
200 g stark duftende Rosenblütenblätter
150 g Zucker
3/8 Liter Korn
5 cl Weinbrand

GEWÜRZKAFFEE
Kaffee, Nelken, Zimtstange mit kochendem Wasser überbrühen. 5 Minuten zugedeckt ziehen lassen. Dabei warm stellen. In der Zwischenzeit die Sahne steif schlagen, 1 Eßlöffel Zucker zufügen. Den Kaffee durch ein Sieb gießen, restlichen Zucker einrühren. In vorgewärmte Tassen je 2 cl Weinbrand gießen, mit Kaffee auffüllen. Auf jede Portion 1 bis 2 Eßlöffel steifgeschlagene Sahne setzen und mit verzuckerten Veilchenblüten verzieren.

Schon vor 200 und mehr Jahren kannte man in den sächsischen Kaffeehäusern vielerlei wohlschmeckende Rezepturen. Man brühte den Kaffee zur Hälfte mit Wasser, zur Hälfte mit Milch. Oder verfeinerte ihn mit allerlei Gewürzen oder Schokolade. Das erste Kaffeehaus Sachsens „Zum arabischen Coffee Baum" entstand im Jahre 1694. Hier trank der starke August den ersten Kaffee seines Lebens.

SCHOKOLADENKAFFEE À LA RICHTER
Die zerkleinerte Schokolade in 1/8 Liter Sahne erhitzen und so lange rühren, bis sie sich aufgelöst hat. Heißen Kaffee zugießen. In 4 vorgewärmte Tassen den Zucker verteilen, Schokoladenkaffee aufgießen. Von der restlichen steifgeschlagenen Sahne Häubchen auf jede Tasse setzen. Dazu paßt ein Gläschen Rosenlikör.

ROSENLIKÖR
Von den frischgepflückten Rosenblütenblättern die Stielansätze entfernen. Die Blätter in eine Porzellanschüssel legen und mit 1/4 Liter kochendem Wasser übergießen, so daß sie knapp bedeckt sind. Zugedeckt 12 Stunden ziehen lassen. Rosenwasser in einen Topf seihen und den Zucker zugeben. Unter Rühren erhitzen, den Topf vom Feuer nehmen. Wenn die Flüssigkeit erkaltet ist, Korn und Weinbrand unterrühren. Den Likör in Flaschen füllen, gut verschlossen etwa 4 Wochen kühl und trocken lagern.

... wo es um mehr geht als nur um die Wurst

„Der Aufwand, den fast alle deutschen Stämme beim Essen und Trinken treiben, dient ihnen in erster Linie dazu, ihre Sorgen zu vergessen. Nur die Thüringer sind von anderer Art: Sie essen um des Genießens willen und denken nicht an den kommenden Tag."
Ob Heinrich Heine mit dieser Beobachtung in seinen „Reisebildern" nun recht hatte oder nicht, sei dahingestellt. Die Thüringer jedenfalls dürfen sich geschmeichelt und in ihrer kulinarischen Wesensart bestätigt fühlen.
Hier ist und ißt man traditionsbewußt, und nicht nur Spötter sprechen vom klassischen Kloß-, Kuchen- und Bratwurstland.
Die Küche Thüringens ist einfach, eher rustikal und immer reichhaltig. Meist sind Mehl, Kartoffeln und Fleisch die Hauptbestandteile der Kochrezepte.
Trotzdem: Wer jetzt denkt „och, wie langweilig ..." urteilt vorschnell!
Als geographische Mitte Deutschlands haben die Thüringer schon immer eine Menge mitgekriegt: zum Beispiel auf den Kreuzungen wichtiger Handelsstraßen von Ost nach West, Nord nach Süd die Gewürze aus aller Herren Länder. Diese wußte man meisterhaft mit den einheimischen Kräutern zu kombinieren, wie etwa in der Thüringer Rostbratwurst.
Liebevoll brät man diese Delikatesse auf dem Rost über einem Holzkohlenfeuer. Ihr Duft zieht über jedes Fest und wird ehrfürchtig „Thüringer Weihrauch" genannt.
An den Duft gekochter oder gebratener Kartoffeln hingegen mußten sich die Thüringer erst gewöhnen, wußte man damit doch anfangs nichts Rechtes anzufangen.
Und so war es denn Frau Holle, die sagenhafte Hüterin von Haus und Hof persönlich, die den Thüringern verriet, wie man Kartoffelklöße macht: Das Ergebnis geriet himmlisch gut und machte Lust auf mehr.
Heutzutage sind Kartoffeln aus Thüringens Küche nicht mehr wegzudenken – als „Hüllerchen" sind sie auch zum Frühstück oder zum Nachmittagskaffee beliebt.
Doch natürlich lebt auch der Thüringer an sich nicht vom Erdapfel allein.
Man liebt Gemüse in jeder Form, ganz besonders Hülsenfrüchte, und kombiniert gern Süßes mit Saurem. – Oder Deftiges mit Bier – welches hier eine ganz besondere Tradition hat.
Sozusagen als Entschädigung dafür, daß in Thüringen der Wein nicht so recht wachsen will, hatte hier schon im Mittelalter jeder das Recht, sein eigen Bier zu brauen.
Wo viel Bier, da sind auch viele Feste! Da wundert es nicht, daß sogar der traditionelle Martinstag zum Volksfest wird. Den feiert man in Thüringen wie fast überall mit einer Martinsgans und vielen leckeren Kuchen - aber nicht zu Ehren des barmherzigen Römersoldaten, sondern zu Ehren von Martin Luther, der an einem 10. November geboren ist und selbst viele Geburtstage in Thüringen verbracht hat.

Hüllerchen

750 g Kartoffeln, Salz
3 EL Kartoffelmehl, 100 g Butter
250 g durchwachsener Speck
500 g Zwiebeln

Kartoffeln schälen, waschen, in Salzwasser gar kochen, abgießen, dämpfen, mit dem Stampfer zerdrücken. Das Kartoffelmehl unter ständigem Rühren zugeben, bis sich der Teig leicht zieht. Butter erhitzen, den gewürfelten Speck darin anbraten, die gewürfelten Zwiebeln hinzufügen und glasig werden lassen. Aus der Kartoffelmasse kleine Bällchen formen, die in die Specksauce geben und unter ständigem Rütteln so lange backen, bis sie glasig aussehen. Im Tiegel zu frisch gebrühtem Kaffee servieren.

Eine Zwischenmahlzeit, die in Thüringen zum Frühstück, aber auch zum Nachmittagskaffee verspeist wurde. Die Kartoffel ist aus der Küche Thüringens und ihrer Geschichte nicht wegzudenken. Kartoffeln werden, seit man Ihnen kulinarisch auf die Schliche kam, gebraten, gebacken und gesotten, sie kommen als ganze, in Schnippen, als Suppe, Brei, Klöße, Stampfkartoffeln oder eben als Hüllerchen auf den Tisch. Kaum etwas hat in Thüringen die Kochphantasie so angeregt wie die Kartoffel.

Tomatensalat mit Rotwurst

400 g Tomaten, 200 g Fleischblutwurst
2 mittelgroße Zwiebeln
Salz, Pfeffer, Essig, Zucker, Öl

Nach Geschmack:
2 gekochte Eier
1 Bund Petersilie oder Schnittlauch, 1–2 Äpfel

Tomaten waschen, vom Blütenansatz befreien und je nach Größe in 4–6 Ecken schneiden. Die Fleischblutwurst enthäuten und in etwa 1 cm große Würfel schneiden. Wurst und Tomaten nun vorsichtig vermischen, danach die in Scheiben geschnittenen Zwiebeln hinzugeben, pikant abschmecken und kühl stellen. Vor dem Servieren kann man diesen Salat mit gekochten Eiern, gehackter Petersilie oder Schnittlauch und je nach Geschmack auch mit Apfelspalten dekorativ garnieren. Eine Butterschnitte mit Schnittlauch schmeckt am besten dazu.

Prächtig gediehene Tomaten bestimmen zu einem guten Teil Thüringer Gärtnerstolz. Und unter den Salatgemüsen besitzt die Tomate einen privilegierten Rang in der Küche. Gesellt sich ihr die Rotwurst zu – die nun einmal viele Liebhaber in Thüringen hat –, dann gilt das Ergebnis wie eben dieser Salat als ausgesprochene Feinschmeckerei.

Brotsuppe mit Leberwurst

30 g Schmalz, 1 Zwiebel
1 Stange Lauch, 1 Karotte
1 kleines Stück Knollensellerie
Kümmel, Knoblauch, 300 g Schwarzbrot
125 g Thüringer Hausmacherleberwurst
1 1/4 Liter Fleischbrühe
Salz, Majoran, 1 Bund Petersilie

In heißem Schmalz Zwiebelscheiben, Lauchstreifen, die geraspelte Karotte und Sellerie anschwitzen, mit etwas gehacktem Kümmel und Knoblauch würzen. Das zerbröselte oder in kleine Würfel geschnittene Schwarzbrot und die in große Würfel geschnittene Leberwurst dazugeben, mit Brühe auffüllen und etwa 20 Minuten durchkochen lassen. Mit wenig Salz und etwas Majoran würzen, mit reichlich Petersilie anrichten.

Eine echte Speise aus der thüringischen Suppenküche, die die zahlreichen in Thüringen angebauten Gemüsearten verwendet und mit den verschiedensten Gewürzen reichlich würzt. Diese Suppe hält mehr, als ihr Name vermuten läßt. Die Leberwurst gibt ihr zusammen mit den Gemüsen und Gewürzen Geschmack und Kraft, das Brot die Bindung. Sie hat hier von alters her einen Stammplatz, ist wenig aufwendig und macht Appetit auf den nächsten Gang.

Süß-saure Linsensuppe mit Rotwurst

300 g Linsen, 1 Liter Rinderbouillon
150 g geschälte rohe Kartoffeln
Salz, Pfeffer, Zucker, Essig
30 g Speck, 2 mittelgroße Zwiebeln
Mehl, Butter, 200 g Thüringer Rotwurst

Tip:
Damit die helle Schwitze keine Klumpen bekommt, verrühren Sie das Mehl unter langsamem Zugießen von Wasser zunächst zu einem dünnen Brei. Die Butter darf nur lichtgelb erhitzt und geschmolzen werden, und dort hinein geben Sie den Mehlbrei, rühren dabei gut und ständig weiter.

Linsen waschen und in reichlich (etwa 1 Liter) kaltem Wasser 12 Stunden quellen lassen. Mit dem Einweichwasser und der Brühe zum Kochen bringen. Nach der Hälfte der Garzeit – 25 bis 30 Minuten– Kartoffelwürfel zugeben und pikant abschmecken. Speck und Zwiebeln in kleine Würfel schneiden, glasig andünsten, unter Zugabe von Mehl und etwas Butter eine helle Schwitze herstellen. Die Linsen damit sämig binden, eventuell noch ein wenig nachwürzen. Nicht zu große Stücke der enthäuteten Thüringer Rotwurst in Terrine oder Teller geben, mit der heißen Suppe auffüllen und servieren. Dazu paßt am besten eine dicke Scheibe Landbrot.

Hülsenfrüchte verzehren die Thüringer schon seit sehr langer Zeit, und beliebt ist auch heute, da es ihr an kulinarischen Raffinessen keineswegs mangelt, unvermindert echte Hausmannskost – wie eben diese Linsensuppe. Dazu gehört unbedingt Thüringer Rotwurst, die die Thüringer kennen und mit Wohlbehagen verspeisen, seit zu Hause geschlachtet wird.

Sauerkrautsuppe

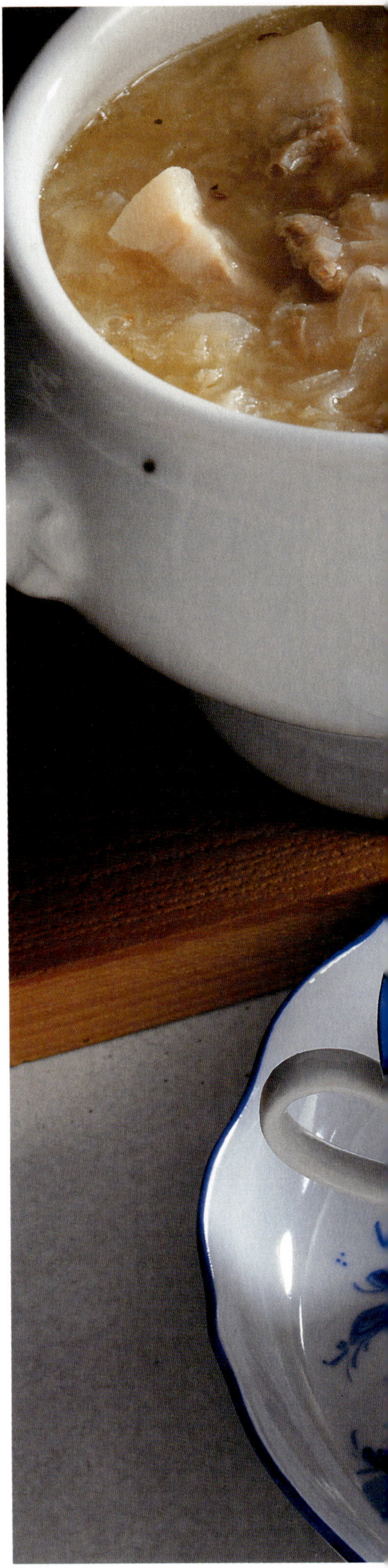

50 g Schweineschmalz, 1 große Zwiebel
300 g rohes Sauerkraut, Salz, weißer Pfeffer
3 Wacholderbeeren, Kümmel, 1/2 Lorbeerblatt
1 Liter kräftige Rinderbouillon
100 g Kartoffeln, 250 g saure Sahne
100 g geröstete Vollkornbrotwürfel
1 Bund Petersilie oder Dill
Schweinebauch oder Schinken nach Geschmack

Schweineschmalz erhitzen und die in feine Würfel geschnittene Zwiebel darin glasig dünsten. Das etwas zerkleinerte Sauerkraut mit den Gewürzen zugeben und gut anschwitzen. Danach mit Rinderbouillon auffüllen, auf kleiner Flamme fertig garen, doch das Kraut nicht zu weich werden lassen. Kurz vor dem Garpunkt die Suppe mit geriebenen Kartoffeln binden, mit saurer Sahne verfeinern und mit gerösteten Brotwürfeln und reichlich Petersilie oder Dill bestreut zu Tisch geben. Mit einer Einlage von Schweinebauch oder Schinken ergibt sich eine gehaltvolle Mahlzeit.

In Thüringen ist das Kraut nicht der absolute Favorit unter den Kohlgemüsen, aber nicht wenige essen vor allem würzig zubereitetes Sauerkraut gern. In den Bauernfamilien kommt Sauerkraut am häufigsten auf den Tisch, denn dort wird seit jeher Vorrat angelegt, so gut es nur geht. Ganze Kohlköpfe werden sauer eingelegt.

Karpfen auf Thüringer Art

1 großer Karpfen, etwa 1 kg, Butter
250 g Weintrauben, 2 Äpfel
4 EL geriebener Meerrettich
Salz, Zucker

Der Karpfen wird, wie gewohnt für blau gekochten Fisch, zubereitet: so wenig wie möglich anfassen, direkt gar kochen, herausnehmen und mit Butter bestreichen. Dazu reicht man folgende Sauce: Weintrauben waschen und durch ein Sieb streichen, Äpfel schälen und raspeln, beides mischen. Zum Schluß den Meerrettich zugeben und mit Salz und Zucker abschmecken.

Vom Silvesterkarpfen einmal abgesehen, ist dieser fette Geselle aus dem Reich der Fische in deutschen Landen nicht der Favorit unter den Fischspeisen. Anders in Thüringen. Dort wurden auf den mittelalterlichen Märkten auch Aal, Lachs und Hering gehandelt. Aber die weiten Transportwege und die fischärmer werdenden Gewässer ließen den Fisch im allgemeinen in Thüringens Küche nicht zur Tradition werden. Das verschaffte dem Karpfen den Vorteil in der Gunst der Leute, da sie ihn in heimatlichen Gewässern züchten und bei Bedarf lebend verfügbar haben.

Heringskartoffeln

750 g Kartoffeln, 450 g Salzheringe
3–4 Zwiebeln, 50 g Butter
3 EL Paniermehl, 2 Eier
150-200 g saure Sahne
Pfeffer, Salz

Tip:
Wie bei Armeleuteessen nicht anders zu erwarten, sind Varianten möglich, ohne daß der Charakter des Gerichtes verloren ginge. Der Salzhering kann sich zum Beispiel vom Bismarckhering oder auch vom Bückling vertreten lassen.

Die Kartoffeln kochen, pellen und abkühlen lassen. Die gewässerten Heringe ausnehmen, entgräten, abziehen und in Filetstücke schneiden. Die geschnittenen Zwiebeln in einem Teil der Butter goldgelb anschwitzen. Eine Backform ausbuttern, mit Paniermehl ausstreuen und lagenweise Kartoffelscheiben, Heringsstückchen und Zwiebeln einfüllen. Eier und Sahne, Pfeffer und Salz gut durchschlagen, gleichmäßig über die Backform gießen, mit dem restlichen Paniermehl bestreuen, einige Flöckchen von der restlichen Butter aufsetzen, bei mittlerer Hitze im Backofen ungefähr 30 bis 40 Minuten backen.

Eine ganze Anzahl der urtümlichen thüringischen Küchengerichte entstand als Armeleuteessen in den Häusern der Knechte und Mägde, der Heim- und Fabrikarbeiter. Dort waren Heringe und Kartoffeln oft der ganze Küchenvorrat. Was die Hausfrau daraus – mit einigen wenigen Zutaten und mit Phantasie – zu zaubern vermochte, davon zeugen auch diese Heringskartoffeln.

Bierfleisch mit Kümmel und Apfelscheiben

3 große Zwiebeln, 500 g Schweinegulasch, 80 g Schmalz
Salz, Pfeffer, Paprika edelsüß, Kümmel
50 g Weizenmehl, 1/2 Flasche Pilsner
nach Bedarf etwa 1/2 Liter Fleischbrühe
2 Knoblauchzehen, 2 Äpfel, 50 g Butter
1 Bund Petersilie oder Schnittlauch

Die in Scheiben geschnittenen Zwiebeln mit den Fleischwürfeln in Schmalz kräftig anbraten, mit Salz, Pfeffer, Paprika und reichlich gemahlenem oder gehacktem Kümmel würzen und mit Mehl bestäuben.
Danach mit dem Bier ablöschen und mit Flüssigkeit (Wasser oder Brühe) bedecken, den feingeschnittenen Knoblauch beifügen und verschlossen fertig schmoren.
Äpfel vom Kerngehäuse befreien oder ausstechen und in etwa 1/2 cm starke Scheiben schneiden, in Butter von beiden Seiten anschwitzen und als Garnitur auf das fertige Bierfleisch setzen. Zum Schluß reichlich mit gehackter Petersilie oder geschnittenem Schnittlauch bestreuen.

Auch bei dieser Fleischspeise sind wieder, typisch für die Küche Thüringens, Bier und reichlich Gewürze wohlabgewogen im Spiel. Die Köche in Thüringen ließen und lassen sich von dem Sprichwort leiten, wonach sich Gegensätze anziehen. So haben sie nicht selten, ob am häuslichen Herd oder in den Hotel- und Restaurantküchen, scheinbare geschmackliche Gegensätze wie Obst, Fleisch und Bier zu sehr schmackhaften Gerichten vereint.

Fuhrmannsbraten

50 g Schmalz, 1,5 kg hohe Rippe vom Rind
Salz, Pfeffer, Paprika
150 g Suppengrün, 1 Zwiebel, 1 Tomate
1 Lorbeerblatt, 4 Pimentkörner, 1 TL gehackter Kümmel
1–2 EL saure Sahne, 1–2 EL Mehl

Schmalz in einem eisernen Schmortopf erhitzen. Das Fleisch salzen und pfeffern, mit Paprika einreiben und in dem heißen Fett beidseitig braun anbraten. Nun das Suppengrün und die gehackte Zwiebel mit anrösten, dabei öfters umrühren. Anschließend die Tomate und die Gewürze zugeben, kräftig mit anrösten und dann mit 3/8 Liter Wasser angießen. 1 1/2 bis 2 Stunden das Fleisch schmoren lassen.
Danach herausnehmen, den Fond mit dem in saurer Sahne angerührten Mehl eindicken und mit Salz und Pfeffer abschmecken. Die Sauce durch ein Sieb gießen und in der Sauciere extra reichen. Den Braten ergänzen vorzüglich Thüringer Klöße und Lauchgemüse.

Die Thüringer Fuhrleute brachten vor Jahrhunderten Gewürze, Weine oder Nordseeheringe nach Thüringen und kamen weit im Land herum. Vielleicht hatten sie eine Vorliebe für dieses Mahl, wenn sie in einer der am Wege liegenden Gaststätten Rast hielten. Vielleicht hat der Braten seinen Namen aber auch daher, daß die Fuhrleute Zutaten wie Gewürze als erste kennenlernten und begutachteten.

Rotwickel mit Rinderfüllung

8 große Rotkrautblätter
3 EL Essig
1 Gewürznelke
Salz, Pfeffer
Zucker
200 g Steinpilze oder Pfifferlinge
100 g Butter
650 g Rindergehacktes
1 Ei
1 Brötchen
2 EL süße Sahne
1/4 Liter Fleischbrühe
1 EL Mehl
etwas Rotwein

Die Rotkrautblätter in 1 Liter Wasser mit Essig, Nelke, Salz, Pfeffer und Zucker (je eine kräftige Prise) etwa 5 Minuten kochen und dann auf einem Sieb abgießen. Die gesäuberten und geschnittenen Pilze in der Hälfte der Butter etwa 5 Minuten anschwenken und durch den Fleischwolf drehen.
Aus dem Rindergehackten, dem Ei, dem eingeweichten Brötchen, Sahne, Salz und Pfeffer eine Masse herstellen, unter die man abschließend die Pilze rührt. Auf die Rotkohlblätter gleichmäßig die Hackmasse verteilen, dann die belegten Blätter zu Kohlrouladen rollen. In einer Ofenpfanne läßt man die restliche Butter heiß werden und legt die Rotkrautwickel eng nebeneinander hinein. Im Backofen die Krautwickel etwas Farbe nehmen lassen und dann die Brühe zugießen. Nach insgesamt 1 Stunde Bratzeit bei mittlerer Hitze sind die Rotkohlwickel gar. Die Sauce mit Mehl binden, das man in etwas Rotwein angerührt hat. Nochmals durchkochen lassen und mit Salz, Pfeffer und einer Prise Zucker herzhaft abschmecken.

Im Gemüseanbau Thüringens nehmen die verschiedenen Kohlsorten, nicht nur Blumen-, auch Weiß- und Rotkohl einen hervorragenden Platz ein. So auch in der thüringischen Küche, wo die Kohlröschen oder -blätter auf das genußvollste veredelt werden. Kohl ist genauso Gemüsebeilage, Hauptgericht wie Suppensubstanz. Da gibt es die bekannte Kohlroulade aus Wirsing oder die Krautsuppe – und die weniger bekannten Rotwickel mit Rinderfüllung, etwas aufwendiger in der Zubereitung, aber um so größer das Vergnügen beim Essen.

Pfannenkloß

1 kg Schweinefleisch, Salz, Pfeffer, 1 kg Mehl
15 g Hefe, 1/2 Liter Milch, 1 Ei, 250 g Butter, Muskat
5-10 Birnen, je nach Größe, Zucker

Tip:
Dieses Rezept vereint in idealer Weise wesentliche Bestandteile der Thüringer Küche in sich. Wenn Sie Äpfel statt Birnen verwenden, sollten vorher die Kerngehäuse ausgestochen werden.

Das Schweinefleisch tags zuvor mit 1 Eßlöffel Salz und etwas Pfeffer einreiben und etwa 12 Stunden gut durchziehen lassen.
Aus dem Mehl, der Hefe und 150 ml Milch einen Vorteig kneten und 45 Minuten gehen lassen. Dann gibt man die restliche Milch, das Ei, die Butter, 1 Teelöffel Salz und etwas Muskat dazu, mengt einen nicht zu festen Teig und läßt diesen noch einmal 45 Minuten gehen.
Die Birnen werden geschält und mit Zucker gut eingestreut. Dann in die Mitte einer großen, gut schließenden Pfanne das Schweinefleisch legen, auf die eine Seite den Teig, auf die andere die Birnen, die Pfanne halb mit kaltem Wasser füllen und in den Backofen schieben. Hier muß die Speise 3 Stunden bei mäßiger Hitze backen, so daß Kloß und Fleisch eine braune Kruste bekommen. Sollte die Sauce zu sehr einkochen, so muß man etwas nachgießen.

Dieser Kloß hat es in sich. Dabei erinnert er nach Zubereitung und Aussehen gar nicht an das, was man sich unter einem richtigen Kloß vorstellt. Aus der Unmenge thüringischer Kloßrezepte ragt er nicht nur dadurch heraus, daß er auf die Zutat Kartoffel verzichtet, sondern auch, weil er das Fleisch, das viele Thüringer Kloßarten begleiten, in sich verkörpert.

Blutwurst mit sauren Linsen

350 g Linsen, 2 Stangen Lauch
1 Petersilienwurzel, 1 Stück Sellerieknolle, 2 Karotten
Salz, 2–3 EL Essig, 100 g durchwachsener Speck
2 Zwiebeln, 500 g frische Blutwurst

Linsen am Vortag in 1 bis 1 1/2 Liter Wasser einweichen. Lauch, Petersilienwurzel, Sellerie und Karotten putzen, waschen, abgetropft in kleine Stücke schneiden und mit den Linsen im Einweichwasser bei milder Hitze etwa 1 1/4 Stunden garen. Anschließend mit Salz und Essig kräftig-pikant abschmecken. Den Speck würfeln und in einer Pfanne auslassen. Die feingewürfelten Zwiebeln darin knusprig braten. Speck- und Zwiebelwürfel über die Linsen geben. Die Blutwurst im Speckfett anbraten. Dann mit den Linsen und Salzkartoffeln servieren.

Linsen und Blutwurst sind in Thüringer Kochtöpfen schier unzertrennlich. Mit einer Einschränkung – wo die Blutwurst ist, sind nicht immer die Linsen, aber wo die sind, da ist die Blutwurst auf jeden Fall nicht weit.

Stolzer Heinrich

6–8 Bratwürste, 20 g Butter, 2 EL Mehl
1/4 Liter Fleischbrühe, 1 EL Essig
2 Lorbeerblätter, Rosmarin
jeweils 1 Prise Salz, Pfeffer, Ingwerpulver
1 unbehandelte Zitrone, 5–6 Kapern, 50–60 ml Wein

Die Bratwürste werden halbgar gebraten. In brauner Butter Mehl rösten, etwas Fleischbrühe und Essig zugießen, Lorbeerblätter, Rosmarin, Salz, Pfeffer und etwas Ingwerpulver zugeben und zusammen kochen. In diese Sauce die Bratwürste legen, einige Zitronenscheibchen, die Kapern und den Wein hinzugeben und alles bei schwacher Flamme kurz durchziehen lassen.

Jener „stolze Heinrich“, von dem die Bratwurst ihren Namen entlehnt hat, war König Heinrich IV., der sich 1077 vom römischen Papst Gregor VII. in Canossa demütigen lassen mußte, um vom Bann losgesprochen zu werden. Daß die Thüringer diesen Namen nun ausgerechnet einer Bratwurst liehen, die sauer eingelegt wird, könnte man so deuten, daß der stolze König bei seinem Gang nach Canossa wohl eine recht säuerliche Mine aufgesetzt haben dürfte.

Gänsekeulen in Rotwein geschmort

4 Gänsekeulen, Salz, Pfeffer, Beifuß
100 g Schmalz, 1 großer Apfel
2 mittelgroße Zwiebeln
1/2 Liter Rotwein, 50 g Maisstärke, Butter

Gänsekeulen mit Salz, Pfeffer und Beifuß einreiben. Von beiden Seiten gut anbraten und aus der Pfanne nehmen. Apfel (mit Schale und Kerngehäuse) und Zwiebeln in etwa 1 cm große Würfel schneiden und im Bratfett der Keulen anrösten. Mehrmals mit Wasser kurz ablöschen, damit die Sauce eine schöne braune Farbe erhält. Keulen wieder hinzugeben, Rotwein angießen und zugedeckt weich schmoren. Die Sauce leicht mit Maisstärke binden, etwas nachwürzen, passieren und je nach Geschmack mit einem nußgroßen Stück Butter verfeinern.

Die Gans, die für die Germanen ein Symbol ehelicher Treue war, stand jahrhundertelang auf der Liste der Fastenspeisen. Zum Glück, denn das hat ihr offensichtlich den Weg in unsere weihnachtliche Küche geebnet. Mit dem Martinsfest alljährlich am Vorabend des 11. November verbindet sich die Martinsgans. Schon 1332 sollten die Domherren zu Nordhausen ihre Martinsgans gegessen haben. Zum Gänsebraten gibt es in Thüringen fast immer Thüringer Klöße – nein, natürlich zu den Klößen den Gänsebraten.

Thüringer Klöße

2 kg Kartoffeln
Milch, Salz
3 Brötchen, etwas Butter

Von den Kartoffeln 1 1/2 kg schälen, waschen und auf einem Reibeisen in kaltes Wasser reiben. Dann das Wasser von oben vorsichtig abgießen und so oft erneuern, bis es ganz klar ist. Die Kartoffelreste, die beim Reiben übrigbleiben, mit den restlichen gewaschenen, geschälten und in Würfel geschnittenen Kartoffeln kochen. Ganz fein zerstampfen und mit etwas Milch einen dicken Brei davon kochen. Nun die rohen Kartoffeln durch ein Leinensäckchen ganz trocken auspressen und in eine Schüssel geben. Die Masse auflockern, Salz und den heißen Brei hinzugeben, alles gut miteinander verkneten und Klöße davon formen. Die Brötchen würfeln und in Butter rösten, einige jeweils in die Mitte jedes Kloßes füllen, die Klöße rund drehen und in kochendes Wasser geben. Die Klöße 15 bis 20 Minuten ziehen, aber nicht kochen lassen. Sobald sie gar sind, servieren.

Kommt dieser „echte“ Thüringer Kloß auf den Teller, dann ist er den Thüringern die Hauptsache, nicht der Braten. Ein Sonntag ohne Klöße ist kein Sonntag, so sagt man in Thüringen. Erfunden haben soll die Thüringer Klöße der Sage nach Frau Holle, um die Leute, so eine ironische Sagendeutung, für den sauren Saalewein zu entschädigen. Charlotte von Lengefeld lud einmal Friedrich Schiller ein, natürlich im Auftrag der Mutter, bei ihnen Klöße zu essen. Und Schiller fand sie ganz vorzüglich.

Aschkloß

500 g rohe Kartoffeln
300 g gekochte Kartoffeln
20 g Mehl
20 g Kartoffelmehl
150-200 g magerer gewürfelter Speck
Salz
etwas Pfeffer
Fett für die Form
2 Brötchen, in Scheiben geschnitten
1/8 Liter Milch
2 Eier

Wie für die „echten" Thüringer Klöße die rohen Kartoffeln reiben und in einem Säckchen auspressen. Die gekochten Kartoffeln abgießen und durch die Presse drücken. Beide Kartoffelmassen mit dem Mehl, den Speckwürfeln und etwas Salz und Pfeffer gut durcharbeiten. Den Kloßteig in eine gefettete Backform einfüllen, die Brötchenscheiben darüber verteilen und abschließend Milch und Eier mit etwas Salz glattschlagen und über die Brötchenscheiben gießen. Die Backform im Backofen bei mittlerer Hitze etwa 1 Stunde ausbacken. Stückchen von Brötchengröße aus dem Aschkloß schneiden und zum Braten servieren.

Er ist ein sehr schmackhafter Vertreter aus der riesigen Familie der Thüringer Klöße. Gebacken, was einem Kloß relativ selten widerfährt, ist auch er ein Phantasieprodukt thüringischer Hausfrauen. Wenn er nicht so oft auf den Tisch gebracht wird wie die „richtigen", die „rohen" Thüringer Klöße, dann nur deshalb, weil die halt die Kloß-Könige sind und bleiben.

Serviettenkloß

400 g Weißbrot
1/2 Liter Milch, 4 Eier
1 Prise Muskat, Salz

Über das kleinwürfelig geschnittene Weißbrot wird die mit den übrigen Zutaten verquirlte Milch gegossen. Die gut durchgeweichte Masse in eine gebrühte Serviette binden, welche so zusammengeknotet wird, daß dem Kloß zum Aufgehen Platz bleibt. Über einen Löffelstiel in kochendes Salzwasser hängen und etwa 45 Minuten sieden lassen.
Süßer oder saurer Rahm, eine Weinsauce wie auch Rosinen vollenden den Wohlgeschmack.

Wer zu einem saftigen Rinder- oder Schweinebraten oder zu Rouladen schon einmal den Serviettenkloß probiert hat, der wird gestehen: Es müssen nicht immer die „echten Thüringer" sein.
Der Serviettenkloß ist ein sehr angenehmer Vertreter der großen Thüringer Kloßfamilie und gehört noch heute zum traditionellen Hochzeitsschmaus um Meiningen.

Suhler Rahmkuchen

Für den Teig:
500 g Mehl
50 g Zucker
1 Prise Salz
100 g Butter oder Margarine
30 g Hefe
reichlich 1/8 Liter lauwarme Milch

Für den Belag:
1 Liter Milch
100 g Zucker
2 Päckchen Vanillepuddingpulver
800 g Sultaninen
3 Eier
3 EL Zucker
1/2 Liter dicke süße Sahne (Crème double)

Einen Hefeteig bereiten, den Teig auf ein gefettetes Blech ausrollen und nochmals gehen lassen.
Aus Milch, Zucker und Puddingpulver einen Pudding kochen und diesen auf den Teig streichen. Mit gewaschenen Sultaninen belegen. Eier und Zucker verquirlen, unter die dicke süße Sahne geben und die Sultaninen damit bedecken. Bei 200 °C etwa 45 Minuten backen.

Von sich reden gemacht hat die thüringische Regionalküche zu einem guten Teil durch die Kuchenbäckerei. Der Kochbuchautor Johann Philipp Christian Reuß warnte schon 1788 vor allzu üppigem Kuchenverzehr, doch der Mann warnte wohl vergeblich. Die vielen thüringischen Kuchenrezepte haben es auch heute noch in sich, wie das des Suhler Rahmkuchens.

Zwetschenkuchen mit Leinöl

500 g Weizenmehl
200 g Butter oder Margarine
200 g Zucker, 2 Eier, 1/8 Liter Milch
1 Prise Salz, 5 g Hefe
1 kg Zwetschen, 50–100 ml Leinöl

Aus Mehl, Butter oder Margarine, Zucker, Eiern, Milch, Salz und der Hefe einen Hefeteig bereiten, gut durchkneten und etwa 1 cm dick auf dem gut gefetteten Kuchenblech ausrollen. Anschließend die entsteinten und etwas abgetropften Zwetschen auflegen und mit Leinöl beträufeln. Den Kuchen dann bei mittlerer Hitze etwa 35 bis 40 Minuten backen, am Schluß mit Zucker bestreuen.

Dieses Rezept darf in keinem thüringischen Kochbuch fehlen, denn der Zwetschenkuchen selber wurde und wird zu Festen, ob Hochzeit oder Kirmes, fast erwartet. In Jahreszeiten, in denen es keine frisch geernteten Zwetschen gibt, buken die Leute in der Meininger Gegend den Hutzelkuch. Zum Kuchenbacken wurden die Backpflaumen gekocht, entsteint und durch den Fleischwolf gedreht. Zusammen mit Zucker und Zimt kamen sie auf den ausgerollten Hefeteig, obenauf etwas saure Sahne. Den Zwetschenkuchen und den Hutzelkuch läßt niemand stehen.
Vor allem in Südthüringen gehörte früher das Dörrhaus ebenso zum Gehöft wie die Scheune. Dort wurden Zwetschen zu Hutzeln gedörrt, den Backpflaumen vergleichbar.
Leinöl wird aus Leinsamen kalt gepreßt, weist einen hohen Fettgehalt von 30–45 % auf und ist reich an mehrfach ungesättigten Fettsäuren. Das goldgelbe, etwas streng riechende und schmeckende Öl besitzt in Deutschland am meisten Bedeutung im Osten sowie als hochwertiges Speiseöl in der Reformkost.

GARANTIE
FEINSTAHL

Heidelbeerwein

3 kg Heidelbeeren
300–400 g Zucker
je 1 Prise Zimt und Nelken

Heidelbeeren und 1 Liter Wasser etwa 15 Minuten lang „tüchtig" zusammenkochen. Den Saft durch ein Leinentuch drücken und zugedeckt stehen lassen, damit sich das restliche Fruchtfleisch setzt. Dann den Saft vorsichtig abgießen und mit dem Zucker, etwas feingestoßenem Zimt und Nelken noch ein wenig kochen, abkühlen lassen, auf Flaschen füllen und die Flaschen nur locker verkorken. Wie allen Wein auch diesen im Keller aufbewahren – bis er zu seiner großen Stunde hervorgeholt wird.

Über die Qualität thüringischer Weine in vergangenen Zeiten wird unterschiedliches berichtet. Von den Weinbaugebieten in Thüringen blieb nur eines übrig, das an Saale und Unstrut, heute im Land Sachsen-Anhalt gelegen. Wein und Sekt von dort sind jedenfalls nicht zu verachten. Aber da der heimische Weinbau sonst überall in Thüringen immer weiter zurückging und im 19. Jahrhundert schließlich ganz verschwand, mußten sich die Thüringer mit ihren selbstgemachten Obstweinen trösten. Kühl serviert, ist Heidelbeerwein ein belebendes Getränk.

Zum Apfelwein spielt die Musik

„Viel und deftig, feucht und fröhlich", so lautet die Devise in der hessischen Küche. Hier mischt sich Bodenständiges aus den ländlichen Regionen wie Vogelsberg, Taunus, Odenwald oder Rheingau mit den Vorlieben vornehmer Patrizierfamilien in den großen Handelsstädten.
Trotz vieler neuer Einflüsse hat aber auch jede Gegend ihre Eigenständigkeit bewahrt, so daß die verschiedensten Geschmacksrichtungen nebeneinander bestehen.
In der Rhön zum Beispiel mag man es auch gerne mal süß. Die „Hutzelklöße" – Hefeknödel mit getrockneten Birnen – sind der leckerste Beweis dafür.
In Nordhessen gibt es mit grünen Kräutern gewürzte Kartoffelklöße, die so diebisch gut schmecken, daß sie gar „Diebchen" heißen.
Überhaupt, die grünen Kräuter haben es den Hessen angetan: mindestens sieben davon gehören in die Frankfurter Grüne Sauce, von der schon Johann Wolfgang Goethe geschwärmt hat – auch wenn sie nicht hier erfunden wurde. Der Ursprung dieser Spezialität, die ganz hervorragend zu Ochsenfleisch, Kartoffeln oder Fisch paßt, liegt in einem dunklen „Es war einmal ..." – wahrscheinlich in Frankreich.
Viel mehr aber noch war Goethe von ganz anderen grünen Dingen angetan: den Weinreben des Rheingauer Rieslings nämlich. Und da hat er sich gewiß nicht auf den väterlichen Weingarten vor den Toren Frankfurts beschränkt.
Das eigentliche Nationalgetränk der Hessen aber ist natürlich der „Äbbelwoi", der Apfelwein, der je nach lokaler Tradition auch schon mal „Äppelwoi" oder „Ebbelwoi" geschrieben wird. Egal wie – köstlich ist er immer! An einem ähnlichen, aus Äpfeln oder Birnen hergestellten Zaubertrunk sollen sich schon die „alten Germanen und Germaninnen" berauscht haben.
Heute ist der Apfelwein so untrennbar mit Hessen verbunden, daß sich das sogar auf den berühmten französischen 'coq au vin' ausgewirkt hat: in Hessen nennt man Hühner auch ‚Hinkel', und was im Topf dann schmort, ist ein Äbbelwoi-Hinkelsche ...
In Frankfurt, das nicht nur Handelsknotenpunkt, sondern mit dem Frankfurter Dom und dem Römer auch ein Ort ist, an dem deutsche Geschichte gemacht wurde, liegen aber noch ganz andere Dinge auf dem Teller, an denen man nicht vorbeikommt: Immer paarweise daher kommen die nicht minder geschichtsträchtigen Frankfurter Würstchen. Ihre Besonderheit liegt darin, daß sie kalt geräuchert werden, was erstmals 1562 amtlich beurkundet wurde.
Über den Ursprungsort des ebenso typischen Handkäs', auch Stinker genannt, waren sich schon die Brüder Grimm uneins. Die einen sagen, sein Ursprung liegt in Mossautal im Herzen des Odenwaldes, die anderen wollen ihn im rheinland-pfälzischen Mainz zuerst gesehen haben – wie auch immer: die Musik dazu, die kommt aus Hessen!

Mit Musik aus dem Odenwald

HANDKÄS' MIT MUSIK
4 reife Handkäs'
2 EL Weinessig
1 EL Wasser
1 EL Öl
feingehackte Zwiebeln
Kümmel
schwarzer Pfeffer aus der Mühle

SCHWARTENMAGEN MIT MUSIK
375 g Schwartenmagen
1 Apfel
2 Tomaten
2 Zwiebeln
2 Gewürzgurken
2 EL Mixed Pickles
1 hartgekochtes Ei
2 EL Essig
2 EL Öl
Salz
Pfeffer aus der Mühle
1 EL feingehackte Kräuter der Saison

HANDKÄS' MIT MUSIK
Für jede Person einen Handkäs' auf einem Teller anrichten. Für die Musik die angegebenen Zutaten außer dem Pfeffer gut verrühren und über den Käselaibern verteilen. Pfeffer nach Geschmack darübergeben. Dazu schmeckt Bauernbrot mit Butter bestrichen und Apfelwein.

SCHWARTENMAGEN MIT MUSIK
Den Schwartenmagen von der Haut befreien und würfeln. Den Apfel schälen und das Kerngehäuse entfernen. Die Tomaten kurz in heißes Wasser legen und die Haut abziehen. Die Zwiebeln ebenfalls schälen. Dann den Apfel, die Tomaten und die Zwiebeln zusammen mit den Gewürzgurken, den Mixed Pickles und dem gekochten Eiweiß würfeln. Aus Essig, Öl, Salz und Pfeffer, den Kräutern und dem zerdrückten Eigelb eine Marinade rühren und mit den anderen Zutaten vermischen. Über den Schwartenmagen geben und mindestens eine halbe Stunde durchziehen lassen. Dazu schmeckt kräftiges Roggenbrot.

Für einen „dorschenen Handkees mit Musik" geht der Odenwälder meilenweit. Doch das muß er gar nicht, denn im Herzen des Odenwaldes, in Mossautal, wird der Hüttenthaler Frühstückskäse hergestellt, eine von sieben geschützten deutschen Käsespezialitäten aus der Familie der Wein- und Münsterkäse. Bei der Verabreichung dieses Gerichts braucht der Wirt nicht einmal die Gema zu informieren, denn für die Musik sorgt der Gast, und die wird erst zu Hause gemacht. „Vun eme Handkees kann mer net mäih verlange, als daß er schtinkt", heißt ein Sprichwort, und der Odenwälder setzt noch eins darauf: „Der doo un en Handkees gibt zwaa Schtinker."

MOLKEREI
Hüttenthal

Praunheimer Staudensellerie-Kuchen

1 Staudensellerie, 3 Zwiebeln
175 g durchwachsener Speck, 20 g Butter
1 gehäufter EL Speisestärke
250 g saure Sahne, 4 Eier. 250 g Hartkäse
Muskat, Pfeffer, Salz
1 Paket fertiger Blätterteig

Den gesäuberten Staudensellerie in Salzwasser etwa 25 Minuten köcheln lassen, dann durch ein Sieb abgießen. Die Zwiebeln würfeln und den Speck in Streifen schneiden. Die Butter in einer Pfanne erhitzen, die Zwiebeln andünsten und den Speck kurz mitbraten. Die Speisestärke mit der sauren Sahne und den Eiern verquirlen. Den Käse reiben, mit der Zwiebel-Speck-Mischung vermengen und mit Muskat, Pfeffer und Salz abschmecken. Eine runde Springform gleichmäßig mit dem Blätterteig auslegen. Den Staudensellerie in längliche Stücke schneiden und sternförmig auf dem Blätterteig verteilen. Zwiebel, Speck und geriebenen Käse darübergeben und mit der Ei-Sahne-Mischung übergießen. Im vorgeheizten Backofen etwa eine Stunde bei 200 °C backen. Der Kuchen wird warm als Vorspeise oder Zwischenmahlzeit gegessen.

Was für den Elsässer und Lothringer die „Quiche Lorraine" und für die Süddeutschen der Zwiebelkuchen ist, das ist für den Frankfurter und die Hessen der Staudensellerie-Kuchen. Als Zwischenmahlzeit oder als – wenn auch deftige – Vorspeise gibt es kaum etwas Schmackhafteres!

Kochkäse in drei Variationen

Für 4-6 Personen

AUS QUARK UND HANDKÄSE
200 g Handkäse
100 g Butter
2 TL Natron
500 g Magerquark
Salz, Kümmel

AUS SCHICHTKÄSE
500 g Schichtkäse
2 TL Natron
100 g Butter
Salz und Kümmel nach Belieben

EIN ALTES REZEPT AUS OMAS KÜCHE
500 g Quark
30 g Butter
60 ml heiße Milch
Kümmel nach Belieben
Salz

AUS QUARK UND HANDKÄSE
Handkäse, Butter und Natron zusammen in einer Schüssel im Mikrowellenherd oder Wasserbad zergehen lassen. Magerquark unter die Masse rühren und alles nochmals erwärmen. Je nach Geschmack mit Salz und Kümmel würzen.

AUS SCHICHTKÄSE
Schichtkäse gut abtropfen lassen, zusammen mit Natron Butter in eine Schüssel geben und im Wasserbad langsam erwärmen, bis Schichtkäse und Butter geschmolzen sind. Nicht kochen lassen. Die Masse mit dem Schneebesen oder Rührgerät schlagen, bis sie glatt ist. Salz und Kümmel hinzugeben, umrühren und abkühlen lassen.

Wie immer man den Kochkäse zubereitet, am besten schmeckt dazu Bauernbrot mit Butter und Apfelwein.

EIN ALTES REZEPT AUS OMAS KÜCHE
Der Quark wird in einem Topf oder in einer Schüssel zugedeckt an einen warmen Ort gestellt, dabei täglich umgerührt. Nach 1 bis 2 Wochen ist der Quark reif (glasig). Dann den Quark im Wasserbad mit den angegebenen Zutaten unter Rühren so lange kochen, bis die Probe auf dem Teller erstarrt. Die fertige Masse, die gelb und glasig aussehen muß, in Schüsseln füllen und auskühlen lassen.

Dieses Rezept aus Omas Küche gelingt nur, wenn Sie dafür Quark verwenden, der aus unbehandelter Milch hergestellt wurde. Heute werden durch die industrielle Behandlung die natürlichen Keime und Bakterien abgetötet, und der Quark verschimmelt, wenn Sie ihn auf die oben beschriebene Weise „traktieren“.

Ebbel
woi'
UHRIG
ODENWALD

Rettichsalat

2 große schwarze Winterrettiche
Salz, 1 Prise Zucker, 250 g saure Sahne
Saft 1/2 Zitrone, etwas Essig

Rettiche schälen, raspeln und leicht gesalzen 10 Minuten zugedeckt stehen lassen. Aus Zucker, saurer Sahne, Zitronensaft und Essig eine Marinade rühren und über die leicht ausgedrückten Rettiche geben.
Dazu passen „scheene Bratkadoffele“ und der unvermeidliche Äbbelwoi.

Für diesen Rettichsalat benötigt man den sogenannten Winterrettich mit schwärzlicher Wurzelschale. Der Rettich wurde übrigens schon bei den Ägyptern und bei den Hebräern angebaut, denn man weiß aus alten Aufzeichnungen, daß die Arbeiter der Cheops-Pyramide ihn in großen Mengen gegessen haben. In unseren Breiten ist er erst seit der Zeit Karls des Großen, also etwa seit dem Jahre 800 bekannt. Die Hessen sind leidenschaftliche Hobbygärtner und bereiten ihre Erzeugnisse am liebsten frisch und mit Phantasie zu. Neben dem hier beschriebenen Rezept kennt man im Spessart eine prachtvolle Mischung aus gleichen Teilen Rettich- und Tomatensalat, von Emmentaler Käse und Butterbrot begleitet.

Äbbelwoi-Suppe

1 1/2 Liter Apfelwein
1/2 Liter Wasser, 130 g Zucker, 1 Zimtstange
2 Zitronenscheiben, 1 EL Mehl, 2 Eigelb

In einem emaillierten Topf wird der Apfelwein mit dem Wasser, Zucker, Zimtstange und Zitronenscheiben 15 Minuten leicht gekocht. Das Mehl mit 1/2 Tasse Wasser anrühren und unter ständigem Rühren mit dem Schneebesen in den kochenden Apfelweinsud geben. Noch einmal fünf Minuten aufkochen lassen. Den Topf vom Feuer nehmen und die zwei Eigelb unterschlagen.

Man vermutet, daß bereits die Germanen neben ihrem Met ein alkoholisches Getränk kannten, das aus Äpfeln vergoren wurde. Aber erst 1648 erhielt ein Sachsenhäuser Gärtner die erste offizielle Schankerlaubnis für „Äbbelwoi", wie er in Hessen genannt wird. Dieses Frankfurter Nationalgetränk ist inzwischen weltweit bekannt. Schon um die Mitte des 18. Jahrhunderts wurden allein in Sachsenhausen, der Hochburg des „Stöffches", über 1 Million Liter Apfelwein ausgeschenkt. Heute liegt der Verbrauch bei weit über 10 Millionen Litern. Daß man daraus auch eine köstliche Suppe zubereiten kann, dürfte nur eingefleischten Hessen geläufig sein.

Sauerampfersuppe

4 EL feingehackter Sauerampfer
Butter zum Anschwitzen
1 Liter Fleischbrühe, 4 Scheiben Weißbrot
3 Eigelb, 3 EL Rahm
1 Prise geriebene Muskatnuß

Den Sauerampfer gründlich verlesen, waschen und feinhacken, in der ausgelassenen Butter anschwitzen. In einem Topf die Fleischbrühe erhitzen, den Sauerampfer dazugeben und kurz aufkochen lassen. Nun das Weißbrot reiben, in die Suppe geben und so lange weiterköcheln lassen, bis das Brot die Suppe gebunden hat. Die Eigelb mit dem Rahm und der Prise Muskatnuß verrühren und unter die vom Feuer genommene Suppe ziehen.

Der Sauerampfer stammt aus der über 200 Arten zählenden Familie der Ampfer, einer in ganz Europa, im gemäßigten Asien und Nordamerika verbreiteten Pflanze. In Deutschland wächst vor allem der sogenannte „große Sauerampfer". Der südeuropäische Gartenampfer, auch Gemüseampfer oder englischer Salat genannt, wurde schon in den Küchen des Altertums hoch geschätzt. Sein säuerlicher Geschmack kommt übrigens von seinem beträchtlichen Gehalt an Oxalsäuresalz. Rohe Sauerampferblätter sollten nur in kleinen Mengen gegessen oder gekaut werden, abgekocht besteht kein Bedenken, wobei es allerdings empfehlenswert ist, zur Suppe kein Mineralwasser zu trinken (was ohnehin ja kaum jemand tun wird!) und das Gericht nicht in Kupfergeschirr zuzubereiten. Mit der Wiederentdeckung der Natur kommt auch der Sauerampfer wieder zu Ehren, und das zu Recht, denn sein Geschmack ist sehr angenehm und würzig.

Kabeljau in Weißwein

750 g Kabeljaufilet
etwas Essig oder Zitronensaft, Salz
50 g Margarine, 2 EL Mehl, 1 Zwiebel
1/4 Liter trockener Riesling
Pfeffer, frischer Dill, 1/8 Liter süße Sahne

Den Fisch säubern, säuern (mit Essig oder Zitrone) und salzen, dann in mundgerechte Würfel schneiden. Die Margarine auslassen und das Mehl mit der kleingeschnittenen Zwiebel darin anschwitzen, mit Wein aufgießen und bei kleiner Hitze die Zwiebel weichdünsten. Salzen, pfeffern und die Fischstücke dazugeben. In der sämigen Sauce 15 Minuten garen lassen. Reichlich frisch gehackten Dill unterrühren und die halb steif geschlagene Sahne darübergießen. Mit Salzkartoffeln und Kopfsalat servieren.

Dieser wichtigste Fisch aus der Familie der Dorsche wird von den deutschen Fischern vor allem in den Gebieten um Grönland und Island, aber auch vor der norwegischen Küste und bei den Färöer Inseln gefangen. Frischen Kabeljau kann man kaum noch kaufen, denn er wird bereits auf See verarbeitet und gleich tiefgefroren. Die Hausfrau im Binnenland ist also beim Kauf gegenüber den Küstenbewohnern nicht mehr benachteiligt. Die „Kühlkette“ vom hohen Norden in den Süden funktioniert heute reibungslos, und jedes gute Fischgeschäft hat Kabeljaufilets vorrätig.

Lachsforelle in Sauerampfersauce

Für 6 Personen

2 EL feine Zwiebelwürfel
40 g Butter
1/2 Liter Weißwein
200 ml Fischfond
Salz
Pfeffer
1 kg Lachsforellenfilet
200 g Crème fraîche
60 g Sauerampferblätter, in Streifen geschnitten

Die Zwiebelwürfel in der Butter andünsten, mit Weißwein und Fischfond ablöschen und mit Salz und Pfeffer würzen. Das Lachsforellenfilet in Portionen schneiden und in den kochenden Fischsud setzen. Zudecken und bei kleinster Hitze etwa 10 Minuten garziehen lassen. Den Fisch herausnehmen und warmstellen. Den Fischsud nun stark einkochen lassen. Die Crème fraîche zugeben und alles zu einer sämigen Sauce verkochen. Die Lachsforelle anrichten. Die Sauerampferblätter in Streifen schneiden, die Sauce mit den Sauerampferblättern vervollständigen und mit Salz und Pfeffer abschmecken. Die Lachsforelle mit der Sauce anrichten und sofort servieren. Dazu passen sehr gut Blattsalate oder Gemüse wie zum Beispiel Blattspinat, Kaiserschoten oder Spargel. Als Beilage eignen sich Nudeln in allen Variationen, Reis oder Herzoginkartoffeln.

Immer wieder gelobt wird der Fischreichtum der Odenwaldbäche. Dr. Gottfried Ludwig Klein, Leibarzt des Grafen zu Erbach, schreibt in seinem „Odenwaldbuch" im Jahre 1754 folgendes: „Fische und Krebse von beachtlicher Größe, mit schönem weißem Fleisch und hervorragendem Geschmack schenkt uns die Natur reichlich. Man fängt Karpfen, Hechte, Forellen, darunter Stücke, die dem Lachs im Geschmack nahe kommen. Aale, Quappen, Äschen, Uckeleis, Barben, Schmerlen, Gründlinge, Barsche, Schleien und noch andere. Lachse stiegen früher in den Bächen aus dem Neckar hoch. Auch Biber sollen früher aus dem Neckar gekommen und von unseren Vorfahren gefangen worden sein. Fischotter sind in unserer Gegend nicht selten." So üppig ist das Angebot heutzutage freilich nicht mehr. Bach- und Regenbogenforellen findet man in den Gewässern des Odenwaldes heute aber wieder in reichlicher Zahl.

HESSISCHE BERGSTRASSE
1992er
RIESLING · KABINETT
HALBTROCKEN
Hess. Bergstraße

Frankfurter Würstchen mit Lauch

4 große Stangen Lauch
Salz, 4 EL Öl, 4 EL Essig
Salz, Pfeffer, Zucker
60 g durchwachsener Speck
4 Paar Frankfurter Würstchen

Vom Lauch nur das Weiße verwenden, waschen, der Länge nach halbieren und 15 Minuten in 1 Liter kochendem Salzwasser garen. Währenddessen aus Öl, Essig, Salz, Pfeffer und Zucker eine Marinade rühren. Den Speck fein gewürfelt in der Pfanne ausbraten. Den heißen Lauch mit einer Schaumkelle aus dem Wasser nehmen, mit der Marinade begießen und die Speckwürfel – ohne das Fett – darübergeben. Die Frankfurter Würstchen in kochendheißem Wasser 10 Minuten ziehen lassen, aber nicht kochen! Lauch und Würstchen zusammen mit Kartoffelbrei servieren.

Nicht nur in Frankfurt wird dieses Gericht als Spezialität angesehen, weil man natürlich dazu Frankfurter Würstchen nimmt, sondern in ganz Hessen. Die einen mögen den „Spanischen Lauch", wie man das Zwiebelgewächs Porree bei uns auch nennt, warm in einer weißen Sauce, andere lieber als lauwarmen Salat mit Kartoffelbrei. Lauch ist vitaminreich und kalorienarm. Beim Einkauf sollten Sie darauf achten, daß die Stangen frisch und fest und ohne welke Außenblätter sind. Übrigens – der größte Sohn Frankfurts, Johann Wolfgang von Goethe, war ein ausgesprochener Wurstfan. Wenn es nicht mindestens an jedem dritten Tag ein Essen mit verschiedenen Wurstsorten gab, war der große Dichter und Denker schlecht gelaunt.

Weckewerk

250 g Weißbrot oder 2 bis 3 altbackene Brötchen
1/4 Liter Fleischbrühe
750 g Restfleisch (Schweinefleisch, Schwarten, Gehacktes)
2 Zwiebeln , je 1 TL Majoran und Kümmel
Salz, Pfeffer, Fett zum Ausbacken

Das Weißbrot oder die Brötchen in der Fleischbrühe einweichen, ausdrücken, mit dem Restfleisch durch den Fleischwolf drehen und alles mit den gehackten Zwiebeln und den Gewürzen gut vermischen. Kräftig salzen und pfeffern. Das Ganze nochmals gut durchkneten und in der Pfanne bei mittlerer Hitze etwa 10 bis 15 Minuten durchbraten, danach in Scheiben schneiden. Dazu schmeckt ein kühles Bier und ein klarer Schnaps.

Weckewerk ist ein Gericht aus Nordhessen und war früher ein wichtiger Bestandteil beim Schlachtfest, weil man hierfür alle anfallenden Reste von Schwarten und Kleinfleisch verwenden konnte. Weckewerk ist eine köstliche Beigabe zu Pellkartoffeln und einem grünen Salat.

Diebchen mit Schustersauce

500 g rohe Kartoffeln
500 g gekochte Kartoffeln
1 Tasse Mehl, 3 Eier, 1/8 Liter Milch
Majoran, Pfeffer, Petersilie, Schnittlauch
200 g Dauerwurst, Salz

Schustersauce:
100 g fetter Speck, 2 Zwiebeln, 2 EL Mehl
3/8 Liter Brühe, 1 EL Essig

Die rohen Kartoffeln schälen und reiben. Die gekochten Kartoffeln ebenfalls reiben und alles zusammen mit Mehl, Eiern, Milch, Majoran, Pfeffer, gehackter Petersilie und Schnittlauch zu einem festen Teig kneten. Die Dauerwurst in grobe Würfel schneiden. Aus dem Teig Klöße formen, in deren Mitte ein Dauerwurstwürfel eingelegt wird. In reichlich kochendem Salzwasser 20 Minuten ziehen lassen.
Für die Sauce den gewürfelten Speck auslassen und die kleingeschnittenen Zwiebeln darin andünsten. Mit dem Mehl bestäuben und bräunen. Die Brühe zugießen und etwas dicklich einkochen. Mit dem Essig säuerlich abschmecken. Die Schustersauce über die Diebchen geben. Zu diesem einfachen Essen passen besonders gut Gewürzgurken und Rote Bete.

Diebchen heißen in Hessen die lockeren, ein wenig grünen Klöße, die vor allem in Nordhessen mit Specksauce (Schustersauce), aber auch mit Apfelmus gegessen werden.

Frankfurter Rippchen mit Kraut

1 Nelke, 1 Lorbeerblatt, 1 Zwiebel
4 Scheiben gepökelte Rippchen

Für das Kraut:
1 EL Schmalz, 1 Zwiebel, 750 g Sauerkraut
1 Lorbeerblatt, 3 Wacholderbeeren
1 Apfel, 1/8 Liter Weißwein

Gut 1 1/2 Liter Wasser mit der mit Nelke und Lorbeerblatt gespickten Zwiebel aufkochen lassen, die Rippchen hineinlegen und 3 Minuten kochen, dann 20 Minuten ziehen lassen.
Für das Kraut das Schmalz in einem Topf erhitzen, die gewürfelte Zwiebel glasig dünsten und das zerpflückte Sauerkraut dazugeben. Lorbeerblatt, Wacholderbeere und den in Scheiben geschnittenen Apfel ebenfalls zufügen und alles etwas anschmoren. Den Wein angießen und zugedeckt bei kleiner Hitze etwa 40 Minuten garen. Zusammen mit den Rippchen und Kartoffelbrei servieren.

Daß die Frankfurter immer etwas Besonderes sein wollen oder auch sind, machen sie nicht nur überall dort klar, wo man sie trifft, sondern auch dann, wenn es ums Kochen geht. Der Normalsterbliche vermutet nämlich hinter den Frankfurter Rippchen Kasseler oder setzt zumindest beides gleich. Die Frankfurter aber pökeln zwar die Rippchen, doch sie räuchern sie nicht. Ein kleiner Tip: Rippchen vom Hals sind durchwachsen, Lendenrippchen sind fettärmer. In Sachsenhausen nennt man die Rippchen übrigens „Frankfurter Gebabbel", und der dazugehörige Äbbelwoi ist einfach und sinnvoll „Babbelwasser".

Lumpen und Flöh'

1 kg Weißkraut
500 g Hammelfleisch
Salz, Pfeffer, reichlich Kümmel

Das Weißkraut zerkleinern, das Hammelfleisch von Knochen befreien und würfeln. 1/4 Liter Wasser mit Salz aufkochen, Fleisch und Kraut hineingeben, pfeffern und viel Kümmel zufügen. Bei kleiner Hitze 120 Minuten garen. Den Eintopf zum Schluß mit Kümmel und Pfeffer abschmecken. Dazu paßt ein herzhaftes Bauernbrot und ein kühles Bier oder auch ein Glas Äbbelwoi.

Seinen poetischen Namen verdankt dieses Gericht dem wie kleine Lumpenfetzen aussehenden Weißkraut und den leicht süßlich schmeckenden Kümmelkörnern, die beim Kochen wie Flöhe im Topf hüpfen. Kümmel ist sehr magenfreundlich und verdauungsfördernd. Schwer verdauliche Speisen wie Kohl oder Schweinefleisch verfeinert man daher gern mit diesem intensiv schmeckenden Gewürz.
In Hessen geht die Legende, daß die Iren dieses Gericht aus Hessen mit in ihre Heimat genommen und als „Irish Stew" berühmt gemacht haben.

Wildschweinroulade

1 kg Rippen- und Bauchstück eines jüngeren Wildschweins
Senf, Salz, Pfeffer
125 g magerer durchwachsener Speck
3 Zwiebeln, 50 g Bratfett
1/4 Liter Brühe, 1/8 Liter süße Sahne

Vom Rippenstück alle Knochen entfernen. Das Fleisch auseinanderbreiten, etwas klopfen und mit Senf bestreichen. Dann salzen und pfeffern. Speck in dünne Scheiben schneiden und das ganze Fleisch damit bedecken. Zwiebeln würfeln und ebenfalls daraufgeben. Nun das Stück Fleisch von der Längsseite her aufrollen und mit einem Faden zu einer großen Roulade zusammenbinden. Im Bratfett in einer Kasserolle die Roulade von allen Seiten gut bräunen, mit der Brühe ablöschen und etwa 90 Minuten unter häufigem Begießen garen. Anschließend die Sauce mit süßer Sahne verfeinern.
Zum Anrichten wird die Roulade in Scheiben geschnitten und mit der Sauce übergossen. Bandnudeln und frischer Salat schmecken vorzüglich dazu, als Getränk am besten ein trockener Rotwein.

Aus alter Zeit stammt der Spruch: „Im Lande Hessen gibt's hohe Berge und nichts zu essen, große Krüge und sauren Wein, pfui, wer möchte ein Hesse sein!" Daß dieser etwas hämische Spruch völlig unzutreffend ist und für die hessische Küche heute keine Gültigkeit mehr hat, werden Sie merken, wenn Sie diese Roulade für Gäste zubereitet haben und nach dem Verzehr nur in rundum zufriedene Gesichter schauen.

Äbbelwoi-Hinkelsche

Für 6 Personen

1 frisches Hähnchen von etwa 1,8 kg
Salz
Pfeffer
Butter
100 g gewürfeltes Dörrfleisch
2 Zwiebeln
2 Äpfel
200 g Zucchini
40 ml Odenwälder Apfelschnaps
1/4 Liter Odenwälder Apfelwein
etwas Mehlbutter
100 ml Sahne

Das Hähnchen von den Knochen lösen, mit Salz und Pfeffer würzen und in große Stücke zerteilen. In Butter von allen Seiten braun anbraten. Die Hähnchenteile herausnehmen. Dann das Dörrfleisch anbraten. Die Zwiebeln und die Äpfel schälen und in Würfel schneiden, die Zucchini ebenfalls schälen. Zwiebeln, Äpfel und Zucchini zum Dörrfleisch geben und mit andünsten. Die Hähnchenteile wieder zugeben, mit Apfelschnaps übergießen, flambieren und mit dem Apfelwein ablöschen. Das Ganze im vorgeheizten Ofen bei 150 °C etwa 20 Minuten zugedeckt garen. Die Hähnchenteile herausnehmen und warm stellen. Die Sauce mit der Mehlbutter binden, die Sahne zugeben und mit Salz und Pfeffer abschmecken. Dazu passen sehr gut Schupfnudeln (Rezept Seite 460), Wasserspatzen oder Nudeln sowie frische Salate der Saison aus dem Garten.

Das Äbbelwoi-Hinkelsche ist die hessische Variante des berühmten französischen Gerichtes „Coq au vin“, das man je nach Region mit unterschiedlichen Weiß- und Rotweinsorten zubereitet. Für die Hessen kommt dafür natürlich nur ihr Nationalgetränk, der Äbbelwoi, in Frage, zumal er mit seiner ausgewogenen Säure dem Hähnchen wirklich gut bekommt.

Frankfurter Grüne Sauce

25 g Schnittlauch, 25 g Petersilie
25 g Kerbel, 25 g Kresse, 25 g Sauerampfer
25 g Borretsch, 25 g junge Schalotten
10 g Estragon, 10 g Dill, 10 g Bohnenkraut
3 hartgekochte Eier, Salz
3 EL Weinessig, 1/4 Liter Öl

Alle Kräuter gründlich waschen und ganz fein hacken. Die Eier ebenfalls hacken. Aus Salz, Essig und Öl eine Marinade rühren und mit den Kräutern und Eiern vermischen. Schmeckt köstlich zu kaltem Braten, Ochsenfleisch, Fisch oder Folienkartoffeln.

Beinahe alles, was an Küchen- und Gewürzkräutern besonders pikant mundet, vereinigt diese grüne Sauce. Wer Schalotten und Borretsch dem Namen nach nicht kennt, dem sei geholfen: Borretsch ist auch unter dem Namen Gurkenkraut im Handel, man verwendet von diesem Gewürz die frischen, jungen Blätter. Schalotten, auch Aschlauch genannt, verdanken ihren Namen der palästinensischen Stadt Askalon und sind mit unserer gemeinen Küchenzwiebel eng verwandt, bestehen jedoch aus kleinen, zusammengesetzten Zwiebeln.
Wichtig ist, daß mindestens sieben verschiedene Kräuter verwendet werden. Weniger ginge zur Not zwar auch, aber dann ist es eben keine Grüne Sauce mehr. Die Zubereitung bzw. die Zutaten sind variabel, und wer's nicht gar so kalorienreich mag, kann ohne weiteres einen Teil des Öls durch Joghurt ersetzen.

Kirschenmichel

Für 4–6 Personen

6 altbackene Brötchen
(oder Weißbrot)
1/4 Liter Milch
3 Eigelb
3 EL Zucker
etwas Zimt
2 EL Weckmehl
3 EL geriebene Mandeln
etwa 1 kg Kirschen
(nicht entsteint)
3 Eiweiß

Für die Form:
Butter, Zucker
Weckmehl

Die Brötchen in Scheiben schneiden und in der heißen Milch aufquellen lassen. Nach dem Abkühlen Eigelbe, Zucker, Zimt, Weckmehl und Mandeln zu den Brötchen geben und gut vermischen. Die Kirschen hinzufügen. Das Eiweiß steif schlagen und Eischnee unterziehen. In eine gefettete, mit Weckmehl ausgestreute Auflaufform geben. Nach Belieben den Kirschenmichel mit Zucker und Weckmehl bestreuen. Butterflöckchen daraufsetzen. Im vorgeheizten Backofen bei 180 °C langsam etwa 3/4 bis 1 Stunde backen.

Das Essen von nicht entsteinten Kirschen ist sicher nicht ganz ungefährlich, und die Gäste sollten vorsichtshalber immer darauf hingewiesen werden. Es hat auch nichts mit Faulheit zu tun. Geschmacklich verhelfen die Steine, im Ofen mitgebacken, diesem Auflauf auf die Sprünge: Er wird dadurch aromatischer und viel saftiger.

Frankfurter Kranz

Für den Teig:
125 g Butter, 4 Eigelb, 125 g Zucker
abgeriebene Schale von 1/2 unbehandelten Zitrone
150 g Mehl, 100 g Stärkemehl
1/2 Päckchen Backpulver, 4 Eiweiß
Für die Buttercreme:
1/2 Liter Milch, 100 g Zucker, 1 Päckchen Vanillepudding
250 g Butter, 100 g Puderzucker, 2 EL Rum
Krokant zum Bestreuen

Für den Teig die Butter schaumig rühren. Abwechselnd ein Eigelb und einige Eßlöffel Zucker unter ständigem Rühren zugeben, bis die Masse hell cremefarbig ist. Zitronenschale, Mehl, Stärkemehl und Backpulver mischen und löffelweise in den Teig rühren. Zum Schluß Eiweiß zu Eischnee schlagen und locker unter den Teig heben. In eine gefettete Kranzform füllen und bei mittlerer Hitze 30 Minuten backen. Den Kranz abkühlen lassen. Für die Buttercreme aus der Milch, Zucker und dem Päckchen Vanillepudding einen Pudding kochen. Während des Abkühlens häufiger umrühren, damit sich keine Haut bildet. Butter mit Puderzucker schaumig rühren und löffelweise den erkalteten Pudding daruntermischen. Zum Schluß als Verfeinerung zwei Eßlöffel Rum beigeben. Den Kranz in der Mitte glatt durchschneiden, mit der Buttercreme füllen und auch außen bestreichen. Mit Krokant von allen Seiten bestreuen.

Als C. J. Weber vor über 150 Jahren in seinen „Briefen eines in Deutschland reisenden Deutschen" schrieb, daß Frankfurts Küche „auf der Höhe der Zeit" stehe und die Gasthöfe Frankfurts die ersten Deutschlands seien, muß er wohl auch diesen Kranz probiert haben – eine inzwischen im ganzen Land gerühmte Köstlichkeit.

Bethmännchen

250 g Marzipanrohmasse
80 g Puderzucker, 40 g Mehl, 1 Eiweiß
65 g gemahlene Mandeln, etwas Fett
Verzierung:
50 g ganze Mandeln, 1 Eigelb

Die Marzipanrohmasse mit dem Puderzucker, Mehl, Eiweiß und den gemahlenen Mandeln zu einem glatten Teig verkneten. Kleine Kugeln formen und auf ein gefettetes Backblech setzen. Die abgezogenen Mandeln halbieren und jeweils 3 Mandelhälften senkrecht in jede Kugel drücken. Das Eigelb mit 1 EL Wasser verrühren und die Bethmännchen damit bepinseln. Bei 150 °C im Backofen etwa 15 Minuten backen.

Die Bethmännchen sind eine Frankfurter Spezialität. Sie wurden zum ersten Mal 1840 im Hause des Moritz von Bethmann, des Sohnes einer Frankfurter Patrizier- und Bankiersfamilie (seit 1743), zum Tee gereicht. Ursprünglich soll der Koch der Familie die Marzipanhäufchen mit vier Mandelblättchen versehen haben. Doch als ein Sohn starb, wurde eine Mandel weggelassen. Seither drückt man nur drei Mandeln in die Gebäckkugeln.

Rhöner Hutzelklöße

500 g Mehl, 20 g Hefe
1/8 Liter warme Milch, 60 g Zucker, 1 Prise Salz
3 Eier, 60 g Butter
250 g Hutzeln (getrocknete Birnen)
reichlich Salzwasser, süßer Obstsaft

Mehl mit zerbröckelter Hefe, Milch, Zucker, Salz, Eiern, und Butter zu einem Hefeteig kneten, der an einem warmen Ort 30 Minuten gehen soll. Die Hutzeln vorher einige Stunden in Wasser einweichen, abtrocknen und zerkleinern. In den Teig einarbeiten und aus ihm große Klöße formen, diese wiederum 30 Minuten gehen lassen. Vorsichtig in reichlich kochendes Salzwasser setzen und 20 Minuten ziehen lassen. Mit Obstsaft beträufelt heiß servieren.

An vielen Berghängen und Höhen lodern am Aschermittwoch in der Rhön und einigen anderen Gegenden Hessens Frühlingsfeuer. Dieser Tag, an dem mittags nach altem Brauch nur Ölkuchen gegessen werden, erreicht seinen kulinarischen Höhepunkt, wenn abends, nach dem Gang durch das Dorf und dem sich anschließenden Besenschlagen, richtige Hutzelklöße auf den Teller kommen.

Nuß-Schnaps

500 g Walnüsse
1/2 Liter 90 %iger Alkohol
1 kg Zucker
1/2 Liter 50 %iger Alkohol

Die noch nicht ganz reifen Walnüsse (ab Mitte Juli ernten!) enthäuten, in einem Mörser zerstampfen und in eine Weinflasche füllen. Den 90 %igen Alkohol dazugießen und die Flasche gut verkorken. Das Ganze etwa sechs Wochen lang dem Sonnenlicht aussetzen und täglich gut durchschütteln. Danach den Nußextrakt durch ein Tuch gut abseihen. Den Zucker in 1 1/4 Liter Wasser auflösen, denn 50 %igen Alkohol und den Nußextrakt hinzufügen, alles gut umrühren und auf Flaschen abfüllen, die gut verkorkt werden.

Aus dem malerischen Städtchen Butzbach am nordwestlichen Rand der Wetterau stammt dieses Rezept. Butzbach ist eine alte Ackerbürger- und Handwerkerstadt, die bereits im 1. und 2. Jahrhundert als römische Garnisonsstadt am Limes in großer Blüte stand. In der Umgebung von Butzbach findet man noch zahlreiche Walnußbäume, und so ist auch dieses alte Hausrezept dort sehr beliebt, obwohl Schnaps aus Walnüssen auch in anderen Gebieten gewonnen wird, wie zum Beispiel im Elsaß. Der Walnußschnaps eignet sich übrigens hervorragend als Magenelixier nach dem Genuß eines zu üppig geratenen Mahles.

Hier finden auch Halbe Hähne und Blindhühner einen Korn

Die leichtlebigen Rheinländer und die als stur geltenden Westfalen – das verspricht eine spannende Mischung im bevölkerungsreichsten aller Bundesländer.
Allen gemeinsam aber ist ein wunderbarer Humor – auch und gerade dann, wenn es ums Essen geht:
Zwischen „Himmel und Erde“ hat der liebe Gott hier die Blutwurst wachsen lassen. Der „Halve Hahn“, den man in Köln oder auch in Düsseldorf immer wieder unglaublich preiswert auf den Speisekarten findet, hat nie in seinem Leben gekräht! Es handelt sich vielmehr um ein Roggenbrötchen, das dick mit Gouda oder mit Limburger Käse belegt ist – je nachdem, ob man ein obergäriges Kölsch oder ein Düsseldorfer Altbier dazu trinkt.
Ein völlig hühnerfleischfreies Gericht ist auch das westfälische Blindhuhn. Hierbei handelt es sich um einen Eintopf, der grüne und weiße Bohnen, Karotten, Kartoffeln, Birnen, Äpfel und Speck in einer ungewöhnlichen und dennoch köstlichen Kombination in sich vereint. Als Verdauungshilfe bietet sich ein „Klarer“ an – was je nach persönlicher Vorliebe ein reiner Korn, der etwas stärkere Doppelkorn oder ein Wacholderschnaps sein darf.
Die Bewohner des Kohlenpotts im Ruhrgebiet haben ihren traditionellen Lieblingseintopf gar nach der Kleidung der Arbeiter benannt, dem „Blaumann“ oder „Blauen Heinrich“: Darin werden aber keinesfalls die Kumpels oder Eierkohlen verbraten, sondern Rindfleisch, Graupen und Gemüse. Dazu schmeckt am besten ein echtes Dortmunder Bier. Oder eines aus Warstein oder aus Krombach ...
Ob an Niederrhein, Erft und Rur, Sieg, Wupper, Ruhr oder Lippe, Ems und Weser – da gibt es natürlich nicht nur „urgermanischen“ Eintopf.
Auch die Franzosen haben ihre Spuren hinterlassen. Die waren zwar nicht allzu lange Herr im Lande, aber wesentlich beliebter als die Preußen, die danach kamen und als verbissen und humorlos galten. Auch heute noch finden sich Erinnerungen an die Franzosenzeit nicht nur in sprachlichen Ausdrücken wie die Fissematenten („Ungezogenheiten“, von „Voulez-vous visiter ma tente“ – jener allabendlichen Einladung der Soldaten, der zu folgen den jungen Mädchen natürlich streng verboten war).
Das Münsterländer „Töttchen“ zum Beispiel ist ein Kalbfleischgericht, das „en Tortue“ zubereitet wird – „nach Schilkrötenart“.
Nicht minder beliebt sind süße Speisen aller Art - und auch da trägt jede Region ihr eigenes „Leckerchen“ bei: die Printen – eine Art Lebkuchen – aus der Karlsstadt Aachen sind weit über die Stadtgrenzen hinaus berühmt und beliebt, und am Niederrhein geht ohne die Appel- oder Prummetaat am Sonntagnachmittag gar nichts!
Alles schmeckt natürlich überall ein bißchen anders – denn jeder hat seine eigenen kleinen Tricks. Aber das nimmt man hier mit typisch rheinischer Gelassenheit: „Jede Jeck is anders, und jede Jeck is anders jeck“.

Halve Hahn

4 Roggenbrötchen (Röggelches)
2 dicke, große Scheiben Holländer
oder 2 Limburger Käse
Senf (Mostert)

Die Röggelches und die Käsescheiben oder – wie man es in Düsseldorf liebt – die Limburger („Stinkkäs" aus der belgischen Grafschaft Limburg) halbieren, den Käse dick mit Senf bestrichen zwischen die Brötchenhälften legen und zusammenklappen, auf einem Holzbrett servieren. Und für den, der es ganz scharf mag, stellt man noch ein Mostertöpfchen, den rheinischen Senf, dazu.

Als Nichtrheinländer sollten Sie sich nicht wundern, dieses Gericht zu sensationell günstigem Preis auf der Speisekarte zu finden, aber es ist eben kein halbes Brathähnchen als Jubiläumsangebot zum Vorkriegspreis, sondern – siehe Bild nebenan. Über die Herkunft dieses Namens wird erzählt, arme Bauern auf Stadtbesuch hätten sich in der Kneipe beim „Köbes", dem Kellner, laut für jeden hörbar „ene halve Hahn" bestellt, um vor den im Nebenzimmer sitzenden reichen Gästen anzugeben. Glauben Sie's oder glauben Sie's nicht – aber wahr ist, daß dieser „halve Hahn" ausgezeichnet zum Bier schmeckt.

Ähzesupp

500 g getrocknete grüne Erbsen
Schinkenknochen oder Schweinepfoten
4 Kartoffeln, 2 Möhren, 1 Bund Suppengrün
Salz, Pfeffer
50 g gewürfelter fetter Speck
1 mittelgroße Zwiebel

Die Erbsen waschen und über Nacht in 1 1/2 bis 2 Liter Wasser einweichen. Am nächsten Tag mit dem Einweichwasser aufsetzen und mit den Schinkenknochen oder Schweinepfoten in 2 bis 3 Stunden weichkochen. Die Garzeit ist je nach Erbsensorte sehr unterschiedlich. Ungeschälte Erbsen sind im allgemeinen schneller weich als geschälte. Nur im Notfall sollten Sie die Erbsen durchpassieren. Die geschälten Kartoffeln und Möhren in Würfel schneiden, das geputze Suppengrün fein hacken und alles noch 1/2 Stunde mitkochen lassen. Das Fleisch herausnehmen, kleinschneiden und die mit Salz und Pfeffer abgeschmeckte Suppe mit den in Speck angebratenen Zwiebelwürfeln anrichten.

Die Erbsensuppe hat im Rheinland alte Tradition. Sie brauchte gar nicht erst als wohlschmeckendes Gericht aus der Gulaschkanone populär gemacht zu werden. Die rheinische Hausfrau schätzt sie besonders am Putztag, weil die Erbsen unbeaufsichtigt kochen, ohne anzubrennen, und die übrigen Zutaten schnell zubereitet sind. Übrigens kann der Rheinländer einen „Ähzezäller", einen pingeligen, kleinlichen Menschen nicht ausstehen, denn er läßt gerne fünf gerade sein.

gehn sie nicht
Philippe ist der einzige
Baron de Rothschild, der
noch lachen kann Seite 27
Politik, Kultur und Wirtschaft

Blauer Heinrich

750 g Rindfleisch
2 Liter Fleischbrühe, 300 g Graupen
2 kleine Zwiebeln, 1 Stange Porree
2 Mohrrüben, 2 Kartoffeln, Salz , Pfeffer

Rindfleisch im Stück mit der kalten Fleischbrühe aufsetzen, zum Kochen bringen und zugedeckt bei schwacher Hitze 1 Stunde ziehen lassen. Graupen dazugeben, durchrühren und die Suppe aufkochen, zugedeckt bei schwacher Hitze eine weitere Stunde kochen. Zwiebeln und Porree putzen und würfeln beziehungsweise in Ringe schneiden. In etwas von der Suppe abgeschöpftem Fett andünsten und mit den geschälten und gewürfelten Mohrrüben und Kartoffeln in die Suppe geben. Alles in etwa 20 Minuten fertiggaren, mit Salz und Pfeffer abschmecken. Fleisch herausnehmen, in Würfel oder Scheiben schneiden, salzen und in der Suppe heiß werden lassen. Dazu kann man kräftiges Bauernbrot reichen.

Diese kräftige Suppe ersetzt eine vollständige Mahlzeit. Sie stammt aus der Küche des Ruhrgebietes, und daher hat sie auch ihren Namen: Blauer Heinrich heißt die Arbeitskleidung im Revier, und eine leichte Blaufärbung wird Graupensuppen aller Art schon seit jeher nachgesagt, vor allem den süßen, mit Magermilch bereiteten.
Graupen spielten als Suppenbeigabe mit nahrhaftmachender Wirkung früher eine viel größere Rolle als heute. Vor allem die relativ lange Kochzeit stört moderne Hausfrauen – und sie wissen auch nur noch selten, daß es sich bei den Graupen um geschälte, geschliffene und polierte Gerstenkörner in langgerollter Form handelt. So hat die Graupenerzeugung immer mehr nachgelassen, und die Gerste spielt ihre wichtigste Rolle seit langem in der Bierbrauerei.

Schnippelbohnensuppe mit Mettwurst

1 mittelgroße Zwiebel, 80 g Butter
400 g Stangenbohnen, 125 ml süße Sahne
1 Liter Flesichbrühe, 25 g Mehl, Salz, weißer Pfeffer
1 Messerspitze abgeriebene Muskatnuß
2 kleine Mettwürste

Die Zwiebel schälen und in Würfel schneiden. 20 g Butter in einem Topf erhitzen und die Zwiebelwürfel darin anschwitzen. Die Bohnen waschen und putzen, die Hälfte davon zu den Zwiebeln geben. Die süße Sahne hinzufügen, kurz aufkochen und dann vom Herd nehmen.
Die Brühe in einem Topf zum Kochen bringen. Die restlichen Bohnen in Stücke schneiden und etwa 20 Minuten in der Brühe kochen.
Die bereits gekochten ganzen Bohnen aus dem Sahnefond heben und pürieren. Den Sahnefond erneut aufkochen und etwa 10 Minuten unter Zugabe des Bohnenpürees bei geringer Hitze weiterkochen.
Die Schnippelbohnen durch ein Sieb in eine Schüssel abgießen. Die Brühe zu dem Sahnefond geben, nochmals aufkochen, dann durch ein Sieb in einen Topf passieren. Das Mehl mit 25 g Butter verkneten. Die Mehlbutter stückchenweise in die Suppe geben. Die restliche Butter ebenfalls hinzufügen, die Suppe mit Salz, Pfeffer und Muskat würzen und mit einem Handmixer aufschäumen. Die Mettwürste pellen und in Scheiben schneiden. Mit den Schnippelbohnen etwa 10 Minuten in der Suppe erhitzen und heiß mit Vollkornbrot servieren.

Kleine Mettwürste, auch als „Mettenden“ bekannt, sind ideale Begleiter für Schnippelbohnen. Diese, in Westfalen auch Veits-, Fitze- oder Vietzebohnen genannt, verdanken ihren volkstümlichen Namen ihrer Zubereitung, dem Zerschnippeln in etwa vier Zentimeter lange Stücke.

Blindhuhn

250 g weiße Bohnen, 250 g durchwachsener Speck
je 300 g Mohrrüben, grüne Bohnen und Kartoffeln
je 250 g Äpfel und Birnen
Salz, weißer Pfeffer, 1 Prise Zucker, 1 Bund Petersilie

Weiße Bohnen am Vorabend waschen, in 1 1/2 Liter kaltem Wasser einweichen. Am nächsten Tag mit dem Einweichwasser 90 Minuten kochen. Nach 30 Minuten den Speck dazugeben und mitkochen. Mohrrüben putzen und in Scheiben schneiden, grüne Bohnen brechen oder schnippeln, Kartoffeln schälen und würfeln, Äpfel und Birnen vierteln, schälen und vom Kernhaus befreien. Alles nach 60 Minuten Kochzeit zu den Bohnen geben, mit Salz, Pfeffer und Zucker würzen. Nach Ende der Garzeit Speck herausnehmen und in dicke Scheiben schneiden. Blindhuhn in eine Schüssel umfüllen und mit Speckscheiben belegen, gehackte Petersilie aufstreuen.

Wenn dieses urwestfälische Eintopfgericht auf den Tisch kommt, herrscht andächtige Stille: „Wenn de Katten muset, dann janket se nich!“ (Wenn die Katzen auf Mäusefang sind, miauen sie nicht) sagt ein westfälisches Sprichwort. „Blindhuhn“ – in manchen Gegenden auch Nachlese oder Gänsefutter genannt – „muß recht sämig und saftig gekocht sein und von den Äpfeln einen nur leicht säuerlichen Geschmack erhalten“, notierte Henriette Davidis zu ihrem Rezept und schlug vor, mit etwas Essig auszugleichen, was den Äpfeln an Säure fehlen sollte. Die Birnen gehören unbedingt dazu – falls sie fehlen sollten, handelt es sich nicht um die westfälische, sondern um die niedersächsische Blindhuhn-Version.

Muscheln

4 kg Miesmuscheln, 1/2 Liter Weißwein
4 Zwiebeln, 1 Knoblauchzehe
2 Möhren, 1/2 Sellerieknolle
2 Lorbeerblätter, 8 Wacholderbeeren
1 TL grob gemahlener Pfeffer, 1 TL Salz

Die Muscheln mehrfach waschen und eventuell einige Zeit im Wasser liegen lassen, dann unter fließendem Wasser jede Muschel mit einer harten Bürste gründlich abbürsten und die Bärte abziehen. Den Weißwein in einen großen Topf geben. Die Zwiebeln, die Knoblauchzehe, die Möhren und die Sellerieknolle kleinschneiden und in dem Weißwein mit allen anderen Gewürzen etwa 10 Minuten durchkochen. Die Muscheln hineingeben und im zugedeckten Topf etwa 5 Minuten kochen; dabei den Topf mehrmals schütteln, damit alle Muscheln gleichzeitig gar werden, das heißt sich öffnen (Muscheln, die sich nicht öffnen, wegwerfen – ebenso solche, die vor dem Kochen bereits geöffnet sind!). Die Muscheln werden mit der gut abgeschmeckten Brühe in Suppentellern serviert. Dazu gehört Schwarzbrot oder Pumpernickel mit Butter.

Was sich da unter den unansehlichen schmutzigbraunen, hie und da bläulich durchschimmernden Schalen verbirgt, gilt, richtig zubereitet, in den großen Städten am Niederrhein schon seit langem als Delikatesse, auch ohne daß sie sehr kostspielig wäre. Man nennt die Miesmuschel deswegen auch die Auster des Kleinen Mannes. Aber nur im Winterhalbjahr – genauer von Ende September bis Anfang April, also in den Monaten mit einem „r" im Namen – bringen die Fischer an Land, was zu Tausenden und Abertausenden auf den Pfählen im engsten Küstenbereich sitzt. In den übrigen Monaten werden die Muscheln durch die jahreszeitlich bedingte Nahrungsaufnahme giftig.

Bergischer Heringsstip

4 Salzheringe, 3 Zwiebeln
je 6 Pfeffer- und Senfkörner
500 g saure Sahne, 2 mürbe Äpfel
1 Gewürzgurke

Die ausgenommenen Salzheringe einige Stunden wässern, dabei mehrmals das Wasser erneuern. Kopf, Schwanz, Haut und Gräten entfernen und die Herigsfilets in mundgerechte Stücke schneiden. Die Heringsstücke lagenweise mit Zwiebelringen in einen Steintopf schichten. Mit Pfeffer- und Senfkörnern bestreuen. Die Heringsmilch durch ein Sieb drücken, mit der Sahne verrühren, die geschälten Äpfel und die Gurke gewürfelt zugeben und alles über die Heringsstücke gießen. Im Kühlschrank 2–3 Tage durchziehen lassen. Dann mit Pellkartoffeln (Quellmännern) oder mit Brot und Butter essen. Und dazu gehört natürlich ein kühles Bier.

Der Hering war früher, weil er noch massenhaft gefangen wurde und sich zudem leicht konservieren läßt, die billigte Fastenspeise im überwiegend katholischen Rheinland. Auch die Leute im Bergischen Land, obwohl als gute Protestanten bekannt, hatten nichts gegen diesen katholischen Gesellen, zauberten aber aus dem wohlfeilen Fisch eine ausgesprochen wohlschmeckende Spezialität.

Rheinischer Sauerbraten

1/4 Liter Weinessig, 2 Zwiebeln
1/2 Petersilienwurzel, 1 Möhre
10 Pfefferkörner, 2 Wacholderbeeren
2 Gewürznelken, 1 Lorbeerblatt
1 kg Rindfleisch, 1 TL Salz, 1/2 TL Pfeffer
5 EL Rosinen, 100 g Fett
1 EL Tomatenmark, 1 EL Mandelstifte
1 TL Speisestärke

Den Essig mit 1/2 Liter Wasser, den feingewürfelten Zwiebeln, der feingeschnittenen Petersilienwurzel und Möhre sowie den Gewürzen aufkochen. Die erkaltete Marinade über das Fleisch gießen und zugedeckt etwa 3 Tage kühl stellen. Zwischendurch mehrmals wenden, schließlich aus der Marinade nehmen, abtrocknen und mit Salz und Pfeffer einreiben. Die Rosinen im kalten Wasser quellen lassen. Das Fett erhitzen und das Fleisch von allen Seiten gut anbraten. Die Marinade durchsieben und die Gemüsemischung kurz mit anbraten. Das Tomatenmark dazurühren und die Hälfte der heißen Marinade an das Fleisch gießen. Den Braten zugedeckt 2 Stunden bei mittlerer Hitze schmoren lassen, herausnehmen und warm halten. Den Fond mit dem Rest Marinade loskochen, durchsieben, mit Rosinen und Mandeln durchkochen, mit angerührter Speisestärke binden.

Früher hatte man nur drei Möglichkeiten, Fleisch über längere Zeit zu konservieren: einpökeln, räuchern oder, nur leicht gesalzen, in einem Steinguttopf mit einer Essigmarinade einlegen und mit geschmolzenem Rinderfett verschließen. Auf diese Weise hielt sich das Fleisch im Keller, es wurde fast schwarz und schmeckte vor allem als Braten vorzüglich. So war der Sauerbraten geboren.

Salzbohnen mit Kasseler

500 g Salzbohnen, 1 kleine Dose weiße Bohnen
750 g Kasseler, 750 g Kartoffeln
schwarzer Pfeffer, 1–2 EL Essig, Salz
1 Bund Petersilie

Salzbohnen in einer Schüssel mit kochendem Wasser übergießen, 5 Minuten ziehen lassen, in einem Sieb abtropfen lassen. Mit weißen Bohnen und Kasseler in einen Schnellkochtopf geben und Wasser angießen, so daß Fleisch und Gemüse knapp bedeckt sind (Flüssigkeit von den weißen Bohnen mitverwenden). Den Topf schließen und den Inhalt in 30 Minuten garen. Kartoffeln schälen, waschen und in Würfel schneiden, gesondert in leicht gesalzenem Wasser garen. Fleisch aus dem Topf nehmen, in Scheiben schneiden und warm stellen. Bohnen und Brühe zu den Kartoffeln geben und leicht durchrühren. Mit Pfeffer, Essig und Salz abschmecken, die gehackte Petersilie aufstreuen. In einer vorgewärmten Schüssel servieren.

Schnippelbohnen stehen in Westfalen nicht nur frisch, sondern auch nach Sauerkraut-Art eingesalzen auf dem Küchenzettel. Falls es bei Ihnen keine Salzbohnen zu kaufen gibt, können Sie es mit dem Selbsteinlegen versuchen. Dazu brauchen Sie einen großen Steintopf, in den die gewaschenen und geschnippelten Stangenbohnen eingeschichtet werden müssen. Jede Schicht wird mit Salz, Zucker und grob geschnittenem Bohnenkraut bestreut. Auf 5 kg Bohnen rechnen Sie 125 g Salz, 75 g Zucker und 2 Bund Bohnenkraut. Obenauf kommt eine Schicht Weinblätter, beschwert durch ein Brett mit ein paar Feldsteinen. Die Bohnen müssen stets von Flüssigkeit bedeckt sein. Eine etwaige Haut regelmäßig entfernen. 4–6 Wochen gären lassen.

Pfefferpotthast

1 kg Rindfleisch (Rippe oder Schulter)
800 g Zwiebeln, 80 g Schweine- oder Butterschmalz
Salz, 1 Liter Fleischbrühe
1 TL Pfefferkörner, 2 Lorbeerblätter, 4 Gewürznelken
2 EL Semmelmehl, Zitronensaft, 1 EL Kapern

Fleisch waschen, in kleine Würfel schneiden. Zwiebeln schälen, in Scheiben schneiden, in einem großen Topf in heißem Fett andünsten. Das Fleisch dazugeben, kurz mitbraten, mit Salz würzen und mit der Fleischbrühe auffüllen. Pfefferkörner, Lorbeerblätter und Nelken hinzufügen. Fleisch und Zwiebeln zugedeckt in etwa 1 1/2 Stunden bei schwacher Hitze garen. Semmelmehl hineinrühren, nochmals 5 Minuten durchkochen. Zitronensaft und Kapern dazugeben, mit Salz und Pfeffer abschmecken. Salzkartoffeln und Gurken passen dazu.

Das Lieblingsgericht der Dortmunder paßt nicht nur zu Kegelabenden und Betriebsausflügen, es wird auch bei offiziellen Einladungen der Stadt serviert. Früher galt das „westfälsiche Gulasch" als unentbehrlich auf der Hochzeitstafel. Die Namensbestandteile beziehen sich auf die kräftige Würzung (Pfeffer), die Zubereitungsart (Pott = Topf) und das geschmorte Fleisch (Hast oder Harst) Pfefferpotthast konnte man schon im 14. Jahrhundert auf Dortmunder Märkten kaufen. Damals wurde die Freie Reichsstadt Dortmund von den Grafen von der Mark belagert. Eine Dortmunder Dame, Agneta von Vierbecke, versuchte feindliche Soldaten unter Brennholz und Heu versteckt einzuschmuggeln. Den Pförtner am Stadttor bat sie, die „trojanischen Fuhrwerke" einzulassen und ihr anschließend eine Portion Potthast zu kaufen. Aber die Kriegslist scheiterte, und Agneta wurde bei lebendigem Leib verbrannt.

HOVESTADT
18
50

Himmel und Erde mit Blutwurst

1 kg Kartoffeln, 1 TL Salz
1 kg Äpfel, 2 EL Zucker, 1 EL Zitronensaft
1 Prise Pfeffer, 1 Prise Muskat
100 g durchwachsener Räucherspeck
2 Zwiebeln, 500 g Blutwurst

Die Kartoffeln schälen, waschen, vierteln und in 1 Liter Salzwasser weichkochen. Die Äpfel schälen, vierteln, das Kernhaus entfernen und mit Zucker und Zitronensaft musig kochen. Die Kartoffeln abgießen und zu Mus stampfen. Mit einem Schneebesen die Äpfel und Kartoffeln gut untereinanderschlagen. Mit Salz, Pfeffer und Muskat abgeschmeckt in einer Schüssel warm halten. Den feingeschnittenen Speck gut ausbraten, die in Scheiben geschnittenen Zwiebeln goldbraun werden lassen und beides aus der Pfanne nehmen. In dem Fett die 1 cm dicken Blutwurstscheiben von beiden Seiten anbraten. Die Wurst auf das Kartoffel-Apfel-Gemisch legen und mit dem Speck und den Zwiebelringen bedecken.

Was Bayern oder anderen Südländern nur ein „Fuideifi“ entlockt, da sie Süßes zu Salzigem ausschließlich bei Wild akzeptieren, mundet den Menschen im Rheinland ganz besonders. Deshalb: versuchen Sie es mal, diese Mischung aus Äpfeln vom Himmel und Kartoffeln oder „Ähdäppfel“ (Erdäpfeln) – vielleicht geht es Ihnen wie jenem Schwabenmädle, das nach einem zaghaften Versucherle gleich zwei Teller verputzte. Beim Einkauf der „Blootwoosch“ müssen Sie Ihren Metzger wohl fragen, ob sie auch Buchweizengrütze oder wenigstens Mehl enthält, sonst zerläuft sie beim Braten zu Brei und bekommt nie die schöne Kruste, die aus einer billigen Wurst einen Leckerbissen macht.

Töttchen

750 g Kalbfleisch (Schulter oder Brust)
1–2 Zwiebeln, 1 Bund Suppengrün
1 Lorbeerblatt, 4 Pfefferkörner, 3 Nelken, Salz
Für die Sauce:
50 g Butter, 40 g Mehl, 1 EL gewürfelte Zwiebel
1 EL Essig, 1 Glas Sherry
1 Prise Zucker, weißer Pfeffer
1 Spritzer Worcestershiresauce

Kalbfleisch waschen, mit Wasser bedeckt aufsetzen. Geschälte und grobgeschnittene Zwiebeln, Suppengrün und Gewürze dazugeben. Das Wasser zum Kochen bringen und das Fleisch bei schwacher Hitze in etwa 90 Minuten garen. Fleisch herausnehmen, etwas abkühlen lassen, in feine Würfel schneiden. Brühe durch ein Sieb geben. Für die Sauce Butter erhitzen, das Mehl darin anschwitzen und die Zwiebelwürfel dazugeben, mit passierter Brühe ablöschen, 8 Minuten durchkochen. Die Sauce mit den angegebenen Zutaten pikant abschmecken, die Fleischwürfel darin heiß werden lassen. Dazu gibt es frische Brötchen (auch aus Roggenmehl) oder Schwarzbrot, außerdem Senf und Worcestershiresauce.

Diese pikante Münsterländer Spezialität, die als kleines Zwischengericht zum Bier immer beliebter wird, wurde ursprünglich aus Kalbskopf, -lunge und -herz zubereitet. Das können Sie, wenn Sie die Arbeit nicht scheuen, auch heute noch tun. Unser Rezept geht von schlichtem Kalbfleisch aus. In der französischen Küche wird diese spezielle Zubereitung „en tortue" (auf Schildkrötenart) genannt. Es heißt, französische Soldaten hätten das Rezept nach Westfalen mitgebracht.
Aus „en tortue" sei die heutige Bezeichnung „Töttchen" geworden. Mit Petersilienkartoffeln wird aus dem Töttchen eine komplette Mahlzeit.

Martinsgans

Für 6 Personen
1 Gans (3-4 kg), 2 TL Salz, 1 Prise Pfeffer
1 kg Kastanien, 1 kleine Zwiebel
1 EL gehackte Petersilie, 40 g Butter, 1/2 TL Paprika
3 Äpfel, 1 Liter heißes Wasser
1 Zwiebel, 1 Möhre, 1 Lorbeerblatt

Von der Gans Kopf, Hals, Füße und – zwei Fingerbreit vom Körper entfernt – die Flügel abschneiden und mit Herz, Leber und Magen für das Gänseklein aufbewahren. Das Fett aus der küchenfertigen Gans lösen und sie mit Salz einreiben und Pfeffer einstreuen. Die Kastanien ringsum einschneiden, im Salzwasser 10 Minuten leicht kochen, abgießen und die Schale ebenso wie die innere Haut entfernen. Die feingehackte Zwiebel und Petersilie in der Butter rösten, mit Paprika würzen, die Kastanien zugeben und mit wenig Wasser in 15 Minuten weichkochen, die geschälten, kleingewürfelten Äpfel kurz mitdämpfen. Alles vermischen und die Gans damit füllen, zunähen, die Keulen festbinden. Die Haut leicht einstechen. Im Backofen mit der Hälfte des heißen Wassers, Zwiebel- und Möhrenscheiben und dem Lorbeerblatt bei 200 °C 2 1/2 Stunden braten. Dabei öfter mit Bratensaft oder heißem Wasser, in der letzten halben Stunde mit etwas kaltem Wasser begießen. Die Gans herausnehmen und die Fäden entfernen. Den Bratensatz ablöschen, durchsieben, etwas einkochen oder mit Speisestärke binden. Nochmals abschmecken.

Nach den Martinszügen der Kinder mit oft selbstgefertigten Laternen am Vorabend des 11. November kommt in vielen Familien noch die dem Heiligen geweihte Gans auf den Tisch. Wenn sie aufgeschnitten wird, mischt sich der Duft des Bratens mit dem seiner Füllung aus Kastanien und Äpfeln.

Döppekooke

1 1/2 kg Kartoffeln, 3 Zwiebeln
3 TL Salz, 1/2 TL Pfeffer
3 Eier, 6 EL Öl
100 g durchwachsener Speck

Die geschälten Kartoffeln im Mixer zerkleinern und einige Minuten stehen lassen, dann in ein feines Sieb geben, um das Wasser ablaufen zu lassen und dabei aufzufangen. Nach etwa 5 Minuten das Wasser vorsichtig abgießen und die unten abgesetzte Kartoffelstärke zu der Kartoffelmasse geben. Die Zwiebeln fein reiben, Salz, Pfeffer und Eier zugeben und alles gut verrühren. In eine feuerfeste Form 4 Eßlöffel Öl geben und mit dem in dünne Scheiben geschnittenen Speck auslegen. Die Kartoffelmasse in die Form füllen und mit 2 Eßlöffeln Öl beträufeln. Bei 200 °C etwa 2 Stunden backen lassen. Dazu serviert man Apfel- oder Pflaumenkompott und einen „Kloaren". Sollte von dem Kuchen etwa übrigbleiben, so kann der Rest am nächsten Tag in Scheiben geschnitten in einer Pfanne knusprig gebraten werden. Das schmeckt ebenfalls köstlich.

Für den Rheinländer ist „en Döppe" ein Mitmensch, der nicht viel im Kopf hat oder sich zumindest ungeschickt anstellt – also ein Vetter des bayerischen „Depp". Aber im Gegensatz zu diesem ist „en Döppe" in der Küche unentbehrlich – es ist nämlich zunächst einmal ein Topf. Noch größer als die Namensvielfalt des im Rheinland äußerst beliebten „Topfkuchens" – Dippe- oder Duppekuchen, Deppedotz, Dopsches Koche, Potthucke ... – ist die Variationsbreite seiner Zubereitung. Doch geriebene rohe Kartoffeln gehören immer dazu.

Rheinischer Endiviensalat

2 große Kartoffeln, Salz
1 großer Kopf Endiviensalat
200 g durchwachsener Speck
1/8 Liter Fleischbrühe
1 Zwiebel, 4 EL Öl, 3 EL Essig
1 TL Salz, 1/2 TL Pfeffer, 1 Prise Zucker

Die Kartoffeln waschen und in 1/2 Liter Salzwasser weichkochen. Inzwischen den Salat putzen, in feine Streifchen schneiden, waschen und gut abtropfen lassen. Den kleingewürfelten Speck kräftig anbraten, mit der Fleischbrühe in etwa 15 Minuten weichkochen und abgießen. Aus der gehackten Zwiebel, Öl, Essig, Salz, Pfeffer und Zucker eine Sauce rühren und den Salat zugeben. Die gekochten, noch warmen Kartoffeln schälen, durch die Kartoffelpresse drücken und kurz vor dem Servieren zusammen mit dem Speck unter den Salat ziehen.

Man braucht bei der Salatbereitung nicht unbedingt so zu verfahren, wie es ein Kölner Kochbuch Anfang vorigen Jahrhunderts empfiehlt: „Der Salat wird mit wenigem Salze und Pfeffer bestreut, mit Oel begossen und dann schon gemischt, damit das Wasser sich verliere. Hierauf wird der Essig darübergegossen ..." Da loben wir uns die bergische und niederrheinische Art, den Endiviensalat mit geriebenen Kartoffeln zu mischen und überhaupt „noch jet dranzudonn". Und vergessen Sie nicht ihren Gästen ein gutes Stück Fleisch vorzusetzen, denn auch der beste Salat ist in der Regel „nur" Beikost.

Rievkooke

1 kg Kartoffeln, 1 Zwiebel
2 Eier, 1 TL Salz
Fett zum Braten

Die Kartoffeln schälen, waschen und reiben. Kurze Zeit stehen lassen und anschließend die entstandene Flüssigkeit abtropfen lassen. Die Zwiebel ganz fein hacken oder reiben und mit den Eiern und Salz unter die Kartoffeln geben. In der Bratpfanne das Fett erhitzen und den Teig löffelweise einfüllen, flachdrücken und die kleinen Kuchen auf beiden Seiten knusprig boldbraun werden lassen. Die Reibekuchen werden sofort heiß mit Apfel- oder Rübenkraut (Sirup) oder auch mit Apfelbrei serviert. Wenn die Esser noch einige Reibekuchen übriglassen ollten, kann man sie noch am nächsten Tag kalt, mit Kraut bestrichen und zwischen zwei Schwarzbrotscheiben gelegt, zum zweiten Frühstück essen.

Wie sagt der Kölner zu einem Vorfall, der die entstandene Aufregung nicht lohnt? – „Mer kann ooch met Rievkooke Wind maache" – in gehobener Sprache: „Man kann auch mit Kartoffelpannkuchen Wind erzeugen." Diese Reibekuchen gehören im Rheinland zu den beliebtesten Gerichten, und mancher Junge rühmt sich, wie viele davon er schon auf einen Sitz verdrückt hat. Dabei kann man von den besten am meisten vertilgen – die werden nämlich klein und vor allen Dingen sehr dünn gemacht, damit möglichst viel Kruste entsteht. Und die Hausfrau muß sich schon dranhalten, die fröhlichen Esser mit Nachschub zu versorgen, denn auf Vorrat kann man die Reibekuchen nicht backen, sie werden allzu schnell weich. Am besten backt man also in zwei Pfannen. Und genehmigen Sie sich einen Klaren „för hengerher".

Aachener Printen

je 200 g Rübenkraut (Sirup) und Zucker
50 g Butter, 5 g Pottasche, 1 EL Kirschwasser
je 50 g Zitronat und Orangeat
je 15 g Zimt und Anis
je 3 g gemahlene Nelken und Kardamom
1 Messerspitze Muskat
abgeriebene Schale von 1 unbehandelten Zitrone
160 g gemahlene Haselnüsse, 400 g Mehl
Fett für das Blech, 1 EL Kartoffelmehl

Rübenkraut, Zucker und Butter im Topf bei mäßiger Wärme mit 5 Eßlöffel Wasser auflösen und abkühlen lassen. Die Pottasche mit Kirschwasser anrühren und mit Zitronat, Orangeat, den Gewürzen und den Haselnüssen in den Topf geben. Das Mehl hineinrühren und unterkneten. Der Teig muß etwa zwei Stunden ruhen. Er wird dann etwa 5 mm dick ausgerollt, in 3 x 8 cm große Streifen geschnitten und auf dem gefetteten Backblech ausgelegt. Das Karotffelmehl mit etwas Wasser zu einer dünnen Brühe verrühren, aufkochen, bis der Guß dicklich, aber noch gut streichfähig ist, und die Printen vor und direkt nach dem Backen damit besteichen. Die Printen 15 bis 20 Minuten bei 220 bis 250 °C backen und vor dem Verzehr zwei bis drei Wochen kühl und luftig lagern.

Nach der Sage waren die Printen das Lieblingsgebäck Karls des Großen, und man gab ihm eine Abschrift des Rezepts mit ins Grab. Als es im Laufe der Jahrhunderte in Vergessenheit geraten war, überlistete ein Bäckerlehrling den Teufel, ihm bei der Wiederbeschaffung zu helfen. Vor dem versprochenen Lohn, dem Schlüssel zum Münster, gab der Lehrling dem Teufel die Printen zu versuchen. Der verschlang sie mit solcher Gier, daß er mit fürchterlichem Bauchgrimmen zur Hölle fuhr.

Waffeln

Rheinische Waffeln:
125 g Butter, 50 g Zucker, 3 Eigelb
250 g Mehl, 1/2 TL Backpulver
1/4 Liter Milch, 3 Eiweiß

Der flüssigen Butter Zucker und Eigelb zugeben und alles schaumig rühren. Mehl und Backpulver gut vermischen und abwechselnd mit der angewärmten Milch einrühren. Das zu Schnee geschlagene Eiweiß darunterziehen.

Mürbe Zimtwaffeln:
200 g Butter, 3 Eier, 1 Prise Salz
1/2 TL Zimt, 50 g Zucker, 250 g Mehl

Die Butter durch leichtes Erwärmen flüssig machen, die ganzen Eier, Salz, Zimt und Zucker zugeben und schaumig rühren. Das Mehl nach und nach unterarbeiten. Das Waffeleisen erhitzen und etwas einfetten. Den Waffelteig mit einem großen Löffel einfüllen und knusprige, hellbraune Waffeln backen. Die noch warme Waffel mit Vanillezucker, Puderzucker oder Zucker und Zimt bestreuen.

Zwei zangenartige zusammengeklappte Eisenplatten mit wabenförmigen Vertiefungen und langen Griffen hielt man früher so lange über das Herdfeuer, bis man einen goldgelben, herrlich duftenden Kuchen erhielt. Erst im vorigen Jahrhundert kamen „neuartige" Wendeeisen auf, die man mit ihrem Gestell über das Feuerloch der Herdplatte stellen konnte. Von den Eisen hatte das Gebäck auch seinen Namen „Iserkoken", der aber heute fast völlig von dem niederdeutsch-holländischen Begriff „Waffeln" verdrängt ist. Und dieses Wort erinnert wiederum an die „Waben" des Eisens, in dem dieses köstliche Etwas gebräunt wird.

Appeltaat

400 g Mehl, 150 g Butter, 150 g Zucker
2 Eier, 3 EL saure Sahne
abgeriebene Schale von 1/2 Zitrone
1 kg Äpfel, 1 Päckchen Vanillezucker
2 EL Weißwein, 50 g Rosinen
50 g gehackte Mandeln oder geriebene Haselnüsse
1 Päckchen Vanillezucker
oder Zucker mit Zimt zum Bestreuen

Das Mehl auf das Backbrett sieben, die kalte Butter in Stückchen darauf verteilen und feinblättrig hacken. Zucker, Eier, Sahne, und Zitronenschale in die Mitte geben und zu einem Teig verarbeiten. 1 Stunde klarstellen. Die geschälten, in feine Scheiben geschnittenen Äpfel mit Vanillezucker in Weißwein im geschlossenen Topf dünsten, ein- bis zweimal durchrühren und erkalten lassen. Den Teig halbieren und dünn ausrollen. Mit der einen Hälfte eine gebutterte Kuchform auslegen und einen Rand hochdrücken, mit den Äpfeln belegen und mit den gewaschenen Rosinen und Mandeln bestreuen. Die zweite Teighälfte dünn ausgerollt darüberlegen und am Rand gut andrücken. Bevor die Taat in den Backofen geschoben wird, um bei etwa 200 °C schön braun gebacken zu werden, mit der Gabel vorsichtig einige Löcher hineinstechen, damit der Dampf abziehen kann.

Der Rheinländer schätzt die Appeltaat – wie auch die Prummeltaat – so sehr, daß der Pitter zu seinem Mariechen sagt: „Dat Bützche schmeck wie Appeltaat“. Für Mariechen und ihren Kuß ist das ein riesiges Kompliment. Die geschätzte Taat ist ist ein runder Kuchen, dessen Teigboden mit frischen Äpfeln, Pflaumen oder anderem Obst belegt und mit einem Gitter aus Teigstreifen oder einem ganzen Teigdeckel abgedeckt wird.

Kastenpickert

500 g Mehl, 30 g Hefe, 50 g Zucker
gut 1/4 Liter Milch, 2 Eier
1 gestrichener TL Salz
1 kg geschälte und geriebene rote Kartoffeln
250 g Rosinen
etwas Fett und Paniermehl für die Form
50 g Butter zum Aufbraten

Mehl in eine Backschüssel geben, in der Mitte eine Vertiefung eindrücken die zerkrümelte Hefe mit Zucker und etwas Milch hineingeben, mit etwas Mehl zu einem flüssigen Vorteig verrühren und 30 bis 40 Minuten gehen lassen. Nach und nach die übrigen Zutaten dazugeben (Kartoffeln nach dem Reiben etwas ausdrücken oder abtropfen lassen, damit der Teig nicht zu weich wird), den Teig kräftig durcharbeiten, zuletzt die Rosinen hineinkneten. Den Teig zugedeckt 30 bis 40 Minuten gehen lassen, in eine gefettet mit Paniermehl ausgestreute Kastenform füllen und 60 bis 80 Minuten bei 200 °C backen. Den abgekühlten Pickert in fingerdicke Scheiben schneiden, kurz vor dem Verzehr auf beiden Seiten in heißer Butter anbraten und mit zusätzlicher Butter zum Kaffee reichen.

Pickert ist die Bezeichnung für ein ostwestfälisches Nationalgericht, das in unterschiedlicher Gestalt auftritt und vor allem im Gebiet des Teutoburger Waldes verbreitet ist. Im allgemeinen handelt es sich um ein Gericht aus Kartoffelteig mit Mehlbeigabe. Aus diesem Teig kann man dicke Pfannkuchen backen und erhält dann den berühmten Lappenpickert oder auch einen meist süßen Pfannenpickert. Der hier vorgestellte Kastenpickert schmeckt am besten ganz frisch – und mit gehöriger Butterbeigabe – zum Kaffee.

Kullerpfirsich

pro Person
1 süßer, reifer Pfirsich
Sekt

Wenn Sie nicht speziell geformte Kullerpfirsichgläser haben, eignen sich weite zylindrische bis leicht knonische Gläser besser als Wein- oder Sektgläser, weil möglichst viel Sekt als „Antrieb“ unter dem Pfirsich sein soll. Als Früchte sind die saftigen Sorten den fleischigen vorzuziehen – und größer als der Glasdurchmesser dürfen sie natürlich nicht sein. Den Pfirsich waschen, abtrocknen und mit einer Gabel ringsum anstechen, damit der Saft austreten kann. Im Glas mit gut gekühltem Sekt übergießen. Bald kullert er, der Kullerpfirsich. Und wenn der Sekt ausgetrunken ist, wird er Pfirsich herausgenommen, mit Hilfe eines Obstbestecks zerkleinert und gegessen.

Die Römer nannten ihn „malum persicum“ den „persischen Apfel“, als sie ihn im 1 Jahrhundert n. Chr. von ihren östlichen Reichsgrenzen mit heimbrachten und sein Anbau sich danach über fast alle Teile des alten Römischen Reiches ausdehnte. Und noch heute und bei uns trägt der „Pfirsich“ seinen lateinischen Irrnamen, denn mit mindestens gleich gutem Recht wie jene orangerote Zitrusfrucht könnte er sich „Apfelsine“, „chinesischer Apfel“, nennen, waren es doch die Söhne aus dem Reich der Mitte, die ihn als erste kultivierten. Philosophieren Sie über Namen und Herkunft, wenn in Ihrem Glas die Kohlensäureperlen des Sekts den Pfirsich kullern lassen!

Wein reichlich für Schoppen und Kochtopf

Ausgedehnte Wälder, romantische Täler und Flußläufe, Weinberge soweit das Auge reicht und eine reiche, bewegte Geschichte:
All das spiegelt sich nicht nur im Charakter der Menschen wider, sondern auch in ihren kulinarischen Vorlieben: Deftig und herzhaft soll es sein, aber auch immer ein bißchen raffiniert.
Das liegt nicht nur an der Nähe Frankreichs, sondern auch an dem ganz speziellen milden Klima, dem von Kennern gar eine gewisse Nähe zur Toscana bescheinigt wird.
In der Pfalz gibt es das größte Obst- und Gemüseanbaugebiet Deutschlands – hier und im Saarland gedeihen nicht nur der übliche Kohl und die beliebten, „Grumbeere" genannten Kartoffeln, sondern Obst und Gemüse aller Art. Es gibt Eßkastanien, die hier „Keschte" heißen, und sogar Feigen – hie und da selbst Zitronen, Zypressen oder Zedern.
Bei aller Fülle bleiben aber doch die „pflanzlichen Genüsse" nur Beiwerk: sowohl in Rheinland-Pfalz als auch im Saarland gehören Fleisch und Wurst unbedingt dazu.
Was in Feld, Hang und Wald dicht beieinander gedeiht, gehört auch in der Küche und auf dem Tisch zusammen: Zwetschgen gibt es nicht nur auf dem Kuchen und als Brotaufstrich, sondern süßsauer eingelegt auch zum Suppenfleisch.
Fast immer mit dabei ist auch der Wein, der so reichlich gekeltert wird, daß man ihn sogar im Kuchen „verbacken" kann.
Nicht nur Gockel, Wildsau, Hase und Forelle aalen sich in den verschiedenen Rebsäften, sondern hin und wieder sogar Bratäpfel.
Der Pfälzer Wein ist natürlich auch pur ein Genuß: aus gutem Grunde kommen Weinkenner aus ganz Deutschland und sogar aus Übersee extra zu den Winzern in die Pfalz und kaufen Nachschub für den Weinkeller daheim.
Bei der Gelegenheit bietet es sich natürlich an, nicht nur den Wein zu verkosten, sondern auch die Spezialitäten des Landes: Das ist in der Pfalz sicher der Saumagen, der ja auch von allerhöchster Stelle protegiert wird.
Im Saarland kommt man am „Schales" nicht vorbei: eine Art Kartoffelkuchen mit Lauch und Dörrfleisch, dessen Zubereitung auf ein jüdisches Gericht zurückgeht.
„Dibbelabbes", sozusagen Schales' kleiner Bruder, kommt ohne Lauch und Speck nur mit Kartoffeln aus und wird nicht im Backofen, sondern im Topf auf dem Herd zubereitet.
Was die Vorliebe für eine Mischung von Deftigem und Süßem angeht, sind sich Pfälzer und Saarländer fast einig:
die einen essen ihren Quetschekuche vom Blech am liebsten zur „Grumbeersupp", die anderen zu Bohnensuppe.
Wer sich an diese Kombination nicht gleich herantraut, dem sei verziehen und verraten: Der Zwetschgenkuchen schmeckt auch ohne Suppe ganz vorzüglich!

Lauchkuchen

Für den Teig:
250 g Mehl, 125 g Butter
eine Prise Salz, eine Prise Zucker
etwas Butter für die Form
Für den Belag:
300 g durchwachsener Speck
100 g Butter, 1 1/2 kg Lauch, 3 EL Mehl
1/4 Liter süße Sahne, 4 Eier
Pfeffer, Salz, Muskatnuß

Aus Mehl, Butter, Salz, Zucker und 1 Eßlöffel kaltem Wasser einen Teig kneten. Etwas ruhen lassen und dann eine gut gebutterte Springform damit auslegen. Die Ränder hochziehen. Für den Belag den Speck fein würfeln und in der Butter auslassen. Den fein geschnittenen Lauch dazugeben und dünsten, bis er Farbe annimmt. Mit dem Mehl bestäuben und gut umrühren. Diese Masse auf den Kuchen geben und im vorgeheizten Backofen bei 200 °C 15 Minuten vorbacken. Aus der Sahne, den ganzen Eiern und den Gewürzen eine Mischung herstellen und über den vorgebackenen Kuchen gießen. Nochmals für 15 bis 20 Minuten in den Ofen geben und ausbacken. Heiß servieren!

Der Lauchkuchen ist keine Süßspeise. Er ist von herber Natur und deshalb die richtige Beigabe zu einer weinfrohen Runde. Eine solche Runde beschränkt sich nicht auf männliche Besetzung. Auch das weibliche Geschlecht hat, erst recht im Zeitalter der Emanzipation, seine Freude an derartigen Genüssen. Lauchkuchen bringt jeglichen ausgereiften Wein erst so recht zur Geltung und animiert zum weiteren Trinken. Insofern ist seine Funktion ähnlich der des Zwiebelkuchens, den man heutzutage überall zu neuem Wein bekommt.

Hainfelder
Erzeugerabfüllung

Grumbeeresupp

15 mittelgroße Kartoffeln, 1 große Zwiebel
1 kleine Knolle Sellerie
2 Karotten, 2 Stengel Lauch
175 g Butter
1 1/2 Liter Fleischbrühe (besser echte als Würfel)
1 Becher süße Sahne
Pfeffer, Salz, Majoran

Die Kartoffeln und das Gemüse werden gewaschen, geputzt, geschnitten und mit der Butter in einem Topf weichgedämpft. Sodann verkocht man diese Masse mit einem reichlichen Liter Fleischbrühe eine halbe Stunde lang und streicht sie durch ein Sieb. Jetzt fügt man den Rest der Brühe hinzu, schüttet die Sahne darauf, pfeffert und salzt und schmeckt kräftig mit Majoran ab.

Alle Kartoffelgerichte ißt man in Rheinland-Pfalz und im Saarland mit Vorliebe. Einen bevorzugten Platz nimmt dabei die Kartoffelsuppe, die Grumbeeresupp ein. In ihrer Konsistenz ist diese Pfälzer Kartoffelsuppe so „steif", in ihrer Zusammensetzung so reichhaltig, daß sie durchaus auch als Eintopfgericht bestehen kann. Als Spezialität wird in der Pfalz die Kombination von Kartoffelsuppe mit Zwetschgenkuchen gerühmt. „Grumbeeresupp un Quetschekuche" heißt ein von Kurt Dehn gesungenes Lied, das diesem Gericht eine Art poetischer Verklärung angedeihen läßt.

Franzosensuppe

1/2 Kopf Weißkraut, 4 Karotten, 500 g Erbsen
1 kleine Knolle Sellerie, 1 kleiner Blumenkohl
2 EL Butter, 1 Zwiebel
1 Bund Petersilie, 1 1/2 Liter Fleischbrühe
kleingeschnittenes Suppenfleisch
Salz, Pfeffer, Muskatnuß

Alle Gemüse recht fein schneiden. Den Blumenkohl in kleine Röschen brechen. Die Butter erhitzen, die Gemüse sowie die grob gehackte Zwiebel und die Hälfte der frisch gehackten Petersilie darin 10 Minuten anschmoren. Jetzt mit der heißen Fleischbrühe auffüllen und kräftig durchkochen. So man hat, das kleingeschnittene Suppenfleisch dazugeben. Mit Salz, Pfeffer und Muskat würzen und zum krönenden Abschluß den Rest der Petersilie darüberstreuen. Dazu paßt am besten Franzosenbrot, also Stangenweißbrot.

Kein Wunder, daß bei der Nachbarschaft von Rheinland-Pfalz und Saarland zu Frankreich, zum Elsaß, in vielen Kochbüchern eine „Franzosensuppe" zu finden ist. Wiewohl diesseits der Grenze gerne, wie dieses Kochbuch lehrt, deftig und somit schwer gegessen wird, liebt man doch hin und wieder auch pikantere, leichtere Gerichte, wie sie von „drüben" kommen. Diese Franzosensuppe, die hauptsächlich aus frischen Gemüsen besteht, kommt den Erzeugnissen des Gartens sehr entgegen und schmeckt im Sommer besonders gut.

Grünkernsuppe mit Markklößchen

Für die Suppe:
60 g Grünkernmehl, 2 EL Butter
1 1/4 Liter Fleischbrühe
Salz, Pfeffer, Muskat
2 Eigelb, 3 EL Sahne

Für die Markklößchen:
3 Markknochen
1 Brötchen, etwas Wasser
1 Eigelb, 1 Bund Petersilie
1/2 EL Grieß, Weckmehl, Salz

Für die Suppe das Grünkernmehl in der heißen Butter bräunen. Mit der heißen Fleischbrühe ablöschen und 10 Minuten leise köcheln lassen. Die Grünkernsuppe mit Salz, Pfeffer und Muskat kräftig abwürzen. Die Eigelb mit der Sahne verquirlen und vor dem Servieren die Suppe damit verfeinern.
Für die Klößchen das Mark von den Markknochen klein schneiden, in ein Pfännchen geben und auslassen. Das flüssige Mark durch ein Sieb über das eingeweichte, ausdrückte Brötchen laufen lassen. Jetzt bleibt diese Mischung eine Viertelstunde stehen. Das Eigelb, die fein gehackte Petersilie, den Grieß und so viel Weckmehl dazugeben, wie die Masse aufnimmt, dann salzen. Kleine Klößchen formen. Ein Probeklößchen in der Suppe gar ziehen lassen. Verfällt dieses, zu der Masse noch etwas Weckmehl geben.

Im Reigen der vielen Suppen nimmt in Rheinland-Pfalz die Grünkernsuppe mit Markklößchen eine Spitzenstellung ein. Die Verbindung der sämigen, aus Grünkernmehl hergestellten Brühe mit den aus Knochenmark geformten Kugeln vermittelt einen festtäglichen Gaumenkitzel der besonderen Art.

Muskat

Forelle in Rotwein

Pro Person 1 Forelle

Für den Sud:
1 Liter Rotwein
(leichter Pfälzer Rotwein, kein Burgunder!)
Salz, 10 Pfefferkörner, 6 Wacholderbeeren
2 Lorbeerblätter, 1 Zwiebel
1 unbehandelte Zitrone
Mehlbutter aus je 5 g Mehl und Butter
Salz und Gewürze nach Geschmack

Aus den Zutaten den Sud kochen und ungefähr 10 Minuten ziehen lassen. Die Forellen einlegen und 15 Minuten sanft garen. Die Fische vorsichtig auf eine Platte legen und warm stellen. Den Sud auf die Hälfte einkochen lassen, mit Mehlbutter binden und kräftig würzen. Am besten schmecken dazu neue Kartoffeln. Auch wenn die Forelle in Rotwein gedünstet wurde, können Sie ohne weiteres einen klassischen Riesling dazu trinken. Ebenfalls hervorragend paßt ein Weißherbst, also ein hell gekelterter Spätburgunder, dazu.

Wie beginnt Franz Schuberts Lied von der Forelle? – „In einem Bächlein helle ...“. Wo es noch helle Bächlein gibt? In den Waldtälern von Eifel, Pfalz und Saarland zum Beispiel! Sie sind allerdings nicht so hell wie finnische Quellgewässer, wo Forellen offenbar gefangen und auf der Stelle als ungewöhnliche Delikatesse roh gegessen werden. Nach dem Motto, daß Fisch schwimmen muß, was natürlich zu reichlichem Trinken anregt, tun wir der Forelle gerne den doppelten Gefallen und setzen sie bereits in Rotwein an.

Hecht in Riesling

1 großer Hecht, Pfeffer, Salz
2 Karotten, 1 große Stange Lauch
1/2 Sellerieknolle, 1 Bund Petersilie
2–3 EL Butter, 1/2 Tasse Weißwein
Für die Sauce:
250 g Butter, 2 EL Mehl
1 Tasse Weißwein, 1/2 Becher süße Sahne
Salz, Pfeffer
1 Schale frische Champignons

Den Fisch waschen, innen und außen pfeffern und salzen, auf Alufolie legen. Die Folie muß so groß sein, daß der ganze Fisch darin gut eingepackt werden kann. Das Gemüse in feinste Streifen schneiden und mit der gehackten Petersilie auf den Fisch geben. Die Butter in Flöckchen auf den Fisch und das Gemüse legen, den Wein darübergießen, die Folie schließen und dieses Paket etwa 1 Stunde in den auf 175 °C vorgeheizten Ofen legen. In der Zwischenzeit wird die Sauce bereitet: Die zerlassene Butter mit 2 Eßlöffel Mehl sehr stark schlagen. Die Tasse Wein dazugeben. Auf kleinster Flamme unter Rühren ausquellen lassen. Mit Sahne binden, salzen und pfeffern. Die frischen, klein gehackten Champignons dazugeben. Den Fisch vorsichtig aus der Folie nehmen und den Fischfond zur Sauce geben. Dazu neue Kartoffeln oder breite Nudeln reichen.

Der Fischbestand im Rhein hat unter Abwässern stark gelitten, soll sich allerdings in jüngster Zeit wieder etwas erholt haben. Auf jeden Fall gibt es in Nebengewässern wie Altrheinarmen oder Baggerseen noch so viele Hechte, daß Hecht in Riesling noch immer zu den Fischgerichten gehört, die für Rheinland-Pfalz typisch sind.

Weingut
Hainfeld a. d.
Weinstraße
Hainfelder
Riesling

Fleeschknepp

250 g Schweinefleisch, 250 g Rindfleisch
250 g Kalbfleisch, 2 alte Brötchen
2 Eier, Salz, Pfeffer, Muskat
1 Bund frische Petersilie
Fleischbrühe zum Garen

Fleisch und Brötchen werden durch den Wolf gedreht. Eier, Gewürze und die fein gehackte Petersilie dazugeben. Die Masse wird zu einem glatten Teig verarbeitet. Danach läßt man sie eine Zeitlang in Ruhe liegen. Mit feuchten Händen eigroße Klöße formen und in siedender Fleischbrühe garen. Neben Meerrettichsauce wird dazu Weißbrot gereicht. Auch Salzkartoffeln sind möglich.

Fleeschknepp nennen die Rheinland-Pfälzer mit wäßrigem Mund ihre Fleischklöße. Bei jedem größeren Festessen erscheinen die Fleeschknepp als willkommenes und nie langweiliges Zwischengericht. Als Beilage hierzu kennt man eigentlich ausschließlich Meerrettich, sowohl frisch gerieben wie auch in Saucenform.

Hase im Topf

500 g frischer Schweinebauch
3 EL Öl, 1 EL Butter
5 Zwiebeln
2 Zehen Knoblauch
Pfeffer
Salz
1 Hase bratfertig in 8–12 Teile zerlegt
1 Liter Rotwein
1 Tasse Hasenblut (kann weggelassen werden)
125 g Schwarzbrot
3 Lorbeerblätter
8–10 Wacholderbeeren
2 Gewürznelken

Den gewürfelten Schweinebauch in Öl und Butter anbraten. Die grob geschnittenen Zwiebeln und die zerdrückten Knoblauchzehen zugeben. Die gepfefferten und gesalzenen Hasenteile mitbraten. Mit dem Rotwein und dem Blut ablöschen. Das Schwarzbrot zerbröseln, mit den Gewürzen mischen und in den Topf geben, einmal aufkochen lassen. Den Topf gut verschließen und im vorgeheizten Backofen 1 1/2 Stunden schmoren lassen. Dazu passen am besten gekochte Kartoffelklöße, in Rheinland-Pfalz „Schneebällchen“ genannt, Rotkohl und ein Glas Rotwein.

In der Mundart heißt dieses Gericht Dippehas. Es hat gegenüber dem Hasenbraten, den alle Welt kennt, den Vorzug, den Hasen saftig zu machen. Früher wurden zur Zubereitung gußeiserne Dippe – Töpfe – bevorzugt, heute werden auch irdene Gefäße, sogenannte Römertöpfe dafür verwendet. Jedenfalls quittiert jeder Kenner dieses Gerichts eine Einladung zum Dippehas mit einem Zungenschnalzer, weil er weiß, daß ihm die Hausfrau etwas Ungewöhnliches bieten will.

Pfälzer Saumagen

Zuerst muß beim Metzger ein frischer, kleiner, geputzter Saumagen bestellt werden.
Für die Füllung:
1–1 1/2 kg gekochte Kartoffeln
750 g grüner, magerer Schweinebauch
375 g gehacktes Rindfleisch, 3 Eier
2 große Zwiebeln, aufgeschnitten im Fett gedämpft
Majoran, Salz, Pfeffer, Muskatnuß
1/2 Liter Fleischbrühe

Zuerst zwei der drei Ausgänge am Saumagen zubinden. Kartoffeln und Schweinebauch in gleichmäßige Würfel schneiden. Alle übrigen Zutaten dazugeben, sehr kräftig würzen und durcharbeiten. Diese Masse in den Saumagen füllen und zubinden. In siedendem Salzwasser gut 3 Stunden ziehen lassen – nicht kochen! Er kann bereits so mit Genuß gegessen werden, jedoch gibt es auch eine andere Geschmacksrichtung, die ihn in Butter gebraten bevorzugt. Dazu wird Sauerkraut gereicht. Der perfekt zubereitete Saumagen hat Tranchen, die beim Aufschneiden nicht bröckeln oder gar zerfallen. Bauernbrot, Weinkraut und natürlich Pfälzer Wein dazu reichen.

Krönender Ausdruck der fast innigen Beziehung des Pfälzers zum Schwein, zur Sau, ist der Saumagen. In der ganzen Welt gibt es nicht seinesgleichen. Vergleicht man Speisekarten, der Saumagen bleibt mit Gewißheit auf das Gebiet der Pfalz, der ehemaligen Kurpfalz, begrenzt – obwohl der Pfälzer diesen - nach seinem Geschmack – Hochgenuß jedem gönnen möchte. Der Saumagen setzt einige Kochkunst voraus, doch er entlohnt die Mühen eben mit seiner Einmaligkeit. Man kennt ihn gekocht und gebraten als Ganzheit aufgetischt, aber auch in Scheiben angebraten. Adäquat ist der Wein „Kallstadter Saumagen“ in trockener Form.

Siebeldinger
Qualitätswein
Theo Frey,

Schales

1 1/2 kg Kartoffeln, 3 bis 4 Stangen Lauch
2 Eier, Salz, Pfeffer
Fett für die Auflaufform
nach Belieben 250 g in kleine Würfel geschnittenes Dörrfleisch (Räucherspeck)

Tip:
Man kann den rohen Teig auch in der Pfanne zu kleinen Kuchen backen. Das nennen die Saarländer dann „Grumbeerkiechelcher".

Die Kartoffeln grob reiben und ausdrücken. Den Lauch in kleine, feine Ringe schneiden. Mit den Kartoffeln vermischen, die Eier und Gewürze dazugeben. Nach Belieben das Dörrfleisch auslasssen, mit der Kartoffel-Lauch-Masse in einen gußeisernen Bräter, ersatzweise in eine gut ausgefettete Auflaufform füllen und im auf 160 °C vorgeheizten Backofen 1 1/2 Stunden schön knusprig backen. Dazu schmeckt vorzüglich Wingertsalat (Acker- oder Feldsalat).

Dieses Gericht ist zwar auch im Rheinland und in der Pfalz bekannt, aber es ist neben Dibbelabbes das Nationalgericht an der Saar. Beide gelingen am besten in einem gußeisernen Bräter, wie man sie im Saarland in jedem Haushalt findet.
Für Dibbelabbes nimmt man statt des Lauchs zwei feingeriebene Zwiebeln und brät die Masse mit etwas Öl unter häufigem Wenden und Zerpflücken im Topf auf dem Herd, so daß ganz viele Kartoffelkrüstchen entstehen.

Leberknödel

500 g frische Schweineleber
2 alte Brötchen, 1 große Zwiebel
200 g durchwachsenes Dörrfleisch
3 Eier, Salz, Pfeffer, Muskat, Majoran
1 1/2 Liter Salzwasser oder Fleischbrühe

Die Leber, die eingeweichten Brötchen, die Zwiebel und das Dörrfleisch (Räucherspeck) durch den Fleischwolf drehen. Unter diese Masse die 3 Eier schlagen. Mit Salz, Pfeffer, Muskat und Majoran kräftig abschmecken. Den Teig einige Zeit kühl stellen. Mit einem Suppenlöffel Knödel abstechen und in siedendem Salzwasser – besser ist Fleischbrühe! – 15 Minuten ziehen lassen. Mit goldgelb gerösteten Zwiebeln garnieren und mit Kartoffelpüree und Sauerkraut servieren.

Wenigstens einmal in der Woche gibt es in ländlichen Pfälzer Haushalten Leberknödel, in der Landessprache Lewerknepp genannt. Früher waren Lewerknepp das bevorzugte Standardessen am Kirchweih-Dienstag. Das Kriterium bei Lewerknepp ist und bleibt die Intensität des Geschmacks nach Leber. Es ist tunlichst zu vermeiden, daß Lewerknepp kaum von Semmelknödeln zu unterscheiden sind.

Eifeler Wildschweinbraten

1 Wildschweinkeule (etwa 2 kg)
2 Gläschen Doppel-Wacholderschnaps
4 Wacholderbeeren, 1/2 TL Majoran
1/2 TL Salz, 1 Messerspitze Pfeffer
30 g Butterschmalz, 2 Zwiebeln
1/8 Liter Wasser, 1/4 Liter Rotwein
1/8 Liter saure Sahne
als Beilage:
1 Zitrone in Scheiben, 1/2 Glas Brombeergelee

Die Keule ausbeinen (evtl. vom Metzger machen lassen), aufrollen und zusammenbinden. Mit einem Gläschen Wacholderschnaps übergießen. Mit den zerdrückten Wacholderbeeren, Majoran, Salz und Pfeffer das Fleisch einreiben. In einen Bratentopf legen, das heiße Fett darübergießen und bei starker Hitze von allen Seiten gut anbraten. Die feingehackten Zwiebeln zugeben und goldbraun werden lassen. Mit Wasser und Wein ablöschen und bei mäßiger Hitze braten, dabei das Fleisch einige Male wenden und mit kaltem Wasser und Bratensaft begießen. Nach etwa 2 1/2 Stunden den Braten herausnehmen – das Fleisch sollte innen noch rosig sein – und warm halten. Den Bratensaft entfetten, durch ein Sieb gießen und die saure Sahne einrühren. Mit Majoran, Salz und Pfeffer abschmecken. Vor dem Anrichten den Braten mit einem Gläschen Wacholderschnaps übergießen und flambieren.

Das Wild war früher fast ausschließlich der Herrschaft vorbehalten, es sei denn, wie es in einer Verordnung von 1460 aus dem Moselland hieß, daß „eine Frau schwanger ginge mit einem Kinde und des Wilds gelustet, die mag einen Mann oder Knecht ausschicken, des Wilds so viel greifen und fangen, daß sie ihren Gelosten gebußen möge ungefährlichen“.

Wacholder-
Schnaps

Gockel in Wein

2 frische Hähnchen, Salz, Pfeffer
Butter zum Anbraten
200 g Champignons, 1 Glas Silberzwiebeln
1/4 Liter Weißwein, 1/4 Liter Sahne
evtl. etwas Mehl

Die Hähnchen vierteln, salzen, pfeffern und in heißer Butter gut anbraten. Die geschnittenen Champignons und die abgetropften Silberzwiebeln dazugeben, anschmoren. Mit dem Wein ablöschen und 30 Minuten dünsten. Die Hähnchen herausnehmen und warm stellen. Den Bratensatz mit einem Holzlöffel vom Boden lösen, die Sahne dazugeben, eventuell mit etwas Mehl binden. Mit Wein, Salz und Pfeffer noch einmal kräftig würzen. Die Gockel in einer Schüssel mit dieser Sauce übergießen und auftragen.

Nichts liegt näher als die Vermutung, das Rezept für den Gockel in Wein, den Hahn in Wein, stamme gewiß aus dem benachbarten Elsaß. Ist doch der „Coq au vin" heute weltbekannt. Aber ohne den Elsässern oder Franzosen, den Meistern in der Küche, am Zeug flicken zu wollen, hat sicher die Behauptung etwas für sich, daß überall, wo Wein wächst, irgendwann irgend jemand den Einfall hatte, Hähnchen in Wein zu kochen. Riesling, Silvaner und auch Müller-Thurgau sind dazu bestens geeignet. Breite Nudeln schmecken dazu interessanter als Reis.

Pfälzer

Kastaniengemüse

1 kg Kastanien, 3/4 Liter Brühe
2 große Zwiebeln, 125 g Butter
2 EL Zucker, Salz

Die Kastanien mit den kreuzweise eingeschnittenen braunen Schalen 20 Minuten in Salzwasser kochen. Kalt abschrecken und sofort schälen. Sehr vorsichtig muß auch die dünne braune Haut der Kastanien abgeschält werden. Die Kastanien in der Brühe im offenen Topf auf kleine Flamme stellen. In der Zwischenzeit in einer Pfanne die feingehackten Zwiebeln in der Butter glasig dünsten, den Zucker dazugeben, salzen. Dieses Butter-Zwiebel-Zucker-Gemisch über die Kastanien schütten und sehr vorsichtig durchrühren. Das Gemüse schmeckt natürlich am besten zur Weihnachtsgans, aber auch zu anderen Braten.

Jeder sollte in der Schule gelernt haben, daß die Pfalz, vor allem die Südpfalz, das mildeste Klima Deutschlands, ja, im Sommer wahrhaft südländische Temperaturen hat. Demnach ist diese Gegend auch mit südländischer Vegetation gesegnet. Hier reifen Feigen, Aprikosen, Mandeln, sogar Zitronen im Park von Gleisweiler und Kastanien. „Keschte“ sagen die Einheimischen. König Ludwig I. von Bayern hat in der Pfalz, in der damals bayerischen Rheinprovinz, bei Edenkoben ein königliches Sommerschloß im klassizistischen Stil errichten lassen, das heute den Nachlaß des Malers Max Slevogt beherbergt. König Ludwig nannte die Gegend um das Schloß Ludwigshöhe „die schönste Bannmeile“ seines Königreiches. Es wird erzählt, er habe die Pflanzung von Edelkastanien besonders gefördert. Heute werden sie sackweise in den Wäldern der Haardt gesammelt. Die Pfälzer gehen, wie „in die Heidelbeere“ so auch „in die Keschte“.

Schneebällchen

12–15 Kartoffeln (festkochende Sorte)
1 Zwiebel
ein kleiner Bund Petersilie
125 g Butter, 4 Eier, 1 EL Mehl
Salz, Pfeffer, Muskatnuß, Majoran
ein großes Stück Butter und 2 EL Semmelbrösel extra

Die Kartoffeln am Vortag in der Schale kochen und abpellen. Am nächsten Tag durch die Kartoffelpresse drücken. Die fein gehackte Zwiebel und die feingeschnittene Petersilie 5 Minuten in der Butter andünsten. Dieses Gemisch unter die Kartoffelmasse rühren. Nach und nach die Eier und das Mehl dazugeben. Mit Salz, Pfeffer, Muskatnuß und Majoran kräftig würzen. Mit nassen Händen kleine Bällchen formen und in kochendem Wasser 15 Minuten ziehen lassen. In einem Pfännchen die Butter und die Semmelbrösel braun werden lassen, über die gut abgetropften Klöße gießen und sofort zu Braten oder Gulasch servieren – und einen guten Pfälzer Rotwein nicht vergessen!

Die „Schneebällchen“, die es in dieser Form nur in der Pfalz gibt, haben ihren Namen von der zarten Konsistenz, die an frisch gefallenen Schnee erinnert. Sie sollten an Zartheit durch nichts zu übertreffen sein. Der Pfälzer empfindet sie als Krone aller Gerichte, die jemals aus der Kartoffel entwickelt worden sind. Als ein einheimischer Gast mit verbundenen Augen, so erzählte man sich, einmal eine Kostprobe davon erhielt, soll er zu einem poetischen Anflug animiert worden sein und – selten genug – auf Hochdeutsch gesagt haben: „Der Geschmack, so zart und fein, kann nur von Pfälzer Schneebällchen sein.“

Eingelegte Zwetschgen

2 kg Zwetschgen, 1/2 kg Zucker
3/4 Liter Weinessig, 1/2 Zimtstange
2 Nelken, 1 Stückchen Zitronenschale

Die Zwetschgen werden halbiert, entsteint und in einen Steinguttopf gelegt. Zucker und Essig werden zum Kochen gebracht und heiß über die Zwetschgen gegossen. Am nächsten Tag gießt man den Saft ab, kocht ihn auf und gießt ihn wieder heiß über die Früchte. Am dritten Tag wird der Saft noch einmal aufgekocht, nun aber mit den Gewürzen, und erneut zu den Früchten gegeben. Nach dem Erkalten wird der Topf mit Pergament zugebunden und in einem dunklen und kühlen Raum abgestellt. Die eingelegten Zwetschgen stehen jetzt, solange der Vorrat reicht, als Beilage jederzeit zur Verfügung.

Eine spezielle Beilage zum Beispiel zum Pfälzer Suppenfleisch sind eingelegte Zwetschgen. Die Neigung der Rheinland-Pfälzer und Saarländer zu Zwetschgen wird im Zusammenhang mit Zwetschgenkuchen, dem Quetschekuche, hervorgehoben. Im Bühlertal südlich von Baden-Baden wird das Gedeihen von Zwetschgen besonders herausgestellt. In Rheinland-Pfalz und im Saarland reifen sie ebenso gut, nur spricht hier wegen der Fülle von Obst jeglicher Art niemand besonders darüber.

Rotweinkuchen

je 250 g Butter, Zucker und Mehl
4 Eier, 1/8 Liter Rotwein
1 TL Zimt, 3 TL Kakao
150 g Schokostreusel oder eine Tafel Zartbitter-Schokolade
1 Päckchen Backpulver, 1 Päckchen Vanillezucker
Butter für die Form
Puderzucker und Rotwein für die Glasur

Butter, Zucker, Mehl, Eier und Wein werden gründlich verrührt. Dazu gibt man dann Zimt, Kakao, Schokostreusel oder kleingehackte Schokolade, Backpulver und Vanillezucker. Diesen Teig in eine gut gebutterte Bundkuchenform füllen und ungefähr eine Stunde backen. Nach dem Backen den Kuchen mit einem Guß aus Puderzucker und Rotwein glasieren.

Kuchen im Haus zu haben gilt in der Pfalz als Ausdruck der Wohlhabenheit. Ein Pfälzer Mädel, tritt es in den heiligen Stand der Ehe, muß wenigstens ein Dutzend Kuchenrezepte beherrschen. Daß sich darunter natürlich ein Kuchen befindet, der mit Wein etwas zu tun hat, liegt auf der Hand. Gäbe es ihn noch nicht, müßte er schleunigst im größten deutschen Weinbaugebiet, das zu sein sich die Pfalz rühmen darf, erfunden werden.

Bratäpfel in Wein gedünstet

4 große Boskop-Äpfel
4 EL Johannisbeergelee
20 Rosinen, 10 Mandeln
1/4 Liter Weißwein
4 TL Butter, 4 TL Zucker, 1 TL Zimt

Aus den ungeschälten Äpfeln das Kernhaus herausstechen. Johannisbeergelee mit den Rosinen und den gestiftelten Mandeln vermengen und die Äpfel füllen. Den Wein in eine gebutterte Auflaufform gießen, die Äpfel hineinstellen und im vorgeheizten Backofen braten. Wenn sie aufgeplatzt sind, nach etwa 20 Minuten, herausnehmen, auf jeden Apfel ein Stückchen Butter legen, mit Zucker und Zimt bestreuen und dampfend heiß servieren.

Mit dieser Nachspeise schlägt man zwei Fliegen mit einer Klappe. In Rheinland-Pfalz gedeiht viel Obst, und es gibt viel Wein. Eine Kombination von beiden entspricht somit dem, was die Natur in großer Üppigkeit hervorbringt. Im übrigen ist diese Art von Dessert gut verdaulich.

Zwetschgenkuchen

500 g Mehl, 1 Tasse lauwarme Milch
40 g Hefe, 200 g Butter
2 Eier, 100 g Zucker, 1 TL Salz
Fett für das Blech
4 Pfund einheimische sehr reife Zwetschgen
Zucker und Zimt zum Bestreichen

Die Hälfte des Mehls rührt man mit der Milch und der Hefe an, läßt es gut aufgehen, arbeitet dann das restliche Mehl, die weiche Butter, die Eier, den Zucker und das Salz darunter. Nach nochmaligem Aufgehen wird der Teig auf bemehltem Brett aufgerollt und möglichst dünn (!) auf das mit Fett bestrichene Blech gebracht. Nun werden die entkernten und zipflig geschnittenen Zwetschgen dachziegelförmig auf den Teig gelegt. Kurz gehen lassen und im Backofen bei mittlerer Hitze knusprig backen. Noch heiß mit Zucker und Zimt bestreuen. – Übrigens: Den gleichen Hefeteig kann man mit Kirschen, Mirabellen, Johannis- oder Heidelbeeren belegen und hat somit eine ganze Palette von wohlschmeckenden Kuchen mit Früchten, die alle in der Pfalz gedeihen.

Der freudige Ruf „Ah, Quetschekuche“ erklingt überall im Saarland und in Rheinland-Pfalz, wenn der Kaffeetisch gedeckt und neben Torten und sonstigem Feingebäck Zwetschgenkuchen aufgetragen wird. Die Gegend ist reich an jeglichem Obst. Für einen Kuchen haben aber die Zwetschgen Vorrang. Wobei allerdings sehr darauf zu achten ist, daß der Kuchen saftig wird. Denn dadurch „rutscht er besser“ und zeichnet sich vor dem meist „trockeneren“ Apfelkuchen aus.
Hier wie dort ißt man den Quetschekuche nicht nur zur Kaffeezeit: Die Pfälzer schätzen ihn sehr zu ihrer Grumbeeresupp, im Saarland mag man ihn lieber zu Bohnensuppe.

ROSTFREI
SOLINGEN

Ein Spätzle macht noch keinen Schwaben, und der Badener lebt nicht vom Wein allein!

Wollte man alle Spezialitäten Badens und Württembergs auch nur aufzählen – man käme schwer zu einem Ende. Sie dann auch noch alle durchzuprobieren, das wäre eine gar köstliche Lebensaufgabe!
Im „Musterländle" der Republik verstehen die Menschen sich darauf, auch aus den einfachsten Zutaten kulinarische Höhepunkte zu zaubern.
Hinzu kommt neben aller Tradition die Offenheit, sich Anregungen auch aus den Nachbarländern zu holen und diese harmonisch in die eigene Küche zu integrieren.
‚Typisch einheimisch' ist die Vorliebe für Mehlspeisen aller Art – und die hat man nicht aus Italien importiert. Auch wenn man Maultaschen aus der Ferne für überdimensionierte Ravioli halten könnte – sie sind es nicht! Ursprünglich als Fastenspeise gedacht, in der „der liebe Gott" das Fleisch nicht sehen konnte, weil es so kleingehackt war, sind sie heute nicht nur im Schwabenland beliebt.
Unbedingt auf eine badenwürttembergische Speisekarte gehören die Spätzle, handgeschabte Nudeln. Bloß über die Zubereitungsart – ob nun mit oder ohne Eier – sind sich Schwaben und Badener uneins.
Spätzle sind nicht nur Beilage zu Fleisch, sondern werden mit Käse oder Linsen zu eigenständigen Gerichten. Wie sie nun am besten schmecken, das muß jeder für sich selbst entscheiden. Die diesbezüglichen Kabbeleien zwischen Baden und Schwaben zu schlichten – das wäre auch völlig fehl am Platze, denn die haben Tradition und sind für die freundschaftlich-kooperative Beziehung der beiden Landesteile, die gleichzeitig auch miteinander in einer Art geschwisterlicher Konkurrenz stehen, so notwendig wie das Salz in der Suppe.
Unstreitig eine badische Spezialität sind die Chratzete, die es vorzugsweise im Frühjahr mit holländischer Sauce zu Spargeln gibt: mit der Gabel zerstupfte, knusprig gebackene Eierpfannkuchen. Dazu gehören dann unbedingt ein paar Scheiben Schwarzwälder Schinken und ein trockener badischer Wein, der tatsächlich von der Sonne verwöhnt ist: Im Kaiserstuhl liegt der wärmste Ort Deutschlands.
Auch die Württemberger haben natürlich ihre Weine, und die brauchen sich hinter den badischen keineswegs zu verstecken ...
Die Schwaben wiederum schneiden ihre Eierpfannkuchen klein und legen sie statt Nudeln in die „Flädlessuppe". Die oberschwäbischen Schupfnudeln hingegen werden aus gekochten Kartoffeln zubereitet. Sie kommen auch nicht in die Suppe sondern schmecken am besten zu Sauerkraut.
Wer jetzt schon satt ist, läßt sich eine Menge entgehen – denn da sind ja noch all die anderen Leckereien aus dem Kraichgau, dem südlichen Odenwald, dem Breisgau oder der Ortenau, vom Bodensee und aus dem Allgäu, aus Franken, dem Hohenloher Land oder der Schwäbischen Alb ...

Löwenzahnsalat
Feldsalat mit Kracherle

LÖWENZAHNSALAT
200 g frische, junge Löwenzahnblätter
50 g geräucherter Speck
1 Schuß Essig

FELDSALAT
200 g Feldsalat
2 EL guter Weinessig
2 EL Olivenöl
Salz
Pfeffer
1 Knoblauchzehe
2 Scheiben Roggenbrot
2 EL Butterschmalz zum Rösten

LÖWENZAHNSALAT
Den Löwenzahnsalat putzen und waschen. Je nachdem, wie bitter man ihn mag, läßt man ihn kürzer oder länger in lauwarmem Wasser liegen, das ihm Bitternis entzieht. Den Speck in kleine Würfelchen schneiden und in einer Pfanne auslassen, mit einem Schuß Essig ablöschen und warm über den Löwenzahn geben. Meist genügt das Salz des Specks.

FELDSALAT
Den Feldsalat putzen und sorgfältig waschen. Essig und Öl mit Salz und Pfeffer verrühren. Eine Salatschüssel mit der Knoblauchzehe ausreiben. Den gut abgetropften Salat in die Schüssel geben, mit der Salatsauce vermischen. Das Roggenbrot in kleine Würfel schneiden, im erhitzten Butterschmalz anrösten, bis es schön knusprig ist. Brotwürfelchen auf den Salat geben.

Er war so gut wie das erste frische Grün im Jahr, das man früher, als es noch keine Gewächshäuser und weltweiten Gemüsetransporte gab, essen konnte: der Löwenzahnsalat. Er dient auch der Blutreinigung, indem er den Körper entwässert. „Pisse en lit" sagen die Franzosen dazu, und im Badischen heißt das brutal übersetzt „Bettseichersalat". Man sollte ihn selbst sammeln, obwohl es längst eine Edelform zu kaufen gibt. Natürlich pflückt man die kleinen Pflanzen nicht gerade dort, wo Hunde Gassi gehen und Autos Blei und anderes abladen.
Bis er zu blühen beginnt, können die Blätter gegessen werden – fein schmecken aber auch die Knospen. Feldsalat heißt bei uns auch „Sunnewirbele", anderswo heißt er Ackersalat, Nüßlisalat, Rapunzelsalat oder Wingertsalat.

Badischer Zwiebelkuchen

Für eine Springform von 30 cm Durchmesser

Für den Teig:
50 g Mehl
1 TL Salz
10 g Hefe
1 Prise Zucker
1 EL lauwarmes Wasser
50 g Butter
200 ml Milch

Für den Belag:
150 g Speckwürfelchen
500 g feingehackte Zwiebeln
Salz
Pfeffer
3 Eier
200 ml süße Sahne
Butter für die Form

Für den Teig: Mehl und Salz in eine Schüssel sieben. Hefe und Zucker zusammen im Wasser auflösen. Butter schmelzen und zuerst mit der Milch, dann mit der aufgelösten Hefe vermischen. Diese Mischung mit dem Mehl verkneten und den Teig 1/2 Stunde an einem warmen Ort gehen lassen. Für den Belag: Die Speckwürfelchen in einer Pfanne erhitzen. Wenn sich genügend Fett gebildet hat, den braun gebratenen Speck herausnehmen und die Zwiebeln in dem Fett glasig dünsten. (Man kann auch die Speckwürfel in einer Pfanne mit wenig Wasser erhitzen und das Wasser abgießen. So nimmt man dem Speck seine Schärfe und macht das Ganze bekömmlicher. Selbstverständlich müssen dann die Zwiebeln in Butterschmalz angebraten werden.) Mit Salz und Pfeffer würzen und abkühlen lassen. Eier mit der Sahne verrühren und mit den Zwiebeln und den Speckwürfelchen zu einer gleichmäßigen Masse verrühren.

Den Teig ausrollen und eine mit Butter eingefettete Springform damit so belegen, daß ein Rand entsteht. Mit der Gabel den Boden mehrmals einstechen. Die Zwiebelmasse gleichmäßig darauf verteilen. Den Kuchen 30 bis 35 Minuten im auf 200 °C vorgeheizten Backofen backen.

Herbst am Kaiserstuhl. Die Sonne ist müde und trägt einen Pelz aus Nebel. Reife Trauben. Weinlese. Vor den Kellern stehen Wagen mit Zubern voll Trauben. Es riecht nach Hefe und Gärung und dazwischen jäh der Geruch von Zwiebelwaihe. Es gibt ihn noch oder besser, es gibt ihn wieder, den Zwiebelwaihen: Teig vom wöchentlichen Brotbacken, dünn ausgewallt mit Zwiebeln und Speck und Sahne darauf. Im Holzofen mit dem Brot gebacken. Federweißer gehört dazu. Jener junge Wein mit einem Rest von Süße, viel Alkohol und der milchigen Farbe der noch andauernden Gärung. Kein Süßer!

Rotkrautsalat mit Entenbrustscheiben

1 kleiner Kopf Rotkraut, Salz, Pfeffer
1 Zwiebel, 3 EL Essig (Balsamico)
2 EL Johannisbeergelee, 2 säuerliche Äpfel
3 EL Walnußöl, 4 Entenbrüstchen
Salz, Pfeffer, 1 EL Öl

Die äußeren Blätter und die dicken Blattrippen des Krauts entfernen, Strunk herausschneiden. Kraut quer in feine Streifen schneiden, in einer Schüssel mit Salz und Pfeffer abschmecken. Etwa 2 Stunden ziehen lassen, dann die feingewürfelten Zwiebeln zugeben.
Backofen auf 180 °C vorheizen. Essig und Johannisbeergelee etwas erwärmen, über das Kraut geben und noch einige Minuten ziehen lassen. Die Äpfel schälen, in feine Stücke schneiden und mit dem Öl unter das Kraut mischen. Die Entenbrüstchen mit Salz und Pfeffer würzen, mit Öl kurz scharf anbraten, dann im Backofen in etwa 15 Minuten fertig braten. Vor dem Aufschneiden etwas ruhen lassen.

Ob dann die Schwaben nit auch leut weren? – Diese rhetorische Frage steht schon in der Zimmerschen Chronik des 16. Jahrhunderts zu lesen. Und die Leut in Schwaben haben früher sehr einfach gelebt, weil es zu mehr nicht gelangt hat. Doch heute läßt man sich's wenn möglich besser gehen. Das alte Klischee von der sehr einfachen schwäbischen Hausmannskost gilt also nicht mehr.
Trotzdem ist es beispielsweise auf der Schwäbischen Alb bis heute üblich und nötig, immer wieder die Steine von den Feldern zu sammeln, damit die dünne Bodenkrume genug hergibt.

Pfifferlingrahmsüpple Flädlessupp

PFIFFERLING-RAHMSÜPPLE
3 Schalotten, 40 g Butter
200 g Pfifferlinge
1 TL Tomatenmark
Weißwein zum Ablöschen und Abschmecken
1/4 Knoblauchzehe
1/2 Lorbeerblatt
1 Thymianzweig, Kerbel
Petersilie
1/2 Liter Fleischbrühe
300 g süße Sahne
1 EL Speisestärke
Salz, Zucker, Pfeffer
Muskat, Schnittlauch
etwas geschlagenen Sahne

FLÄDLESSUPP
Für die Fleischbrühe:
300 g Suppenknochen vom Rind, 500 g Rinderbrust, Salz
1 Karotte, 1/4 Sellerieknolle
1 Lorbeerblatt
2 Wacholderbeeren, 1 Zwiebel
1 kleine Lauchstange
1 Sträußchen Liebstöckel
Muskat, Pfeffer aus der Mühle
1 Knoblauchzehe
1/2 Bund Schnittlauch
Für die Flädle:
1/4 Liter Milch
3 Eier, 120 g Mehl
je 1 Prise Salz und Zucker
2 EL Butter zum Ausbacken

PFIFFERLINGRAHM-SÜPPLE (unten)
Die Schalotten schälen, kleinschneiden und in der Butter angehen lassen. Etwa zwei Drittel der Pfifferlinge mit den Schalotten andünsten. Tomatenmark einrühren, mit Weißwein ablöschen. Knoblauch, Lorbeerblatt und die Stiele der Kräuter zugeben, mit Fleischbrühe auffüllen und gut durchkochen lassen. Sahne einrühren, nochmals kurz aufkochen lassen und mit Speisestärke, die in Weißwein angerührt wurde, abbinden. Abschmecken und im Mixer fein pürieren. Durch ein Sieb passieren, aufkochen, die feingehackten Kräuterblätter und den gehackten Schnittlauch einrühren und die zurückbehaltenen Pfifferlinge zugeben. Mit etwas Schlagsahne verfeinert servieren.

Tip:
Die Rinderbrust als Hauptgericht mit Meerrettichsauce und Bratkartoffeln servieren.

FLÄDLESSUPP (oben)
Für die Fleischbrühe die Knochen mit kaltem Wasser aufsetzen und zum Kochen bringen. Wasser abgießen, die Knochen säubern, erneut mit kaltem Wasser aufsetzen und erhitzen, Rinderbrust zugeben; salzen, Karotte, Sellerie, Lorbeerblatt und Wacholderbeeren beifügen und 2 bis 2 1/2 Stunden köcheln lassen, dabei öfters abschäumen. Die halbierte Zwiebel auf der Schnittfläche anrösten und mit dem Lauch für die letzten 30 Minuten der Kochzeit zugeben. Wenn das Fleisch weich ist, herausnehmen.
In ein Haarsieb frischgerupfte Liebstöckelblätter geben, mit Muskat, Pfeffer und Knoblauchzehe würzen. Die Brühe durch das Sieb passieren, nochmals kurz aufkochen und abschmecken. Den Teig aus den Zutaten anrühren und in einer Pfanne dünne Flädle ausbacken. Abkühlen lassen, dann schmale Streifen daraus schneiden und in die Fleischbrühe geben. Mit gehacktem Schnittlauch bestreut sofort servieren.

Gaisburger Marsch

500 g Suppenfleisch, 500 g Suppenknochen
eine halbe, an der Schnittfläche geröstete Zwiebel
Sellerie, Karotte, Petersilie
etwas gekörnte Brühe zur Geschmacksverstärkung
Pfeffer, Salz

Für die Einlage:
500 g geschälte, rohe Kartoffeln
3 Tassen handgeschabte Spätzle
eine feingehackte, in Butter gebräunte Zwiebel
etwas Schnittlauch

Fleisch, Knochen, Gemüse in Wasser etwa 2 Stunden weichkochen. Brühe durchseihen und leicht abwürzen. Kartoffeln in Würfel schneiden und in der Brühe langsam garen. Inzwischen das Suppenfleisch würfeln und ebenfalls in die Brühe geben. In einer Terrine anrichten, die Spätzle in Butter anschwenken und über das Fleisch und die Kartoffeln schichten. Die angebräunten Zwiebeln und frisch geschnittenen Schnittlauch darübergeben.

Gaisburg ist heute ein Stadtteil von Stuttgart. Er hat dem schmackhaftesten schwäbischen Eintopf seinen Namen gegeben. Es gibt verschiedene Deutungen des Namens, eine davon lautet: Angeblich sollen die Männer von Gaisburg in einem Krieg gefangen genommen worden sein. Den Frauen wurde erlaubt, ihnen Essen zu bringen, jedoch nur eine Schüssel pro Mann. Damit ihre Männer nicht nur gut versorgt waren, sondern auch wieder zu Kräften kamen, wurde in die Schüssel alles hineingegeben, was gut und nahrhaft ist.

Jägersuppe

20 g Mehl, Bratfett, 2 in Würfel geschnittene Zwiebeln
1 Schuß Kräuter-Weinessig, 1/8 Liter Rotwein
1/2 Liter Brühe, Tomatenmark
Gewürzbeutel mit gestoßenen Wacholderbeeren, Nelken, Pfeffer, Lorbeer, Majoran, Thymian und Rosmarin
500 g Wildaufbruch
(Innereien von Reh, Hirsch, Wildschwein oder Gams)
Salz, Pfeffer, Paprika
250 g Champignons, 1 Schuß Wacholderschnaps

Mehl in Bratfett hellbraun rösten, in Würfel geschnittene Zwiebeln dazugeben, mit einem Schuß Kräuter-Weinessig und kräftigem Rotwein ablöschen, mit Brühe auffüllen und kochen lassen. Etwas Tomatenmark dazugeben und mit dem Gewürzbeutel abschmecken.
Die Innereien (möglichst Herz, Zunge oder Lunge) in Streifen schneiden, anbraten und mit Salz, gemahlenem Pfeffer und Paprika würzen. Dann in die Suppe geben und bis zum Garpunkt darin schmoren lassen. Die Champignons in Streifen schneiden, in die Suppe geben und das Ganze mit dem kräftigen Rotwein und einem Schuß Wacholderbeerschnaps abschmecken. Es können auch noch Leber und Nieren angebraten und dazugegeben werden.

Im Volksmund sagt man, daß, wer gut esse, auch ein gutes Gedächtnis habe. Es wird daher keinem wirklichen Schlemmer schwerfallen, sich ab August daran zu erinnern, daß nun die Schonzeit für Hirsche vorüber ist und sie jetzt nicht nur am kräftigsten, sondern auch am schmackhaftesten sind. Nicht umsonst wird nämlich in diesen Tagen das Fest der Jagdgöttin Diana begangen.

Zanderfilet in Riesling

4 frische Zanderfilets à 200 g
Saft von 1 Zitrone, Salz, Pfeffer
100 g frische Champignons
50 g Butter, 1 feingehackte Zwiebel
1/4 Liter Riesling, 1/8 Liter Sahne
1 Eigelb, 1 EL gehackte Petersilie

Zanderfilets mit Zitronensaft, Salz und Pfeffer marinieren. Die Champignons gut waschen und in Scheiben schneiden. In einer flachen Kasserolle oder Pfanne die Butter schmelzen lassen, darin die Zwiebel und die Champignons leicht angehen lassen, ohne Farbe zu geben. Die Zanderfilets dazugeben, mit dem Riesling übergießen und bei kleiner Hitze zugedeckt langsam und vorsichtig garen. Die Filets aus der Pfanne nehmen, auf einer Platte warmstellen. Zu dem Rieslingsud die Sahne geben und etwas einkochen lassen. Das Eigelb mit der Sahne verrühren und ohne zu kochen unter die Sauce rühren, mit Salz und Pfeffer abschmecken, gehackte Petersilie dazugeben und über die Zanderfilets gießen. Dazu passen Kartöffele und ein Glas badischer Riesling.

Dieser prächtige Tafelfisch kann über 12 kg schwer werden. Am liebsten lebt er in Mitteleuropa und im Osten, wo er den ungarische Plattensee bevorzugt. Hier wurden auch die herrlichsten Rezepte ersonnen. Je nach Land und Landschaft heißt er noch Hechtbarsch, Sandaal, Sandel, Sander, auch Amodito, Fogas oder Fogasch. Ein Fisch der vielen Möglichkeiten!

Rührei mit Bodensee-Aal und Kartoffelküchle

Für die Kartoffelküchle:
500 g Kartoffeln, 300 ml Milch
3 EL süße Sahne, 6 Eier, 3 EL Mehl
Salz, Pfeffer aus der Mühle, Muskat
Butter zum Ausbacken
Für die Rühreier:
2 Schalotten, 30 g Butter
200 g geräucherter Aal
6 Eier, 1 kleines Bund Dill

Für die Küchle die Kartoffeln in der Schale weich kochen, ausdampfen lassen und noch warm schälen. Durch eine Kartoffelpresse drücken und zum Abkühlen beiseite stellen.
Dann mit der warmen Milch verrühren und Sahne, Eier und Mehl dem Püree zugeben, mit Salz, Pfeffer und Muskat abschmecken. 30 Minuten ruhen lassen. In der geklärten Butter zu kleinen Küchle ausbacken und warm stellen. Für das Rührei die Schalotten schälen, kleinschneiden und in Butter angehen lassen. Die Aalstücke zugeben, durchschwenken. Die aufgeschlagenen Eier mit den gehackten Dillspitzen darübergießen, leicht stocken lassen und dann über die Küchle geben.

Eigentlich sollten alle Aale, die aus schwäbischen Gewässern gefischt werden, ausschließlich Weibchen sein. Nur sie steigen nämlich auf ihrer Wanderung aus dem Sargassomeer in die europäischen Flüsse auf. Die Männchen bleiben im küstennahen Meer. Aber heutzutage werden Bäche und Flüsse „natürlich" auch mit Aalen besetzt – Männlein und Weiblein gemischt –, auf daß man sie später angeln und genießen kann. Und ein Flußaal ist schon etwas Besonderes. Nicht zu verachten sind auch die Bodensee-Aale, die das gar nicht so selten aufgewühlte „schwäbische Meer" mit bevölkern.

Schweinebraten, Rotkraut und Kastanien

SCHWEINEBRATEN
1 kg Schweinebraten
(Hals, Schlegel oder Bug)
1 EL Salz, 1 Prise Pfeffer
50 g Butterschmalz
1 Zwiebel, 2 Nelken
1 Lorbeerblatt, 1 Karotte
1 Brotrinde
1/4 Liter Fleischbrühe
1 TL Stärkemehl

ROTKRAUT
Schweineschmalz zum Anbraten, 1 große Zwiebel
100 g geräucherter Speck
1 mittelgroßer Kopf Rotkraut
1 Flasche trockener Rotwein
2 saure Äpfel
Zimt, Nelken
Muskatblüte, Anis
1–2 EL Johannisbeergelee
Zucker, Salz, Rotweinessig

KASTANIEN
500 g frische Eßkastanien (verwendet man getrocknete, etwa 300–350 g)
50 g Butterschmalz
2 TL Zucker
1/2 Liter Fleischbrühe

SCHWEINEBRATEN
Fleisch waschen und mit Salz und Pfeffer einreiben. In einer Kasserolle Butterschmalz erhitzen, Zwiebel mit Nelken und Lorbeerblatt spicken. Zwiebel, Karotte und Brotrinde hineingeben. Fleisch auf allen Seiten schön braun anbraten. Kasserolle in den auf 200 °C vorgeheizten Backofen stellen, unter gelegentlichem Begießen mit Fleischbrühe 1 bis 1 1/2 Stunden schmoren lassen. Herausnehmen und 1 Minute auf ein Brett legen. Sauce entfetten. Rest der Fleischbrühe dazugeben, um den Bratenfond vom Boden zu lösen. Die Sauce mit dem Stärkemehl binden.

ROTKRAUT
In einem Topf Schweineschmalz erhitzen, feingehackte Zwiebel und kleingeschnittenen Speck glasig dünsten. Das feingehobelte Rotkraut darauf geben und einige Minuten bei geschlossenem Topf dünsten. Mit Rotwein ablöschen. Äpfel schälen, vierteln, Kernhaus entfernen und auf das Kraut legen. Zimt, ganze Nelken, Muskatblüte und etwas Anis darüberstreuen. Rotkraut bei geschlossenem Deckel etwa 1 Stunde sanft köcheln. Vor dem Anrichten mit Johannisbeergelee, einem Hauch Zucker, Salz und ein paar Tropfen Rotweinessig abschmecken.

KASTANIEN
Kastanien von der braunen Schale befreien. In einem Kochtopf etwa 3 Finger hoch Wasser zum Kochen bringen. Jede Kastanie ein paar Sekunden mit einem Eßlöffel in das kochende Wasser tauchen, die bittere innere Haut abziehen. In einem weiteren Kochtopf Butterschmalz und Zucker unter Rühren erhitzen und den Zucker karamelisieren. Sobald die Butter-Zucker-Mischung braun ist, Kastanien darin bewegen. Zum Schluß kommt (Vorsicht, es spritzt!) so viele heiße Fleischbrühe hinzu, daß die Kastanien bedeckt sind. Ziehen lassen, bis die Fleischbrühe eingezogen ist.

Rindsrouladen

4–6 Rouladen (750 g nicht zu dünne Scheiben aus dem Ochsenschlegel)
Salz, Pfeffer, 2–3 Zwiebeln, 1 EL gewiegte Petersilie
1 EL Butter, 100 g Räucherspeck, 50 g Sardellenfilet
Zum Braten:
40 g Butter
Zur Sauce:
1–2 TL Mehl, Fleischbrühe

Rouladen mit Salz und Pfeffer würzen, gewiegte Zwiebeln und Petersilie in Butter vordämpfen, die Rouladen damit bestreichen, kleine Speckwürfelchen und gewässerte, zerdrückte Sardellen darauf legen. Fleischscheiben aufrollen, mit Zwirn umwickeln, in heißer Butter rundum anbraten. Mehl mitrösten, mit Fleischbrühe ablöschen, Rouladen zugedeckt weich schmoren. Fäden entfernen und die durch ein Sieb passierte, würzig abgeschmeckte Sauce über die Rouladen gießen.
Oder Fleischscheiben gut würzen, mit Senf bestreichen, rohe, gehackte Zwiebeln und Streifen von Speck oder Gewürzgurken auflegen. Aufrollen, mit Zwirn umwickeln, in Mehl wenden, in heißer Butter ringsum anbraten und dann weich schmoren. Vor dem Anrichten 125 g sauren Rahm zugeben, aufkochen und servieren.

Rehschäufele in Wacholderrahm

1 kg Rehschäufele (Vorderschlegel)
Für die Marinade:
1 Flasche Rotwein (0,7 Liter)
Lorbeerblätter, Nelken, Pfefferkörner, Thymian
Rosmarin, 1/2 Knoblauchzehe
Zum Braten:
Salz und Pfeffer zum Würzen
100 g Bratfett, 1/2 kg Suppengemüse
(Zwiebel, Karotten, Lauch, Sellerie)
1/2 kg Tomaten oder 100 g Tomatenmark
100 g Mehl, 1 Tasse Brühe
knapp 250 g saure Sahne, 2 EL Doppel-Wacholder

Den Vorderschlegel am besten gleich vom Händler in etwa 250 g schwere Stücke hacken lassen (mit den Knochen) und mindesten 3 Tage in der Rotweinmarinade belassen. Nach dem Herausnehmen gut abtropfen lassen, mit Salz und Pfeffer (am besten aus der Mühle) würzen und scharf anbraten. Nun das geputzte und zerkleinerte Suppengemüse hinzugeben sowie die Tomaten oder das Tomatenmark; den Braten mit Mehl bestäuben, mit der Rotweinmarinade ablöschen, mit der Brühe auffüllen und bis zum Garpunkt schmoren.
Die Sauce wird mit der sauren Sahne abgezogen, mit Doppel-Wacholder und evtl. einem Schuß Rotwein abgeschmeckt. Als Beilage passen Knödel, Waldpilze und Kräutersalat.

Lassen Sie sich durch den Namen nicht ins Bockshorn jagen: Hier soll nicht etwa das Geweih – in der Jägersprache die Schaufel – zum Gericht verkommen, das „Schäufele“ ist vielmehr die schwäbische Umschreibung für den Schlegel, also die Keule des Rehes. Für dieses Wildgericht eignet sich die Vorderkeule am besten.

Frische Stangenspargel mit Chratzete

SPARGEL
2 kg Stangenspargel, 1–2 TL Salz, 2 Würfelzucker

CHRATZETE
150 g Weizenmehl, 3/8 Liter Milch
Prise Salz, 4 Eier, Fett zum Backen

Spargel unter fließendem Wasser abwaschen und abtropfen lassen. Die Spargelstangen mit dem Küchenmesser oder Spargelschäler von den Köpfen zu den Enden schälen. Die Spargelenden so weit abschneiden, daß die bereits verholzten Stücke entfernt werden. Spargel in einen Topf mit reichlich kochendem Wasser geben, mit Salz und Zucker würzen und in 15 bis 20 Minuten gar kochen. Spargel mit zerlassener Butter, Sauce hollandaise oder Vinaigrette servieren. Dazu geräucherten oder gekochten Schwarzwälder Schinken reichen. Gut schmeckt dazu auch frischer Räucherlachs mit Rühreiern, in die man frische, gehackte Kräuter einstreut.

CHRATZETE
Das Mehl in der Milch mit Salz verrühren, Eier dazuschlagen und diesen Teig ganz dünn in wenig heißem Fett, wie zu Pfannkuchen, auf einer Seite goldgelb backen. Den Pfannkuchen wenden und mit Eßlöffel und Gabel in kleine Stücke zerreißen oder kratzen, daher „Chratzete“, und noch recht knusprig backen.

So wie es nur im Alemannischen den Löwenzahnsalat voll wassertreibender Kraft gibt, so auch nur hier die, den oder das Chratzete. Wer Chratzete vollendet zuwege bringt, der kann sich vor allem bei Spargelfanatikern lieb Kind machen, denn im Südbadischen gehört diese Spezialität zu einem festlichen Spargelmahl.

Schupfnudeln auf Sauerkraut

500 g gekochte Kartoffeln
500 g Mehl, 1 Eier, Muskat, Salz
2 Zwiebeln, 100 g Fett
500 g rohes Sauerkraut

1 bis 2 Tage alte, gekochte Kartoffeln durch die Kartoffelpresse drücken und mit dem Mehl, dem Ei, etwas Muskat und einer Prise Salz zu einem festen Teig kneten. Auf dem bemehlten Backbrett zu fingerlangen und fingerdicken Würstchen formen, „schupfen". In kochendes Wasser geben und nach dem Aufschwimmen mit dem Schaumlöffel herausnehmen und auf dem Backbrett zum Trocknen auslegen.
Zwiebeln fein schneiden, in heißem Fett hellgelb rösten, Sauerkraut hinzugeben und heiß dämpfen. Dann die Schupfnudeln beimengen und alles unter häufigem Wenden hellbraun anbacken.

Schupfen ist ein oberdeutsches Wort und bedeutet soviel wie wegstoßen. Die Schupfnudeln, ein vor allem in Oberschwaben beliebtes Gericht, haben ihrem Namen von der typischen Bewegung, mit der sie hergestellt werden – sie werden auf dem Backbrett mit der flachen Hand weggerollt, weggestoßen. Die schwäbische Küche ist oftmals derb, ebenso die Sprache. So nennt der Volksmund die Schupfnudeln wegen ihrer Form auch Bubaspitzle – oder noch deutlicher: Bauraseckele. Im Odenwald heißen sie Spitzbuwe. Man kann die Schupfnudeln in kochendem Wasser garen (wobei Kartoffel- und Mehlanteil etwa gleich sein sollten), oder man bäckt sie in der Pfanne in heißem Fett aus (dann sollten sich Kartoffeln und Mehl ungefähr wie 3:1 verhalten). Die Kombination der Schupfnudeln mit Sauerkraut ist außerordentlich reizvoll.

Linsen und Spätzle

400 g Linsen, mehrere kleine Zwiebeln
200 g magerer geräuchter Bauchspeck
40 g Schweineschmalz, 40 g Mehl, Salz, Pfeffer
2 Paar Saitenwürstle

Die Linsen waschen und über Nacht in kaltem Wasser einweichen. Dann mit angeschwitzten Zwiebeln und dem Stück Bauchspeck in heißes ungesalzenes Wasser geben und in 1 bis 1 1/2 Stunden langsam weich kochen. Inzwischen aus Schmalz und Mehl eine braune Mehlschwitze anrühren. Damit die fertigen Linsen binden und mit Salz und Pfeffer abschmecken. Der nicht zu weich gekochte Speck wird in Scheiben geschnitten und zusammen mit den heißen Saitenwürstle auf die angerichteten Linsen gelegt. Als weitere Beilage serviert man Spätzle.

Esau, einer der Söhne des biblischen Urvaters Isaak, verkaufte sein Erstgeburtsrecht für ein Linsengericht. Auch heute noch läßt so mancher Kenner für einen leckeren Linsentopf alles stehen und liegen.
Zwar gelten seit alters her die Linsen als Speise der Armen; dies mag vielleicht richtig sein, weil sie preiswert sind. An Geschmack sind sie jedoch von anderen Hülsenfrüchten kaum zu übertreffen.

Zweierlei Spätzle

BADISCHE SPÄTZLE
400 g Mehl, etwa 8 Eier, Salz

SCHWÄBISCHE SPÄTZLE
250 g Mehl, 2 Eier, 1 TL Salz
1/8 Liter Wasser

Zum Schmälzen:
1 EL Butter
1 EL Semmelbrösel

Aus den jeweiligen Zutaten in einer Schüssel einen zähen Teig schlagen und so lange mit dem Rührlöffel oder Knethaken bearbeiten, bis er Blasen wirft. In einem großen Topf etwa 4 Liter Wasser mit 3 Eßlöffeln Salz zum Kochen bringen. Etwa immer 2 Eßlöffel Teig auf das nasse Spätzlesbrett (sich nach vorn verdünnendes Holzbrett) geben und mit einem scharfen, geraden Messer dünne Teigwürstchen ins sprudelnd kochende Wasser schaben. Sobald die erste Portion verarbeitet ist, das Messer in das kochende Wasser tauchen, den Teig mit dem Messer auf dem Brett nach hinten streichen, so daß die Teigschicht ganz dünn ist. Auch das dünne Ende des Brettes kommt von Zeit zu Zeit ins Wasser, damit die Spätzle gut gleiten. Die Spätzle werden portionsweise im kochenden Wasser gegart. Sobald sie an die Oberfläche steigen, sind sie fertig. Mit dem Schaumlöffel herausnehmen und durch frisches, heißes Salzwasser ziehen. Gut abtropfen lassen und auf einer Platte warm stellen, bis die anderen Portionen fertig sind. Zuletzt werden sie mit geschmolzener Butter, in der Semmelbrösel geröstet wurden, abgeschmälzt.

Nun herrscht, wie jedermann weiß, eine gewisse brüderliche Differenz zwischen Schwaben, sprich Württembergern, und Alemannen, sprich Badenern. Die ersteren halten die letzteren für Hallodris, sprich für verschwendungssüchtig, die letzteren halten die ersteren für Griffelspitzer, will sagen für sparsam. Aus badischer Sicht läßt sich der Unterschied spielend am Spätzlesrezept darstellen. Die Schwaben machen den Spätzlesteig unter Verwendung von Ei und Wasser. Die Badener verwenden ausschließlich Ei als flüssigen Bestandteil des Teiges.

Maultaschen

Für 10 Personen
Für den Nudelteig:
750 g Mehl, 6 Eier, Salz, 6 EL Wasser
Für die Fülle:
2 Wecken, 50 g Lauch , 250 g Spinat
50 g durchwachsener Bauchspeck
1 Zwiebel, 500 g Hackfleisch, 500 g Kalbsbrät
4 Eier, Salz, Pfeffer, Muskat, Majoran, 1 Eigelb

Den fertiggekneteten Teig sehr dünn auswellen und in etwa 1 m lange und 20 cm breite Steifen schneiden.
Für die Fülle die in Wasser eingeweichten Wecken ausdrücken und mit dem angedämpften Lauch und Spinat durch den Fleischwolf drehen. Den feingewürfelten Speck andünsten, die Zwiebel feinhacken und mit Hackfleisch, Kalbsbrät, Eiern und Gemüsepüree vermengen und abschmecken. Einen der Teigstreifen mit Eigelb einpinseln und entlang einer Kante eine etwa 5 cm dicke Wurst aus der Füllmasse legen. Daraus eine lange Rolle drehen, etwas flachdrücken und zu 7 cm großen Rauten schneiden. Die offenen Teigkanten aufeinanderdrücken. Auf diese Weise den ganzen Teig mit Füllmasse zu Maultaschen formen und diese in siedendem Salzwasser 15 Minuten gar kochen. Maultaschen schmecken aus der Brühe, angeschmälzt oder in Scheiben geschnitten und angeröstet, eventuell mit Ei überbacken. Zu den geschmälzten und gerösteten paßt am besten ein Kartoffelsalat.

Ob die Maultaschen in China erfunden wurden oder nicht – den wackren Schwaben focht das nit: Gute Sachen werden zweimal auf der Welt erfunden! Die Grundsatzfrage freilich, ob in die Maultaschen Spinat gehört oder nicht, die hat schon ganze Familien entzweit. Wir meinen: Spinat muß sein, so sicher wie das Amen in der Kirche!

Käsespatzen

500 g Mehl, 3 Eier, 2 TL Salz
1/4 Liter Wasser, 2 EL Butter
100 g geriebener Käse
geröstete Zwiebelstückchen

Aus Mehl, Eiern, Salz und Wasser einen festen, glatten Teig herstellen (siehe unter Spätzle) und ihn möglichst schnell durch ein großlöchriges Sieb in reichlich kochendes Salzwasser drücken. Die Spatzen erst nach dem Aufkochen wieder herausfischen. Die Butter erhitzen und im Wechsel eine Schicht Spatzen und eine Schicht Käse zufügen. Bei geringer Hitze ziehen lassen und mit gerösteten Zwiebelstückchen darüber sofort anrichten. Wichtig ist, daß die Käsespatzen heiß auf den Tisch kommen, weil sonst die Speise an Wohlgeschmack verliert. Es müssen also alle Gäste oder Familienmitglieder bereits am Tisch sitzen, wenn Sie die Käsespatzen auftragen.

Es gibt Dutzende von Rezeptkombinationen, die mit Spätzle möglich sind. Eine der meist verbreiteten und auch eine der wohlschmeckendsten sind zweifelsohne die Käsespatzen oder Käseknöpfle, die vor allem im Allgäu und im schwäbischen Oberland auf den Tisch kommen. Dort gelten sie – nicht zu Unrecht – sogar als ausgesprochenes Festessen. Wer sich übrigens das Handschaben der Spätzle nicht zutraut, was immerhin eine gewisse Übung erfordert, der kann sie auch mit einem sogenannten Spatzendrücker herstellen oder noch einfacher sie gar fabrikfertig kaufen. Hierbei laufen Sie allerdings Gefahr, und darauf muß hingewiesen werden, daß Ihnen diese Erzeugnisse mit dem Attribut „Faule-Weiber-Spätzle“ versehen werden.

0,25 l

Gurkengemüse

2 mittelgroße Gurken, 1 große Zwiebel
Fett zum Dünsten, 1 EL Mehl
1 Tasse Sauerrahm, wenig Wasser, Salz

2 mittelgroße Gurken werden geschält (von der Spitze zum Stiel) und in dünne Scheiben gehobelt. Nun dünstet man, zusammen mit den Gurken, eine große, feingewürfelte Zwiebel in Fett glasig. Dann rührt man 1 Eßlöffel Mehl mit einer Tasse Sauerrahm glatt an, verdünnt mit wenig Wasser und gibt dies an die vorgedünsteten Gurken. Man würzt leicht mit Salz und läßt die Gurken vollends weichkochen. Zubereitungszeit 15 bis 20 Minuten. Dazu passen am besten Rote Würste, gekocht oder gebraten, und Spätzle.

Mindestens soviel wie das sprichwörtlich eigene Häusle bedeutet dem Schwaben sein eigenes Gärtle. Nicht weil er Gemüse, Früchte oder Kräuter selbst billiger zu erzeugen trachtet – in diesem Fall ist ihm ökonomisches Denken gleichgültig, zumal er weiß, daß diese Rechnung sowieso nicht aufgeht. Aber es ist eben der unbändige Hang zum Eigenen, etwas Eigenes schaffe, und man weiß außerdem, mit was gedüngt und schädlingsbekämpft wurde – oder nicht! Der eigene Garten hat auch Nachteile. Einer davon ist zweifellos der, daß die Früchte oft zur gleichen Zeit und in solchen Mengen reif werden, daß der Konsum zum Problem wird. Besonders aktiv können in dieser Hinsicht Gurken werden, aber mit diesem Rezept – einem ungewöhnlichen, aber äußerst wohlschmeckenden – können Sie eine wirksame Gegenoffensive einleiten.

Apfelküchle
Holunderküchle mit Eis

APFELKÜCHLE
20 g Hefe
1/4 Liter Milch
150 g Mehl
4 Äpfel
2 EL Zucker
1 Prise Salz
abgeriebene Schale von
1/2 unbehandelten Zitrone
4 Eier
50 g Sultaninen
50 g gehackte Haselnüsse

2 Stich Butter
zum Ausbacken
2 EL Zucker
1 Prise Zimt

HOLUNDERKÜCHLE
12 Holunderblütendolden
100 g Mehl
140 ml Milch
2 Eigelb
2 TL Zucker
abgeriebene Schale von
1/2 unbehandelten Zitrone
Salz
2 Eiweiß
Fett zum Ausbacken
Puderzucker
4 Kugeln Vanilleeis
Schlagsahne

APFELKÜCHLE (unten)
Die Hefe in der lauwarmen Milch auflösen. Mehl in einer Schüssel vertiefen, die Hefemilch zugeben und verrühren. Die geschälten, entkernten und in Würfel geschnittenen Äpfel mit den übrigen Zutaten zugeben und gut vermengen. Den Teig mit einem Tuch abgedeckt an einem warmen Ort 20 bis 30 Minuten gehen lassen. Dann von dem Teig mit einem Eßlöffel Küchle abstechen und in der Pfanne mit Butter ausbacken. Die noch heißen Apfelküchle in Zimtzucker wenden und gleich servieren.

HOLUNDERKÜCHLE
MIT EIS (oben)
Die voll aufgeblühten Dolden unter fließendem Wasser waschen und auf Küchenkrepp abtropfen lassen.
Das Mehl durchsieben und mit der Milch verrühren, die Eigelb mit dem Schneebesen unterschlagen. Zucker, die geriebene Zitronenschale und eine Prise Salz zugeben. Zuletzt die Eiweiß zu Schnee schlagen und unterheben. Den Teig etwas ruhen lassen. Die Blütendolden am Stiel fassen und in den Teig tauchen, herausheben, etwas abtropfen lassen und im heißen Fett 2 bis 3 Minuten goldbraun ausbacken. Mit Puderzucker bestäuben und mit Eis und Schlagsahne servieren.

Die Holunder- oder Fliederbeersträucher wachsen auf der Schwäbischen Alb und im Remstal wild an Wald- und Wegrand. Unsere Großmütter wußten die Dolden mit den schwarzen Beeren noch zu schätzen. Ein Schuß Holundersaft in einem Glas Mineralwasser wäre im Sommer eine zeitgemäße Erfrischung. Auch ein Gsälz aus Holunderbeeren, denen zu einem Drittel leicht säuerliche Äpfel beigemengt werden und dem Zitrone und eine Zimtstange die besondere Note geben, ist eine Delikatesse, die Sie kaum kaufen können. Unsere Küchle bekommen durch die frischen Blütendolden ihr eigenes Aroma.

Linzertorte

Für eine Springform von 28 cm Durchmesser

250 g Butter
4–5 Eigelbe
250 g Zucker
abgeriebene Schale von 1 Zitrone
1 Messerspitze Zimtpulver
1 Messerspitze Nelkenpulver
2 Gläschen Kirschwasser
125 g gemahlene Walnüsse
125 g gemahlene Mandeln
500 g Mehl
1/2 Päckchen Backpulver

Für die Form:
Butter

Zum Bestreichen:
1 Glas Johannisbeergelee oder Himbeermarmelade

Tip:
Je länger die Linzertorte nach dem Backen ruht, desto besser wird sie, das Minimum sind drei Tage.

Die Butter bei Zimmertemperatur etwas weich werden lassen und schaumig rühren. Etwas Eigelb zum Bestreichen beiseite stellen. Eigelb und Zucker zur Butter geben und etwa 10 Minuten rühren. Dann die Zitronenschale, Zimt- und Nelkenpulver, Schnaps, Nüsse und Mandeln hinzugeben, das Mehl zusammen mit dem Backpulver darübersieben und alles gut verkneten. Eine Teigkugel formen und an einem kühlen Ort etwa für 1 Stunde kalt stellen. Den Teig in 2 Hälften teilen. Aus der einen einen runden Boden von etwa 1/2 cm Dicke ausrollen. Eine gut mit Butter eingefettete Springform damit belegen. Johannisbeergelee oder Himbeermarmelade über den Teig streichen. Die zweite Hälfte des Teiges ebenso ausrollen und daraus etwa 1 1/2 bis 2 cm breite Streifen ausrädeln. Mit diesen Streifen die Marmelade im spitzen Winkel gitterartig belegen. Zum Schluß einen Streifen als Rand um den Kuchen legen. Das Gitter und den Rand mit dem aufbewahrten Eigelb bestreichen. Die Linzertorte bei etwa 180 °C im vorgeheizten Backofen 1 Stunde backen.

Der Festtagskuchen der Schwarzwälder ist die Linzertorte. Weihnachten, Ostern, Kindstaufe, Erstkommunion, Konfirmation, Hochzeit, Beerdigung, Besuch: Linzertorte. Es gibt heut' noch Familien, in denen die Linzertorte zum Sonntag gehört wie der Kirchgang und die Nudelsuppe. Dabei hat jede Hausfrau ihr eigenes Rezept: mit Kakaopulver oder ohne, mit Walnüssen oder Mandeln, mit Himbeermarmelade oder Johannisbeergelee oder gar mit Preiselbeeren, mit einem Gitterwerk oder mandelförmigem Muster. In einem aber sind sich alle Schwarzwälder einig: Zur Linzertorte trinkt man Wein, am besten einen schönen Gutedel. Auch die Linzertorte ist eine Erinnerung an die Zeit, als der Schwarzwald noch österreichisch war.

Schwarzwälder Kirschtorte

1 fertiger Mürbeteigboden
100 g Sauerkirschkonfitüre
2 fertige dünne Schokoladebiskuitböden
100 g Kirschsaft, 75 g Zucker, 10–15 g Weizenpuder
250 g Sauerkirschen aus dem Glas
1 Prise Zimt, Nelken
4 Blatt Gelatine, 60 g Kirschwasser
40 g Zucker, 600 g Sahne
Schokoladenspäne zum Garnieren

Den fertiggebackenen Mürbeteigboden mit der Sauerkirschkonfitüre bestreichen und einen Schokoladebiskuitboden darauf legen. Sauerkirschsaft aus dem Glas mit Zucker aufkochen, den Weizenpuder mit etwas weiterem kaltem Sauerkirschsaft anrühren und unter den kochenden Saft ziehen, dann die Sauerkirschen selbst und Gewürze dazugeben und erkalten lassen. Die Sauerkirschen auf den Kuchen geben. Die in kaltem Wasser eingeweichte Gelatine ausdrücken, auflösen und unter die mit Kirschwasser und 40 g Zucker vermischte geschlagene Sahne ziehen. Die Hälfte dieser Kirschwasser-Sahne auf dem Kuchen verteilen, darauf wieder einen Schokoladeboden setzen und den Rest der Sahne darüberstreichen. Hat die Sahne angezogen, die Torte dünn mit Schokoladenspänen bestreuen.

Erfunden haben soll die Kirschtorte ein persischer Eunuch, Chefkoch in einem Harem, um den Haremsdamen durch den Dauergenuß der Torte auf Wunsch des Kalifen oder Scheichs vollere Formen zu verleihen. Ob das stimmt oder nicht – Schwarzwälder Kirschtorte jedenfalls ist nur dann Kirschtorte, wenn sie auch danach schmeckt. Kirschessenz beispielsweise zu verwenden, wäre eine Sünde!

Hutzelbrot

500 g getrocknete Birnen
500 g getrocknete Zwetschgen, 500 g Feigen
500 g Mehl, 40 g Hefe, 125 g Zucker
1 Messerspitze Salz, 30 g Zimt, 1 EL Anis
1 EL Kirschwasser, 500 g Rosinen
250 g gehackte Haselnüsse, 250 g gehackte Mandeln
50 g Zitronat, 50 g Orangeat

Birnen und Zwetschgen über Nacht einweichen. Die Zwetschgen entsteinen, die Birnen etwa 20 Minuten im Einweichwasser aufkochen, dann über die Zwetschgen und Feigen gießen. Einige Stunden auskühlen und ziehen lassen. Früchte in kleine Würfel schneiden. In das Mehl eine Vertiefung drücken und mit der in etwas erwärmtem Schnitzwasser angerührten Hefe einen Vorteig mengen. Nach dem Aufgehen des Vorteigs sämtliche Zutaten beifügen und einen festen Teig kneten, falls nötig, unter erneutem Zumischen etwas erwärmten Schnitzwassers. Mit Mehl bestäuben und warm stellen, bis sich kleine Risse zeigen. Dann Laibe formen und über Nacht stehenlassen. Bei 200 °C ca. 1 bis 1 1/2 Stunden backen. Mit Schnitzwasser bestreichen und einige Tage stehenlassen. Mit etwas Butter bestrichene Hutzelbrotscheiben schmecken wunderbar zu Kaffee oder Tee.

Hutzel ist ein altes Wort für Dörrobst, und ein Hutzelmännlein ist ein aus Dörrobst zusammengestecktes Männchen. Das Stuttgarter Hutzelmännlein ist die Gestalt eines von Eduard Mörike 1853 verfaßten Prosamärchens, in dem es heißt:
„Ein Kobold gut bin ich bekannt
in dieser Stadt und weit im Land;
das Hutzelbrot hab ich erdacht,
auch viel seltsame Streich gemacht.“

Würstel, Wammerl, Knödel(n) satt

Unter dem hohen, weiß-blauen Himmel Bayerns liebt man ein bodenständiges, deftiges Essen.
Zum Glück sind die „guten alten Zeiten“ vorbei, in denen der gesellschaftliche Stand den Inhalt der Kochtöpfe bestimmte: Heute ist es „nur“ der Geldbeutel; doch auch wer finanziell nicht ganz so gut gestellt ist, wird sich in der bayerischen Küche nur selten beschweren – die Grundzutaten für das bayerische Nationalgericht, Knödel aller Art, sind nicht teuer. Im Gegenteil: je nach Knödelart braucht man nichts weiter als Kartoffeln, etwas Milch oder Quark, Zwiebeln, Eier, Weizengrieß, ein paar Kräuter und Gewürze. Oft wird sogar Übriggebliebenes verwendet, wie altbackene Semmeln vom Vortag. Es liegt dann allein an der Kunst des Kochs oder der Köchin, was daraus wird – und daß etwas Gutes daraus wird, darauf kann man in Bayern vertrauen!
Zwar wurden die Knödel nicht hier erfunden – die „Urknödel“ kamen wohl irgendwann aus dem Norden und Osten – aber Bayern, Franken, Oberpfälzer und Schwaben haben mit viel Phantasie immer wieder eigene Kreationen geschaffen und zur Vollendung gebracht. Das Wort Knödel, übrigens, hieß früher „Knuddel“. Daraus hat sich dann im Laufe der Zeit auch das Wort „Nudel“ entwickelt. Die runde Form haben Knödel vermutlich, weil im bayerischen Volksglauben alles Rundgeformte Glück bringen soll.
Ähnlich wie den Knödeln geht es auch dem bayerischen Bier: Auch das wurde nicht hier erfunden, aber mit dem Reinheitsgebot von 1516 in Bestform gebracht: Gerstenmalz, Wasser und Hopfen und sonst gar nichts darf seitdem drin sein – egal ob Weiß-, Bock- oder Oktoberfestbier.
Früher wurde Bier in den Klöstern gebraut als „flüssige Nahrung“, um die Fastenzeit zu überstehen. Natürlich ernährt sich niemand in Bayern nur von Grundnahrungsmitteln wie Klößen und Bier allein. Fische aus Flüssen und Seen weiß man gar köstlich zu „verbraten“, die urwüchsigen Wälder bieten Wild und Pilze in großer Auswahl und auch Gemüse und Salate spielen eine große Rolle. Bei der bayerischen Brotzeit zum Beispiel, im Pichelsteiner Topf oder im Meerrettichgemüse.
Die Rezepte einiger weniger Spezialitäten jedoch haben wir Ihnen vorenthalten, weil wir der Meinung sind, daß die am besten vor Ort zu genießen sind: der bayerische Leberkäs’ zum Beispiel, der weder Leber noch Käse enthält, oder die berühmte Weißwurst, die traditionellerweise das Zwölf-Uhr-Läuten (zu Mittag!) nicht erleben darf. Vielleicht genießen Sie die einmal auf dem Münchner Viktualienmarkt. Und mit dem Blick auf das Denkmal für Liesl Karlstadt denken Sie vielleicht nach über den Spruch ihres berühmten Kollegen Karl Valentin: „Ein Optimist ist ein Mensch, der die Dinge nicht so tragisch nimmt, wie sie sind.“

Bayerische Brotzeit

KARPFENSALAT
Für 2 Personen:
300 g Karpfenfleisch
(Rest von Karpfen blau)
1 rote Zwiebel
5 EL Karpfensud
3 EL Zitronensaft
abgeriebene Schale
von 1/4 Zitrone
möglichst 1 EL Zwiebeln
und Karotten
aus dem Karpfensud
schwarzer Pfeffer
Salz
1/2 Bund Petersilie

RETTICHMUS
1 weißer Rettich oder
1–2 schwarze Winterrettiche
200 g gekochte Kartoffeln
1 kleine Zwiebel
1 kleines Bund Petersilie
50 g saure Sahne
Salz
schwarzer Pfeffer

KARPFENSALAT
Fisch von den Gräten lösen und dabei in mundgerechte Stücke teilen. Rote Zwiebel schälen und in dünne Ringe schneiden. Karpfensud mit Zitronensaft, Zitronenschale, Gemüse aus dem Sud und reichlich Pfeffer verrühren, über den Fisch gießen und vorsichtig mischen. Salat zugedeckt im Kühlschrank mindestens 12 Stunden ziehen lassen. Eventuell mit Salz nachwürzen. Petersilie hacken und darüberstreuen.

RETTICHMUS
Rettich(e) und Kartoffeln schälen und ganz fein reiben. Zwiebel und Petersilie fein hacken. Alles mit der Sahne vermischen, mit Salz und einer kräftigen Prise Pfeffer abschmecken. Wie Quark- oder Käsecreme auf Schwarzbrot streichen, eventuell mit Radieschen- oder Tomatenscheiben belegen.

Bayerische Salate

KRAUTSALAT MIT SPECK
1 Kopf Weißkohl (etwa 750 g)
1 TL Salz
100 g durchwachsener Räucherspeck
1 kleine Zwiebel
1 Knoblauchzehe
1 TL Instant-Fleisch- oder Gemüsebrühe
1/2 EL Kümmelkörner
1 TL scharfer Senf
3 EL Weißweinessig
4 EL Öl
1 Bund Petersilie
schwarzer Pfeffer aus der Mühle

ROT-RÜBEN-SALAT
750 g rote Rüben (rote Bete)
4 EL Rotweinessig
1 Prise Zucker
2 TL Kümmel
7 EL Öl
Salz
schwarzer Pfeffer aus der Mühle

Tip:
Rote Rüben für Salat immer nach dem Kochen putzen und schälen. Sonst läuft der größte Teil des roten Saftes ins Kochwasser.

KRAUTSALAT MIT SPECK
Kohlkopf vierteln, putzen, waschen und in feine Streifen hobeln. Mit Salz vermischt zugedeckt ziehen lassen, bis die anderen Zutaten vorbereitet sind. Speck in kleine Würfel schneiden, geschälte Zwiebel und Knoblauchzehe fein hacken. Speck bei schwacher Hitze unter häufigem Wenden braten, bis das Fett austritt; er soll dabei nicht bräunen. Zwiebel und Knoblauch zugeben und unter Rühren glasig braten. 1/8 Liter Wasser zugießen und aufkochen. Brühe untermischen und rühren, bis sich der Bratensatz gelöst hat. Kümmel, Senf, Essig und Öl mit einem Schneebesen unterrühren. Kraut mit dieser Marinade vermischen und zugedeckt bei Zimmertemperatur 3 Stunden ziehen lassen.
Petersilie hacken und untermischen. Mit reichlich Pfeffer abschmecken.

ROT-RÜBEN-SALAT
Rote Rüben waschen und mit wenig Wasser in etwa 50 Minuten weich kochen. Kalt abschrecken, schälen und in dünne Scheiben schneiden. Essig, Zucker, Kümmel und Öl verrühren und mit den roten Rüben mischen. Mit Salz und Pfeffer kräftig würzen. Etwa 6 Stunden zugedeckt im Kühlschrank ziehen lassen.

G'standenen Bayern sind die Vitamine „wurscht", denn Rohkost ist für Hasen und andere Vegetarier bestimmt. Deshalb salzen sie das Kraut ein und kochen die Rüben, bevor sie Salat davon bereiten. Und den lassen sie dann noch richtig lang ziehen.

Leberknödelsuppe

4 alte Semmeln oder 180–200 g altbackenes Weißbrot
etwas Salz, knapp 1/4 Liter lauwarme Milch
1 TL feingehackte Zwiebel, 1 TL feingehackte Petersilie
20 g Butter oder Fett, einige Tropfen Zitronensaft
1 Messerspitze Majoran, 150 g Rindsleber (geschabt)
2 Eier, 1 1/2 Liter Fleischbrühe, Schnittlauch

Semmeln oder Weißbrot in feine dünne Scheiben schneiden, leicht salzen, mit der lauwarmen Milch übergießen, zudecken und kurze Zeit einweichen.
Zwiebel und Petersilie in heißem Fett andünsten und zu den eingeweichten Semmeln geben. Zitronensaft, Majoran, die feingeschabte Leber und die Eier untermischen, abschmecken und zwei oder drei kleine Probeknödel in die vorbereitete kochende Fleischbrühe einlegen. Sollte der Teig etwas zu weich sein, dann etwas Semmelbrösel, Mehl oder Grieß dazugeben. Sind die Probeknödel für richtig befunden worden, mit nassen Händen vier große Knödel formen und in die kochende Brühe einlegen. Auf kleiner Flamme etwa 20 Minuten ziehen lassen. Der feingeschnittene Schnittlauch wird erst beim Anrichten auf die Suppe gegeben.

Ein Teller heiße Suppe tut dem Magen gut und mobilisiert die Magensäfte für die folgenden Gänge. Vor allem in Niederbayern schätzt man die klaren Suppenbrühen mit den verschiedenen Einlagen wie Nockerl, Klößerl, Würstel, Spätzerl. Kein Wunder, daß die Leberknödelsuppe dort zu den beliebtesten Speisen gehört. Früher ist „Leberknödelsuppe mit Würstel" bei großen Hochzeiten gereicht worden. Sie schmeckt vortrefflich, und zwei Teller davon ersetzen sogar eine vollständige Mahlzeit.

Drei Suppeneinlagen

Für jeweils etwa 1 1/4 Liter Brühe

KRÄUTERSCHÖBERL
1/2 Päckchen gemischte Tiefkühlkräuter
25 g Butter
2 Eier, Salz
50 g Mehl
25 g Speisestärke
1 EL Emmentaler
Fett und Semmelbrösel für die Form

Tip:
Richtig geschlagener Eischnee bildet biegsame, elastische Spitzen, die leicht kippen. Er verbindet sich gut mit den restlichen Zutaten.

BUTTERNOCKERL
40 g weiche Butter
Salz, schwarzer Pfeffer
Muskatnuß
2 Eier
60–70 g Mehl
(je nach Größe der Eier)

GRIESSNOCKERL
40 g weiche Butter
75 g Hartweizengrieß
1 Ei, Salz, Muskatnuß
1 EL Petersilie

KRÄUTERSCHÖBERL (oben)
Kräuter antauen lassen, Butter schmelzen, aber nicht bräunen. Eier trennen. Eiweiß mit Salz steif schlagen. Abwechselnd Eigelb, Kräuter und teelöffelweise die flüssige Butter untermischen. Mehl mit Speisestärke und geriebenem Käse mischen, auf den Teig streuen und mit einem Schneebesen unterheben. Den Boden einer ofenfesten Form mit niedrigem Rand fetten und mit Semmelbröseln ausstreuen. Teig darin glattstreichen. Form in den kalten Backofen (mittlere Schiene) stellen. Ofen auf 180 °C (Umluft 160 °C, Gas Stufe 3) schalten. Schöberl etwa 25 Minuten backen, bis er wie ein Kuchenboden oben leicht gebräunt, durchgebacken und locker ist. In der Form lauwarm abkühlen lassen, in Rauten schneiden und in heißer Brühe anrichten.

BUTTERNOCKERL (Mitte)
Butter mit Salz, Pfeffer und Muskat schaumig rühren, bis sie elfenbeinfarben ist. Abwechselnd Eier und so viel Mehl unterrühren, daß ein weicher Teig entsteht, der sich mit einem Löffel gut zu Nockerln (Klößchen) abstechen läßt, ohne dabei wieder zu verfließen. In kochendes Salzwasser geben und zugedeckt bei schwacher Hitze 5 Minuten kochen, danach auf der abgeschalteten Kochstelle 10 Minuten ziehen lassen.

GRIESSNOCKERL (unten)
Butter schaumig rühren, 1 Eßlöffel Grieß untermischen. Ei, restlichen Grieß, Salz, Muskat und Petersilie unterrühren. Teig zugedeckt bei Zimmertemperatur 20 Minuten stehen lassen, damit der Grieß quellen kann. Der Teig soll so fest sein, daß Sie ihn mit angefeuchteten Händen zu Nockerln (Klößchen) formen können. Nockerln in die kochende Brühe geben und zugedeckt bei schwächster Hitze etwa 20 Minuten ziehen lassen.

Pichelsteiner Topf

100 g durchwachsener Speck
je 200 g Rind-, Kalb- und Schweinefleisch
nach Belieben auch noch 200 g Hammelfleisch
50 g Rindermark
2 Zwiebeln
1 Stange Lauch
1 Kohlrabi
1/2 Sellerieknolle
2 Karotten
1 kleiner Kopf Wirsingkohl
125 g grüne Bohnen
500 g Kartoffeln
je 1/4 Liter Brühe und Weißwein
eine gute Messerspitze Majoran
je 1 Prise Salz und Pfeffer
1 Bund Petersilie

Den Speck würfeln und in einem großen Topf etwas auslassen, das übrige Fleisch ebenfalls würfeln und mit dem Mark, mit den Gemüsezutaten, die alle kleingeschnitten sein müssen, sowie die gewürfelten Kartoffeln schichtweise in den Topf geben. Brühe und Weißwein sowie Majoran, Salz und Pfeffer erst zum Schluß dazutun. Das Ganze sollte 1 bis 1 1/2 Stunden zugedeckt weichköcheln. Wenn alles gargekocht ist, die Petersilie feingehackt darübergeben.

Woher der Pichelsteiner Topf eigentlich stammt, weiß so recht niemand. Mancherorts wird er auch Pickelsteiner genannt. Die einen behaupten, er sei im kleinen Örtchen Büchelstein im Bayerischen Wald zum erstenmal gekocht worden. Die anderen meinen, daß dieses Eintopfgericht aus verschiedenen Fleischsorten, Gemüse und Kartoffeln eine fränkische Erfindung sei. Wie dem auch immer sei – „Nix g'wies woaß ma net", sagt der Bayer oft, und da hat er in diesem Fall gewiß recht.

Gebratene Renken

4 küchenfertige Renken von je ca. 250 g
1 kleine Zwiebel, 1/2 Bund Petersilie
Salz, weißer Pfeffer aus der Mühle
2 EL Zitronensaft, 40 g Mehl, 2 EL Öl
40 g Butterschmalz, 1 Zitrone
8 Zweige krause Petersilie zum Garnieren

Renken innen und außen kalt abspülen, trockentupfen und auf die Arbeitsfläche legen. Geschälte Zwiebel fein reiben, Petersilie sehr fein hacken. Beide Zutaten mit Salz, Pfeffer und Zitronensaft vermischen. Fische darin wenden. Was nicht an der Haut haften bleibt, ins Innere der Fische füllen. Renken im Mehl wenden.
Öl und Butterschmalz erhitzen: am besten in zwei Pfannen, die jeweils so groß sind, daß zwei Renken nebeneinander darin Platz haben. Renken darin bei mittlerer Hitze pro Seite etwa 5 Minuten braten. Herausnehmen und auf heißen Tellern anrichten. Mit Zitronenvierteln und Petersilienzweigen garnieren.
Dazu passen Salzkartoffeln oder Kartoffelsalat und grüner Salat.

Die Renken, anderswo auch Felchen oder Maränen genannt, sind schlanke Lachsfische, die vor allem in den schönen bayerischen Voralpenseen gefangen werden. Sie können bis zu 75 cm lang und gut drei Kilogramm schwer werden. Ihr Fleisch ist äußerst wohlschmeckend.

Karpfen blau mit zweierlei Saucen

1 küchenfertiger Spiegelkarpfen von etwa 1,5 kg
1 Zwiebel
1 Karotte
75 g Salz
4 EL Essig
2 Zitronenscheiben
1 Päckchen Fischgewürz

Für die Saucen:
60 g Butter
40 g Mehl
3/4 Würfel Instant-Fleisch- oder Gemüsebrühe
200 ml Milch
200 g süße Sahne (Rahm)
Salz
weißer Pfeffer aus der Mühle
2 EL körniger Senf
2 Bund Dill

Den Karpfen im gefüllten Spülbecken kalt waschen, dabei wie folgt festhalten: Durch die Bauchhöhle mit dem Zeigefinger, durch das Maul mit dem Daumen in den Kopf fassen. Vorsichtig ausspülen, dabei die Haut möglichst nicht berühren, sonst wird die Schleimschicht verletzt und der Karpfen kocht nicht mehr „blau“. Zwiebel und Karotte schälen und in Scheiben schneiden. Mit 3 Liter Wasser, Salz, Essig, Zitronenscheiben und Fischgewürz in einem großen Topf lauwarm erhitzen. Karpfen in den Sud legen und im offenen Topf bei mittlerer Hitze langsam zum Sieden bringen, bis im Sud kleine Bläschen aufsteigen. Den Karpfen im halb geschlossenen Topf in etwa 50 Minuten gar ziehen lassen. Dabei darauf achten, daß der Sud immer nur perlt, aber nicht sprudelt.
Inzwischen für die Saucen die Butter erhitzen. Das Mehl darin unter Rühren goldgelb rösten. 1/2 Liter Wasser unter Rühren langsam zugießen und aufkochen. Brühe untermischen. Sauce zugedeckt bei schwacher Hitze 10 Minuten kochen lassen. Milch und Sahne untermischen und bis knapp unter den Siedepunkt erhitzen. Mit Salz und Pfeffer abschmecken. Sauce in zwei Portionen teilen. Unter die eine Portion den Senf rühren. In die andere Portion den feingehackten Dill mischen. Außerdem passen dazu: Salzkartoffeln und braune Butter.

Die Heimat des Karpfens ist Asien. Bei uns wird er in besonderen Teichen gezüchtet und gemästet. Auch in den vielen Seen Oberbayerns wird er gefangen. Mit seiner gezielten Aufzucht haben in Deutschland aber nicht die Bayern begonnen, sonder 1339 der Deutsche Orden bei Marienburg in Ostpreußen. Der Karpfen frißt alles, was ihm vor das Maul kommt. Es ist daher für seinen Geschmack sehr wichtig, mit was er gefüttert wurde oder was er in den Teichen als Nahrung vorgefunden hat.

Bratwürstl auf bayerischem Kraut

1 kg Weißkohl, 40 g Schweineschmalz
1 EL Zucker, 1 Zwiebel, 1 Apfel (ungeschält)
je eine Prise Salz und Pfeffer, 1/2 Liter Brühe
2 EL Essig, 8 Rostbratwürste, Fett zum Braten

Weißkohl waschen und den dicken Strunk herausschneiden. Den Kohl in feine Streifen schneiden. Schmalz im Topf auslassen, den Zucker darin leicht anbräunen, die gehackte Zwiebel, den in Scheiben geschnittenen Apfel zufügen und kurz dünsten. Den Weißkohl dazugeben, mit Salz und Pfeffer würzen und die Brühe über das Ganze gießen. Bei kleiner Hitze etwa 1 Stunde garen. Zum Schluß mit dem Essig säuerlich abschmecken.
Die Bratwürste entweder im heißen Fett in der Pfanne braten, bis sie knusprig braun sind, oder einölen und auf den Grill legen. Dazu schmeckt ein deftiges Bauernbrot und eine Maß Bier.

Bereits um 1530 soll es in Coburg Bratwürste gegeben haben. Hundert Jahr später erließ Herzog Casimir eine Taxordnung, nach der die Bratwurst nur 4 1/2 Pfennige kosten durfte und vier Stück ein Pfund wiegen mußten. Deftigen Bratwurstgeruch atmet man auch heute noch auf und um den Marktplatz. Das Geheimnis dieser Coburger Spezialität besteht in der Zusammensetzung des Fleisches, in der speziellen Würzung und dem Braten über dem offenen Feuer, das mit Kiefernzapfen unterhalten wird. Wichtig ist vor allem, daß die Bratwürste kräftig gewürzt sind.

Eingemachtes Kalbfleisch

1 kg Kalbsbrust, 1 Zwiebel, 2 Nelken
1 Lorbeerblatt, 1 EL Essig
1/2 Liter Weißwein, 1/2 Liter Wasser, Salz
Für die Sauce:
50 g Butter, 50 g Mehl, 1/2 Liter Kochbrühe
1/8 Liter Weißwein, 1 Eigelb, 3 EL süße Sahne
Saft von 1/2 Zitrone, 1/2 Bund gehackte Petersilie

Das Kalbfleisch in gleich große Würfel von etwa 2 Zentimetern schneiden. Die Zwiebel vierteln, mit den Nelken, mit Lorbeerblatt, Essig und Weißwein mischen und das Fleisch darin über Nacht durchziehen lassen. Dann erst das Wasser und das Salz dazugeben, erhitzen und das Fleisch in dieser Marinade in etwa 30 Minuten weich kochen.
Für die Sauce: Die Butter erhitzen, das Mehl einrühren und die helle Mehlschwitze mit der Kochbrühe ablöschen. Aufkochen lassen und den Weißwein dazugießen. Jetzt die abgetropften Fleischwürfel in die Sauce geben und alles zusammen noch etwa 10 Minuten leicht durchkochen. Eigelb mit süßer Sahne und Zitronensaft verrühren und die Sauce am Schluß damit binden. Sie darf dann nicht mehr kochen!
Vor dem Servieren die gehackte Petersilie aufstreuen. Dazu passen am besten selbstgemachte Nudeln.

Dieses Gericht hat seinen Namen nicht vom herkömmlichen Wort „einmachen". In diesem Fall bedeutet „einmachen" das Marinieren des Kalbfleisches über Nacht, damit es besonders zart wird und den für dieses Gericht typischen säuerlichen Geschmack erhält.

Rahmgulasch

600 g Kalbfleisch ohne Knochen (Kamm oder Bug)
2 Zwiebeln, 2 EL Öl, 1 EL Mehl
1 EL edelsüßes Paprikapulver
1/4 Liter Fleischbrühe, Salz, 1 Stück Zitronenschale
2 Tomaten, 200 g Crème fraîche
Cayennepfeffer, 2 EL frisch gehackte Petersilie

Fleisch in etwa gulaschgroße Würfel schneiden. Zwiebeln schälen und hacken. Öl erhitzen. Fleisch darin bei starker Hitze portionsweise rundherum braun anbraten. Jede Portion wieder herausnehmen und auf einem Teller beiseite stellen. Zuletzt die Zwiebeln im Öl bei schwacher Hitze glasig braten. Das gesamte Fleisch wieder zugeben, mit Mehl und Paprika bestäuben und bei mittlerer Hitze unter Rühren einige Sekunden rösten. Brühe zugießen, Bratensatz damit lösen. Salz und Zitronenschale zugeben. Aufkochen und zugedeckt bei schwacher Hitze etwa 1 Stunde schmoren, bis das Fleisch weich ist. Tomaten häuten und würfeln, dabei Stielansätze herausschneiden. Mit der Crème fraîche zum Fleisch geben und aufkochen. Mit Salz und Cayennepfeffer abschmecken, in einer heißen Schüssel anrichten und nach Wunsch mit Petersilie bestreuen. Dazu schmecken sehr gut: Nudeln, Kartoffelbrei, Semmelknödel oder Bauernknödel und Salat.

Ochsenfleisch mit Kren

80 g Schmalz
1/2 Zwiebel
1 Knoblauchzehe
nach Belieben
1 Tomate
1 Bund Suppengrün
1 kg Ochsenfleisch
(am besten Bugblatt
oder Tapfelspitz)
je 1 Prise Pfeffer und Salz

Für die Krensauce
(Meerrettichsauce):
1 Stange frischer Meerrettich
50 g Butterschmalz
3 EL Semmelbrösel
(Paniermehl)
1/4 Liter Fleischbrühe
je 1 TL Salz und Zucker
1 Eiweiß nach Belieben

Das Schmalz im Topf erhitzen, die kleingeschnittene Zwiebel, eventuell auch den zerdrückten Knoblauch, die geviertelte Tomate und das kleingehackte Suppengemüse dazugeben und anbräunen. Das Fleisch pfeffern und salzen und von beiden Seiten im Topf kurz anschmoren lassen. Nun mit Wasser auffüllen, so daß das Fleisch eben bedeckt ist, 1 1/2 bis 2 Stunden sieden lassen. Gegen Ende der Garzeit die Meerrettichsauce bereiten: Den Meerrettich sorgfältig putzen und fein reiben. Das Butterschmalz in einem Topf erhitzen und den Meerrettich darin anrösten. Die Semmelbrösel zugeben und kurz mitrösten, dann mit der Fleischbrühe aufgießen, gut durchrühren und mit Salz und Zucker abschmecken. Die Sauce 15 bis 20 Minuten leicht kochen lassen, nochmals abschmecken. Nach spätestens 2 Stunden Garzeit das Fleisch herausnehmen und in fingerdicke Scheiben schneiden. Die Scheiben in vorgewärmten Tellern – das Gericht muß unbedingt heiß gegessen werden – anrichten, etwas Brühe darübergießen und mit Krensauce umgeben. – Ganz original ist es, ein Eiweiß zu steifem Schnee zu schlagen und oben auf die Krensauce zu setzen.

Zu diesem Gericht, das in ganz Süddeutschland beliebt ist, gehört unbedingt die berühmte Meerrettich- oder Krensauce. Man sagt, daß der beste Meerrettich im Forchheimer und Höchstadter Gebiet wächst. Doch auch aus anderen Regionen ist er nicht zu verachten, die Hauptsache ist, man bekommt ihn frisch und achtet darauf, daß er keine holzige Wurzel hat. Besonders in Franken mag man als Beilage breite Nudeln. Unser Rezept ist oft einer von vielen Gängen beim Hochzeitsmenü.

Schweinshaxn gebraten oder gegrillt

2 hintere Schweinshaxn
Salz, Pfeffer, Kümmel, 1 Prise Knoblauchpulver
3/4 Liter kochendes Wasser
1 Zwiebel mit der Schale, geviertelt
etwas Bier

Die Schweinshaxn waschen, Schwarte würfelförmig einschneiden, mit Salz und den Gewürzen gründlich einreiben. In die Fettpfanne des Backofens oder in eine Kasserolle geben und etwas kochendes Wasser aufschütten. Die Haxn etwa 2 bis 2 1/2 Stunden bei 200 °C bräunen. Dabei öfters mit Wasser begießen und wenden, die Zwiebel hinzugeben und den Rest des kochenden Wassers seitlich nachgießen. Kurz vor Ende der Garzeit die Haxn auf den Rost legen, öfter mit Bier bestreichen und bei 250 °C knusprig überbacken.
Man kann die Schweinshaxn auch im Schnellkochtopf zirka 10 Minuten dünsten, herausnehmen, mit Bier bestreichen und im Herd oder Grill noch 10 Minuten überbacken. Als Beilage passen Kartoffelknödel, Semmelknödel, Brotknödel, gekochtes Sauerkraut, Kartoffelsalat und grüner Salat.

Früher stellte die selbstgemästete Sau die Hauptquelle aller „fleischlichen" Freuden dar. Damals waren die ausgewachsenen Hausschweine jedoch viel schwerer und fetter. Eine Haxn muß daher eine wahre Kalorienbombe und nur etwas für einen ausgehungerten Schwerstarbeiter gewesen sein. Auch heute spielt das Schweinerne auf dem Küchenzettel jeder Bajuwarin eine wichtige Rolle – nicht nur, weil es in vielen Variationen zubereitet werden kann und hervorragend schmeckt, sondern weil es auch wichtige Vitamine enthält.

Rehgulasch mit Steinpilzen

2 Päckchen getrocknete Steinpilze (etwa 30 g)
750 g Rehfleisch aus der Schulter (ohne Knochen)
50 g fetter Speck
1 kleine Zwiebel
1 EL Öl
25 g Butter
Salz
weißer Pfeffer aus der Mühle
1/4 TL gemahlener Koriander
200 ml Wildfond (Glas)
50 ml trockener Rotwein
1 EL Zitronensaft
1 TL Johannisbeergelee
125 g süße Sahne (Rahm)
1 EL gehackte Petersilie

Steinpilze in 1/8 Liter Wasser 3 Stunden einweichen. Herausnehmen und auf einem Sieb kalt abspülen. Einweichwasser durch eine Kaffeefiltertüte gießen, um Erdreste zu entfernen, die sich aus den Pilzen gelöst haben, und beiseite stellen. Fleisch von Fett, Sehnen und Häuten befreien und in gulaschgroße Würfel schneiden.

Speck fein würfeln. Zwiebel schälen und hacken. Öl und Butter in einer Kasserolle erhitzen. Speck darin bei schwacher Hitze glasig braten, mit einem Schaumlöffel herausnehmen und auf einem Teller beiseite stellen. Fleisch portionsweise im heißen Fett bei starker bis mittlerer Hitze rundherum anbraten. Jeweils herausnehmen und zum Speck geben. Wenn das Fleisch angebraten ist, Zwiebel glasig braten. Fleisch und den Speck wieder zugeben, mit Salz, Pfeffer und Koriander würzen. Einweichwasser der Pilze, Wildfond und Rotwein zugießen, aufkochen und zugedeckt 45 Minuten schmoren. Pilze und Zitronensaft zugeben und weitere 15 Minuten schmoren. Johannisbeergelee und Sahne untermischen und bis knapp unter den Siedepunkt erhitzen, aber nicht mehr aufkochen. Mit Salz und Pfeffer abschmecken und mit Petersilie bestreut servieren. Dazu passen Nudeln oder Bauernknödel und Salat.

Alljährlich im August feiern nicht nur passionierte Jäger das Fest der großen Göttin, die bei den Griechen Artemis und bei den Römern Diana hieß. Sie, die Göttin der Wälder und Felder, der Bäume und heilbringenden Kräuter und des freien Getiers, ist auch die Schutzpatronin von Hirsch und Reh.
Für die Liebhaber herzhaft-delikater Wildgerichte ist dieses mit Steinpilzen und einer leichten Sauce aus Rotwein, Wildfond und Sahne verfeinerte Rehgulasch eine ganz besondere Delikatesse.

Topfenknödel mit Wammerl

500 g Topfen (Magerquark), 2 Eier
1 Päckchen gemischte Tiefkühlkräuter
30 g Speisestärke, 30 g Hartweizengrieß, Salz
schwarzer Pfeffer aus der Mühle
frisch geriebene Muskatnuß
1 Semmel (Brötchen), 1 Knoblauchzehe
1 EL Butterschmalz
100 g Wammerl (durchwachsener Räucherspeck)
in dünnen Scheiben

Topfen mit Eiern, Kräutern, Speisestärke, Grieß, Salz, Pfeffer und Muskat zu einem Teig vermischen, der sich mit angefeuchteten Händen gut formen läßt. Zugedeckt 20 Minuten quellen lassen. Inzwischen Semmel würfeln, Knoblauch hacken, Butterschmalz zerlassen. Semmelwürfel darin bei schwacher Hitze in etwa 5 Minuten goldbraun und knusprig rösten, dabei mehrmals wenden. Knoblauch etwa 1 Minute mitbraten.
Aus dem Teig 8 Knödel formen und jeweils mit gebratenen Semmelwürfeln füllen. Knödel in reichlich kochendes Salzwasser geben, Temperatur sofort zurückschalten und die Knödel bei schwacher Hitze etwa 20 Minuten ziehen lassen. Dabei den Deckel halb auf den Topf legen.
Während die Knödel garen, Wammerlscheiben in einer Pfanne bei schwacher Hitze ausbraten, ohne zu bräunen. Mit Sauerkraut zu den Knödeln servieren.

In echten bajuwarischen Rezepten ist unter Schmalz immer Butterschmalz zu verstehen, und früher wären jeder Bäuerin die Mägde und Knechte weggelaufen, wenn sie etwas anderes verwendet hätte. Schmalz ist auch bei diesem Gericht mit die Hauptsache, das seinen Namen vom trockenen Quark hat, denn der wird hier Topfen genannt.

Schwammerl mit Semmelknödeln

Für die Knödel:
10 altbackene Semmeln (Brötchen) vom Vortag (etwa 350 g)
2 TL Salz
3/8 Liter Milch
1 Bund Petersilie
1 Zwiebel
3 Eier

Für die Pilze:
1 kg Austern- und Shiitake-Pilze
1 kleine Zwiebel
1 EL Butter
1 EL Mehl
250 g süße Sahne
Salz
weißer Pfeffer aus der Mühle
1 EL Zitronensaft
1/2 Bund Petersilie

Semmeln in sehr dünne Scheiben schneiden, in eine Schüssel geben und mit dem Salz bestreuen. Kochendheiße Milch darübergießen. Zugedeckt etwa 20 Minuten ziehen lassen, bis die Milch aufgesogen ist.
Petersilie und Zwiebel sehr fein hacken. Mit den Eiern zu den Semmeln geben und alles mit den Händen zu einem Teig verarbeiten. In einem großen Topf reichlich Salzwasser zum Kochen bringen. Aus dem Teig 8 Knödel formen, ins sprudelnd kochende Wasser geben und zugedeckt bei schwacher bis mittlerer Hitze in etwa 20 Minuten gar ziehen lassen.
Alle Pilzhüte in schmale Streifen schneiden, Strünke der Austernpilze in dünne Scheibchen schneiden. Stiele der Shiitake wegwerfen. Zwiebel fein hacken. Butter erhitzen, Zwiebel darin bei schwacher Hitze glasig braten. Pilze bei starker Hitze unter ständigem Rühren etwa 2 Minuten braten. Mehl unterrühren, Pilze zugedeckt bei schwacher Hitze 5 Minuten garen. Sahne untermischen und aufkochen. Mit Salz, Pfeffer und Zitronensaft abschmecken und auf vorgewärmten, tiefen Tellern verteilen.
Jeweils 2 gut abgetropfte Klöße zu den Pilzen geben und alles mit gehackter Petersilie bestreut servieren.

Angeblich sollen bayerische Knödel schon einmal einen Krieg gewonnen haben. Der Sage nach wurde die niederbayerische Stadt Deggendorf von einem böhmischen Stamm, den Hussiten, belagert. Doch bald ging den Deggendorfern die Munition aus. Sie wußten sich jedoch zu helfen und schossen mit hartgewordenen Knödeln auf den Feind. Aus der Deggendorfer Verlegenheitslösung wurde eine Wunderwaffe. Die Hussiten zogen sich zurück – vielleicht, weil sie aus ihrer Heimat nur längliche Knödel gewohnt waren und somit die bayerische Nationalkost für echte Kanonenkugeln hielten.

Fränkische Klöße

KLÖSSE AUS GEKOCHTEN KARTOFFELN
Ergibt 4–6 Klöße
750 g Kartoffeln, Salz
geriebene Muskatnuß
1/8 Liter kochendheiße Milch
200 g Kartoffelmehl
3 Scheiben Weißbrot
2 EL Butter

ROHE KLÖSSE
Ergibt 8–12 Klöße
1 1/2 kg Kartoffeln, mehlig kochend
500 g gekochte Kartoffeln
Salz
1/4 Liter kochendheiße Milch
5 Scheiben Weißbrot
5 EL Butter
Speisestärke nach Bedarf

Tip:
Man kann die Klöße auch ausschließlich aus rohen Kartoffeln machen, dann nimmt man 2 1/2 Kilo dazu. Das ist aber um einiges schwieriger, weil die Klöße noch empfindlicher sind.

KLÖSSE AUS GEKOCHTEN KARTOFFELN
Die Kartoffeln waschen und weich kochen, dann schälen und noch heiß durch die Kartoffelpresse drücken. Die Kartoffeln salzen, etwas Muskat dazu – und die heiße Milch darübergeben. Leicht abkühlen lassen und mit dem Kartoffelmehl zu einem glatten Teig kneten.
Das Weißbrot in Würfel schneiden und in der Butter goldbraun rösten. Aus dem Teig Klöße formen und in die Mitte 2 bis 3 geröstete Brotstücke drücken. Die Klöße in kochendes Salzwasser einlegen und 20 Minuten gar ziehen lassen.

Was wäre ein fränkischer Schweinebraten bloß ohne Klöße, eine Gans ohne „Knidla"? Erst zusammen ist beides ein echtes fränkisches Essen, und wenn man dem Franken seine geliebten Klöß abspenstig machen wollte, bekäme man sicherlich großen Ärger.

ROHE KLÖSSE
Rohe Kartoffeln schälen und fein reiben, in einem Leinensäckchen fest auspressen. Die Flüssigkeit auffangen und die Stärke absetzen lassen.
Die gekochten Kartoffeln ebenfalls schälen, durch eine Presse drücken und zu den geriebenen Kartoffeln geben. Die Kartoffeln salzen, die abgesetzte Stärke dazugeben und mit der heißen Milch übergießen. Das Ganze zu einem glatten Teig verarbeiten. Das Weißbrot in Würfel schneiden und in der Butter goldbraun rösten. Aus dem Teig mit nassen Händen Klöße formen und in die Mitte jeweils einige geröstete Brotwürfelchen geben.
Einen Probekloß kochen und den Teig bei Bedarf noch mit etwas Speisestärke binden.
Die Klöße in leicht kochendem Salzwasser etwa 20 Minuten garziehen lassen, dabei den Deckel nur halb auflegen.

Meerrettichgemüse

2 altbackene Semmeln (Brötchen), 1/8 Liter Milch
1 große Stange Meerrettich (etwa 250 g)
2 EL Zitronensaft
1 säuerlicher Apfel (Cox Orange oder Boskop)
30 g Butter, 1 EL Mehl
1/4 Liter Fleisch- oder Gemüsebrühe (Instant)
50 g süße Sahne, Salz
1/4 TL Zucker, 1 EL gehackte Petersilie

Semmel würfeln und mit der kochendheißen Milch übergießen. Ziehen lassen, bis die anderen Zutaten vorbereitet sind. Meerrettichstange schälen, waschen und – am besten im Zusatzteil der elektrischen Küchenmaschine – fein reiben. Mit dem Zitronensaft vermischen. Apfel vierteln, schälen, vom Kerngehäuse befreien und ebenfalls fein reiben. Unter den Meerrettich mischen.
Semmel mit zwei Gabeln fein zerpflücken. Butter in einem hohen Topf erhitzen. Mehl und Semmeln zugeben und bei mittlerer Hitze unter Rühren etwa 3 Minuten schmoren. Brühe unter Rühren langsam zugießen und aufkochen lassen. Zugedeckt bei schwacher Hitze 5 Minuten kochen lassen. Meerrettichmischung und Sahne unterrühren. Mit Salz und Zucker abschmecken und mit der Petersilie bestreut servieren.
Paßt gut zu Beinfleisch, gebackenen Kartoffeln oder Pellkartoffeln.

Bayerische Creme mit Pfirsichen

Für 6 Personen
1 Vanilleschote, 1/2 Liter Milch, 8 Blatt weiße Gelatine
2 Eigelb, 50 g Puderzucker
2 EL Orangenlikör oder Orangensaft
abgeriebene Schale von 1/4 unbehandelten Zitrone
400 g süße Sahne, 3 Pfirsiche, 2 EL Johannisbeergelee
Raspelschokolade zum Bestreuen

Vanilleschote längs aufschneiden, das Mark mit der Messerspitze herauskratzen und mit der Schote in die Milch geben. Milch aufkochen und auf der abgeschalteten Kochstelle 20 Minuten ziehen lassen. Vanilleschote entfernen. Gelatine in kaltem Wasser 5 Minuten einweichen. Eigelb mit Puderzucker zu einer dicken Creme aufschlagen. Heiße Milch, Orangenlikör oder -saft und Zitronenschale unter ständigem Schlagen zugeben. Gelatine ausdrücken, zufügen und rühren, bis sie sich aufgelöst hat. Creme für 30 bis 40 Minuten in den Kühlschrank stellen, bis sie halb fest ist.
Sahne steif schlagen und unter die Creme ziehen. Creme in kalt ausgespülte Portionsförmchen füllen und 5 Stunden kühlen, bis sie sich stürzen läßt. Zum Servieren die Creme mit einer Messerspitze rundherum vom oberen Rand der Förmchen lösen. Förmchen einige Sekunden in heißes Wasser tauchen. Creme auf Teller stürzen. Pfirsiche häuten, halbieren, entsteinen und in Schnitze teilen. Creme damit umlegen. Johannisbeergelee erwärmen, bis es flüssig ist, und über die Pfirsiche träufeln. Creme mit Raspelschokolade bestreuen.

Dampfnudeln mit Vanillesauce

Für 6 Personen
Für den Teig:
500 g Mehl
1 Päckchen Trockenhefe
1 TL Zucker
300 ml Milch, 25 g Butter
1 zimmerwarmes Ei
Schale von
1/2 unbehandelten Zitrone
1 Prise Salz
Mehl zum Formen

Zum Garen:
50 g Butter, 1 EL Zucker
1/4 Liter Milch

Für die Vanillesauce:
1/2 Liter Milch, 1 EL Zucker
1/2 Vanilleschote
1/2 EL Speisestärke
abgeriebene Schale von
1/4 unbehandelten Zitrone

Für den Teig Mehl mit Hefe und Zucker vermischen. Milch lauwarm erhitzen, Butter darin zerlaufen lassen. Dieser Mischung das Ei, Zitronenschale und Salz hinzufügen. Alles mit den Knethaken des Handrührgerätes 5 Minuten durchrühren. Teig zugedeckt bei Zimmertemperatur etwa 1 Stunde gehen lassen, bis sich sein Volumen verdoppelt hat. Mit bemehlten Händen 8 Kugeln formen, auf die bemehlte Arbeitsfläche legen und zugedeckt weitere 30 Minuten gehen lassen.
Zum Garen Butter und Zucker in einen Topf geben, der sich fest verschließen läßt. Butter zerlassen, aber nicht bräunen. Milch zugießen. Teigkugeln nebeneinander in die Milch legen. Topf schließen, Milch bei mittlerer bis starker Hitze langsam zum Sieden bringen. Die Temperatur zurückschalten. Dampfnudeln bei schwacher Hitze 30 Minuten garen. Dabei den Topf nicht öffnen, sondern nur ab und zu mal horchen: Wenn es während der gesamten Garzeit leise im Topf knistert, ist die Temperatur richtig.
Für die Sauce etwa drei Viertel der Milch mit Zucker und dem ausgekratzten Mark der Vanilleschote aufkochen. Speisestärke mit der restlichen Milch glattrühren und in die kochende Milch mischen. Unter weiterem Rühren aufkochen, bis die Sauce dickflüssig wird. Sauce mit Zitronenschale würzen und lauwarm abkühlen lassen.
Dampfnudeln mit einer Backschaufel vom Topfboden lösen und so auf Tellern anrichten, daß die Karamelschicht, die sich im Topf gebildet hat, nach oben zeigt. Vanillesauce dazu servieren.

Das Gewürz Vanille, das diesem Rezept seine besondere Note verleiht, ist nach der Entdeckung Amerikas durch die Spanier nach Europa gelangt. Die Azteken bauten in Mexiko Vanille an, lange bevor die Spanier kamen, und würzten damit ihre Schokolade.

Kirschen- oder Zwetschgenmännle

1,5 kg Süß- oder Herzkirschen
(im Spätsommer und Herbst: Zwetschgen)
1 kg Weißbrot, 1/2 Liter Milch
4 Eier, etwas Salz, 100 g Zucker, 1 Prise Zimt
etwas abgeriebene Zitronenschale, 40 g zerlassene Butter
Butter zum Ausfetten und für Flöckchen
Zucker und Zimt zum Bestreuen

Frische Kirschen entsteinen, eingemachte abtropfen lassen. Das Weißbrot in Stücke schneiden, in eine Schüssel geben und in 1/4 Liter lauwarmer Milch einweichen. Dann das Brot ausdrücken und wieder in eine große Schüssel geben. Jetzt die Eier mit der restlichen Milch, dem Salz, Zucker, Zimt und Zitronenschale verrühren und alles zusammen mit der zerlassenen Butter zum Brot geben und gut vermischen. Nun die entsteinten Kirschen daruntermischen, die Masse in eine gut ausgebutterte Auflaufform füllen, Butterflöckchen darauf verteilen und im vorgeheizten Backofen bei 180 °C 40 bis 50 Minuten backen. Nach Belieben mit zuvor gemischtem Zucker und Zimt bestreuen.

Das „Kerschenmännle“ gibt es meistens im späteren Frühjahr, wenn die ersten Frühkirschen reif sind, es kommt in Franken oft als Hauptgericht auf den Tisch. Da sich zum Einmachen die späteren Sorten besser eignen, werden die Frühkirschen entweder frisch gegessen oder zu Süßspeisen wie dem Kerschenmännle oder auch zu Kuchen weiterverarbeitet. So kann man sich erst einmal richtig an Kirschen satt essen, bis der Baum im Garten geleert ist. Außerdem tut da ja immer Eile not, um den Amseln zuvorzukommen. Und ist die Zeit der Kirschen ganz vorüber, hängen – so man sie im Garten hat – die Bäume voller herrlicher Zwetschgen, der willkommenen Variante zu Kirschen für die beliebten „Männle“.

Prinzregententorte

Zutaten für 16 Stücke

Für den Teig:
12 Eier
400 g Zucker
250 g Mehl
Fett und Mehl für die Form

Für die Creme:
140 g Zartbitterschokolade
250 g weiche Butter
6 Eier
150 g Zucker
400 g Schokoladenglasur

Tip:
Zum Backen der Tortenböden brauchen Sie mindestens zwei Springform-Bodenbleche: Während das eine im Ofen ist, kühlt das andere ab und wird dann erst mit Teig bestrichen.

Backofen auf 200 °C (Umluft 180 °C, Gas Stufe 4) vorheizen. Eier trennen, Eiweiß mit den Quirlen des Handrührgerätes steif schlagen. Zucker nach und nach unterschlagen. Eigelb nach und nach unter den Eischnee rühren. Mehl darauf sieben und mit einem Schneebesen unterziehen. Bodenblech einer Springform von 26 cm Durchmesser fetten und dünn mit Mehl bestäuben. Etwa 2 Eßlöffel Teig darauf glattstreichen. Blech auf den Rost in den Backofen (Mitte) legen. Tortenboden etwa 10 Minuten backen, bis er hellgelb ist.
Herausnehmen, etwa 2 Minuten abkühlen lassen, vom Blech lösen und auf einem Kuchengitter erkalten lassen. Auf diese Weise weitere 15 bis 16 Tortenböden backen, bis der Teig verbraucht ist.
Für die Creme Schokolade schmelzen und lauwarm abkühlen lassen. Butter schaumig rühren, Schokolade eßlöffelweise untermischen. Eier und Zucker über dem Wasserbad zu einer dicken Creme aufschlagen und eßlöffelweise unter die Schokoladenbutter mischen.
Tortenböden mit der Creme bestreichen und aufeinanderlegen. Den letzten, unbestrichenen Boden obenauf legen. Torte mit Schokoladenglasur überziehen und vor dem Servieren etwa 1 Tag durchziehen lassen.

Namenspatron dieser hochherrschaftlichen Torte, die mit Kalorien nicht geizt, ist der Prinzregent Luitpold, ein Onkel von Ludwig II. Der 65jährige übernahm nach dem Tod des „Kini“, wie die Bayern ihren Märchenprinzen liebevoll nennen, die Regentschaft für den neuen König Otto I., den jüngeren Bruder Ludwigs. Da sich bei diesem seit 1880 schwere seelische Störungen gezeigt hatten, wurde er für regierungsunfähig erklärt.

Maiwein

2 Flaschen Weißwein (Frankenwein) 0,7 Liter
1 Bund frischer junger Waldmeister
1 Flasche trockener Sekt

Den gut gekühlten Wein in ein Bowlengefäß gießen. Den Waldmeister waschen, trockentupfen, mit einer Schnur zusammenbinden und nur mit den Blattspitzen in den Wein hängen. Nach 30 Minuten entfernen und mit eiskaltem Sekt auffüllen.

Frankenland ist Bocksbeutelland. Bocksbeutel sind jene grünlich schimmernden bauchigen Flaschen, die dem Wein aus Franken und dem badischen Taubertal vorbehalten sind. Charakteristisch für den fränkischen Wein ist sein vom Muschelkalkboden des Maindreiecks und vom Keuperboden des Steigerwaldes geprägter fruchtig-saftiger und herber Geschmack. Der Maiwein erhält sein eigenartiges Aroma aber hauptsächlich vom frischen Waldmeister, daher auch Waldmeisterbowle genannt. Das Rezept ist auch in anderen Weingegenden beliebt, erstaunlicherweise aber auch in Berlin, wo nur ganz wenig Wein angebaut wird. Man achte darauf, daß der Waldmeister nicht zu lange im Wein verbleibt, da sonst unangenehmes Kopfweh die Folge sein könnte. Aus diesem Grund auch keinen Zucker zusetzen.

Rezepte alphabetisch

Rezepte nach Gruppen

Eintöpfe

Fisch

Rind und Kalb

Schwein

Eierspeisen

Gerichte mit Obst

Teigwaren

Gerichte mit Kartoffeln

Beilagen aus Kartoffeln

Saucen

Süße Speisen

Getränke

Rezepte nach Bundesländern

Schleswig-Holstein und Hamburg

Niedersachsen und Bremen

Mecklenburg-Vorpommern

Sachsen-Anhalt

Berlin und Brandenburg

Sachsen

Baden-Württemberg

Bayern

Bildquellen

Bilderberg: Michael Engler S. 99 (Hiddensee, Ostseeküste, Blick vom Dornbusch nach Rügen); Andrej Reiser S. 395 (Cochem, Mosel).

Helga Lade Fotoagentur: KaKi S. 9 (Leuchtturm von Westerhever, Nordfriesland); Willi Arand S. 53 (Bremen, Rathaus); THF S. 145 (Magdeburg, Dom); Uwe Latza S. 185 (Berlin, Gedächtnis-Kirche); Ernst Wrba S. 225 (Brücke bei Bastei, Elbsandsteingebirge); Egon Martzik S. 265 (Eisenach, Blick auf die Wartburg); S.K. S. 307 (Limburg/Lahn, Dom); Ott S. 351 (Dortmund, Skulptur „Hüttenmann“ vor Hochhaus am Freistuhl); W. Eberhardt S. 435 (Weinberge am Rottenberg bei Stuttgart); B. Radelt S. 481 (Schloß Neuschwanstein).

Sigloch Edition/Bildarchiv: Hans Joachim Döbbelin S. 2 sowie alle Rezeptfotografien auf den Seiten 10–50, 54–96, 100–142, 146–182, 186–222, 226–262, 266–304, 308–348, 352–392, 396–432, 436–478, 482–524.

Impressum

Reproduktion: Otterbach Repro, Rastatt
Satz: Sigloch Edition, Künzelsau
Druck: Druckerei J. Fink, Stuttgart
Papier: 100 g/m² Bilderdruckpapier Opus matt chlorfrei
Bindearbeiten: Sigloch Buchbinderei, Künzelsau
ISBN 3-89393-165-1

Die Rezepte für dieses Buch wurden folgenden Titeln
aus der Sigloch Edition entnommen:

Werner O. Feißt/Anette Wackershauser: Baden – Kulinarische Streifzüge
Frank P. Freudenberg: Berlin-Brandenburg – Kulinarische Streifzüge
Norbert von Frankenstein: Schleswig-Holstein – Kulinarische Streifzüge
Frank Gerhard: Kulinarische Streifzüge durch Bayern
Frank Gerhard: Kulinarische Streifzüge durch Franken
Frank Gerhard: Kulinarische Streifzüge durch Friesland
Frank Gerhard: Kulinarische Streifzüge durch Hessen
Frank Gerhard: Kulinarische Streifzüge durch Schwaben
Roland Gööck: Kulinarische Streifzüge durch Westfalen
Wolfgang von Gropper: Kulinarische Streifzüge durch die Pfalz
Werner Herrmann: Thüringen – Kulinarische Streifzüge
Karin Iden: Kulinarische Streifzüge durch Niedersachsen
Helga-Maria Leicht/Waltraud Schumann/Walter Thierfelder:
Franken – Kulinarische Streifzüge
Barbara Rias-Bucher: Bayern – Kulinarische Streifzüge
Hans-Dieter Reichert/Dieter Wägerle: Schwaben – Kulinarische Streifzüge
Georg Richter: Kulinarische Streifzüge durch Baden
Hannes Schmitz: Kulinarische Streifzüge durch das Rheinland
Gertje Sckopp-Witte/Karin Iden: Mecklenburg – Kulinarische Streifzüge
Edeltraud und Erwin Teufel: Baden-Württemberg – Kulinarische Streifzüge
Oda Tietz: Sachsen-Anhalt – Kulinarische Streifzüge
Oda Tietz: Sachsen – Kulinarische Streifzüge
Willi Weckbach/Peter W. Sattler/Horst Schnur/Rolf Reutter:
Odenwald – Kulinarische Streifzüge